教育部人文社会科学研究青年项目
"国家治理视野下我国司法运行模式变迁研究（1949-2014）"
（16YJC820017）资助

西南民族大学 2017 年度中央高校基本科研业务费项目
（2017SZYQN24）资助

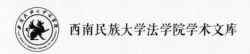
西南民族大学法学院学术文库

早期人民司法中的
乡村社会纠纷裁断

以太行地区为中心

JUDGEMENTS OF
THE RURAL SOCIETY'S DISPUTES IN THE EARLY TIMES OF
THE PEOPLE'S JUSTICE

FOCUS ON THE TAIHANG REVOLUTIONARY BASE AREA

李文军 等 / 著

社会科学文献出版社
SOCIAL SCIENCES ACADEMIC PRESS (CHINA)

目　录

绪　论

一　研究缘起

关于人民司法的研究，用"汗牛充栋"来形容成果之多绝不夸张。确实，作为当下中国司法的正统话语，人民司法不但产生、发展的过程已得到充分的梳理，它与中国社会转型的适应度、在司法改革中的应有调整等等，也都得到了较多的关注。那么，现在以人民司法作为视角来观察 20 世纪新民主主义革命时期中国农村的社会纠纷，可能的知识增量又在何处？或者说，研究者又能做出怎样的贡献？

这一问题给笔者造成的困惑，是在一次偶然中得到解决的。在给法学院研究生讲授中国法制史课程时，笔者力图使他们对一个本该是常识的问题有所感受：学习法制史对学习法律是有意义的。于是选出一本太行地区 20 世纪 40 年代政府断案的案例集，与他们进行系统讨论。案例素材的选择当然有所考虑：一是要属于通常所谓"史"的范畴，以符合课程要求；二是要与现行法律体系属于同一法统，以增强这种学习对培养他们"致用"能力的意义。在讨论中，各种问题的出现与解答，包括研究生们的感受，使笔者对研究早期人民司法相关问题的意义逐渐有了清晰的认识。简单来说，有以下两个方面。

第一个方面，是发现相当多的法律专业人士对于我国当今司法方式及其特质缺乏相对比较全面的理解（不是了解）。而其中一个非常重要的原因，是对早期人民司法路线产生、形成的社会条件缺乏认知。由此而生的对现行司法制度以"法治"话语的笼统批判、对人民司法中政治因素的简单反感，既无助于对当代中国法律运行实践的冷静观察，也忽视了司法作为一种社会纠纷解决方式与社会的协调性。有鉴于此，以其所面对的纠纷为主线来观察某种纠纷的解决方式的合理性，就是有价值的"法律与社会"的认知过程。同时，相对小范围地集中讨论某一地区的案件纠纷及其解决，可以更深入地考察裁断过程的制度合理性。

第二个方面，则是学生在提出问题时让笔者感受到的"教然后知困"。笔者从事法律史研究多年，一直将重视观察法律之外的社会因素作为法律史视角的优长。诚然，法律史的这种眼界，对于特定时期内打破相当一部分在法律范围内兜圈子（即有学者所批评的"循环论证"）的部门法学研究而言，是极有意义的。但遗憾的是，许多法律史研究者因为太关注法律之外，却忽视了对历史上的法律本身之研究。这种忽视倒不是说对历史上的律典条例的观察付之阙如，而是在对其关注时，多习惯于偏重史学风格的事实描述，对于法条的规范分析、法律概念的逻辑体系等并没有细致的研究。因此，法律史对于其他法学二级学科知识贡献太小的窘境，投射在小小课堂，就使笔者在面对学生提出的需要规范分析的问题时，常常胆怯心虚。它提醒笔者认识到：对早期人民司法的研究，尚未在规范分析方面提供令人满意的成果。因此，在研究根据地和解放区的案例时多采取规范分析方法进行解析，也有明显的意义。

正是着眼于以上两方面，本书基于人民司法早期的大量案例，对于纠纷解决从实体、程序、司法方法等层面，进行相对技术化的分析，以期推进对这一问题的研究。本书的研究从整体上可以被视为是一种实践历史研究：在展现新民主主义时期共产党政权机关解决纠纷的过程后，对其进行两方面的理论分析。一是技术化地对纠纷解决中的实体纠纷、法律适用、证据效力等问题进行规范分析；二是研究乡村社会纠纷解决所体现的人民司法行为逻辑、价值取向、社会配合条件等，以之作为分析资源，来探讨今日人民司法与理想的司法样式之距离。

本书除了使用量化研究外，对研究思路做了如下设定：首先是从宏观上研究人民司法路线自身方法论特征及其与社会纠纷解决的关系；其次是从实体法角度，分类型研究人民司法中婚姻纠纷、土地纠纷和财产纠纷；再次是从程序法角度出发，研究人民司法中的判决依据和诉讼中的证据问题；复次，研究人民司法中比较明显的两个特殊问题，包括成分划分对司法的影响以及道德话语在人民司法中的作用；最后探讨了人民司法路线的实践特征与历史文化基础之联系。

本书的思路设计具有浓厚的"实践历史研究"色彩。这一进路由美国学者黄宗智提出，并在其多种著述中得到践行，在其清代至当代的法律史系列研究中体现尤甚。"实践历史"首先强调研究实践，这里的实践研究并非简单的经验描述，而是包括分别与"理论"相对的行动、与政策宣示和法律规定相对的实际运作过程、与制度和结构相对的实效取得方式。同时，"实践历史"注重实践的时间维度，主张对"实践"、理论"表达"、制度结构间的互动过程进行较长时段的观察，以发掘潜藏其间的变与不变。对于强调"实践出真知"以及有实用主义倾向的中国共产党传统来说，黄宗智提出的分析框架是极为有效的，这也为学界近年来的研究推进所证明。相对于各种经验总结和对实践的简单肯定，实践历史指出，"实践"只是历史和现实中的一个部分，它绝不能脱离理论和表达。实践本身缺乏前瞻性的理想和精确、系统化的概念。它既可能合理，也可能不合理。例如，黄宗智在研究中国当代的调解传统以及实用道德主义传统时曾指出，中国共产党的调解传统以及实用道德主义传统有显著的混淆是非的倾向，不能清楚区别违反法律、侵犯权利的纠纷和无过错的纠纷，很容易出现用后者的原则来处理前一种纠纷的和稀泥弊病。在当事者权力不平等的情况下，更容易沦为权力和关系的滥用。① 这对于研究革命法制及其实践，无疑是一个很重要的提醒。另外，对于实践主义精神极强的共产党法统，实践历史研究也强调超越经验与理论非此即彼、二元对立的思维方式，强调经验与理论的紧密连接。② 这既承认了理论的时空性，避免了将其意识形态化和绝对化，也批判地看待只强调经验的特殊性，并因此对未加理论反思的经验简单肯定的做法。

二　题解、研究方法和主要文献

本书主要关注新民主主义时期中国共产党的政权机关如何以人民司法路线来裁断社会纠纷，场域则限定在乡村。这当然主要是因为，共产党在革命

---

① 黄宗智：《过去和现在：中国民事法律实践的探索》，法律出版社，2009，第13页。
② 黄宗智：《过去和现在：中国民事法律实践的探索》，法律出版社，2009，第18页。

斗争过程中采取"农村包围城市"的方针，政权的主要管辖区域都在县城以下，尤其是多省交界处的广大山区。这些地区农村社会传统保留得相对完整，对近代中国的急速转型虽有感知，却并未深度参与，故而纠纷的表现类型相对单一，主要以婚姻纠纷、土地纠纷和其他财产纠纷为主。对这些纠纷的着力解决，也是中国共产党对中国传统进行创造性转化的途径之一，这为人民司法路线的最终定型提供了实践性资源。

至于地域范围，笔者选择了太行地区。这种选择，起初是因笔者考虑到关于新民主主义时期司法的研究，以陕甘宁边区为样本的已经相对较多，且卓有成效；① 如果要使早期人民司法研究更推进一步，或许已到了将目光转移到其他地区之时。恰好，20 世纪 40 年代太行边区的司法案例有一部分被整理出版，这就为研究提供了新材料。经过对太行地区的历史进行系统了解，笔者发现，太行地区司法是陕甘宁边区之外研究早期人民司法的理想样本。

太行地区是抗日战争时期共产党在华北敌后战场建立的一个重要根据地。它在从 1937 年 11 月创建到 1949 年 8 月近十二年中，经历了抗日战争和解放战争两个历史时期。作为共产党在华北具有重要战略地位的一个根据地，太行地区为中国共产党和新中国的建章立制提供了大量的实践经验。太行地区位于正太路以南，平汉路以西，白晋路以东，黄河以北。太行山脉纵贯南北。这一地区位于晋冀鲁豫边区的中心，是华中、山东根据地同延安联络的重要通道。在不同的革命战争阶段太行地区的辖区和名称曾多次变更。在根据地开辟时期，由于其地处山西、河北、河南三省交界地区，曾被称为晋冀豫抗日根据地，当时包括七十余县，约十万两千平方公里。1939 年 7 月，日军以重兵打通白晋路（从郁县白圭至晋城），在沿线建立据点，把晋冀豫区分割为两个区域。1940 年 1 月，经中共中央批准，白晋路以东为太行区，以西为太岳区，并在南面建立了晋豫区。1940 年 3 月，八路军代表同国民党军代表达成军队驻防协议，八路军在临（汾）屯（留）公路及长治、平顺、磁县之线以北驻防，国民党军在该线以南驻防，太行区因此分为太北、太南两区，八路军控制的太北区又名太北抗日根据地。1943 年春季，国民党军庞炳勋、孙

---

① 如侯欣一：《从司法为民到人民司法：陕甘宁边区大众化司法研究》，中国政法大学出版社，2007；汪世荣等：《新中国司法制度的基石：陕甘宁边区高等法院（1937-1949）》，商务印书馆，2011。

殿英部投敌，他们所占领的太南、豫北成为敌占区。1943 年 8 月，八路军向太南、豫北地区的日伪军发动进攻，解放了这两个区域，太北、太南又连成一片，此后即称为太行抗日根据地。由于战争局势变化，根据地的面积时大时小。1942 年时最小，只有 2.2 万多平方公里，1944 年扩大为 3.5 万多平方公里。到 1947 年，共产党控制的太行地区共有 44 个县，2 个直辖市，5593591 人，1762027 亩耕地。①

得天独厚的条件使太行地区在发展过程中能就近接受共产党党政军权力高层的领导和帮助。抗日战争时期，中共中央北方局、八路军总部和晋冀鲁豫边区政府等党政军领导机关，都设在太行区，亲自领导和参与太行区的工作。朱德、彭德怀、邓小平、刘伯承、杨尚昆等人在太行地区战斗了相当长的时间。太行区一直是晋冀鲁豫边区政府的直辖区。正因为此，太行区的情形不完全与陕甘宁边区相同，但也因共产党革命政权的长期存在和苦心经营，使其成为共产党政治、军事、制度资源积累的重要中心点。

太行地区的司法工作，从抗日战争爆发到新中国成立，大致可分为四个阶段。第一阶段是 1937 年"七七事变"到 1941 年 9 月晋冀鲁豫边区政府成立，基本特点是战乱导致了原有司法系统的崩溃。由于日军的威胁，旧司法人员或逃走或投敌，冀西和晋东一带原有司法工作完全停顿。地域被日军切割，非敌占区交通断绝，在社会秩序失序中刑事犯罪猛然增多，烟毒和盗匪猖獗。当时共产党为了恢复地方秩序，也在司法上进行了一些努力，但总体说来，司法制度有效性不足，旧的法令、司法程序与战争环境和群众需求之间的不适应极为明显。

第二阶段自 1941 年晋冀鲁豫高等法院成立至 1943 年年底止，是旧司法向新司法转向的过渡时期。此时晋冀鲁豫边区政府正式成立，颁布了许多适应敌后环境的单行法令。高等法院建立后，边区有了统一的司法系统，法律适用也逐渐统一。边区司法取消了一些不利于群众告诉的制度如讼费状纸等，实行就地审理、允许口头告诉以便利群众诉讼，还建立了陪审制度。到了1943 年，对敌斗争形势更加严峻，国民党的庞炳勋、孙殿英两部投敌，根据

---

① 参见太行革命根据地史总编委会《太行革命根据地史稿》，山西人民出版社，1987，薄一波序。

地连续两年发生大灾荒，盗窃、离婚案件猛增。同年开始的减租减息运动，也使纠纷局面更加复杂。此时，边区提出司法工作群众化的方向以应对新情况，主张司法工作"面向事实，深查民隐、倾听群众意见，解除民间疾苦"。面对严重的社会问题与政治斗争，司法工作更加重视社会效果，而不再单纯注重适用法律。比如汉奸罪，1943年边区汉奸、盗窃案件达到了1万多件，如果每案均依法科刑，"则死刑之多，不仅形成恐怖状态，且将深陷敌人以华制华的阴谋"。因此，注重从社会因素入手来解决社会纠纷。

第三阶段从1943年底边区整风运动到全面内战爆发前。这一阶段，经过普遍的减租减息运动和大生产运动，社会性的问题得到了一定解决，刑事案件减少，但民事案件却大量上升。经过干部整风以后，司法工作的群众化程度更高，人民司法的许多基本做法逐渐定型。民事实行调解为主、审判为辅，刑事则以教育为主、惩罚为辅。整风使边区司法的面貌发生了较大变化。从调解来说，1944年之前，民事案件中调解结案的并不多，但在整风后，根据司法群众化的要求，调解结案数大量增加。本书大多数案例所在地的涉县，调解率达到了70%，与之前的40%多明显不同（参见本书第一章第二节）。①

第四阶段则是在解放战争全面爆发后。这一时期司法风格方面相比于前一阶段变化不大，只是随着形势变化，在土地政策执行上更加明确和坚决。同时，对第三阶段的一些制度实践，也开始进行总结，为新中国成立后人民司法的系统表述奠定了基础。

太行地区的案件解决途径，我们称之为裁断，对"司法"相对谨慎地使用。因笔者在研究中发现，如果以今日对"司法"的经典界定去理解共产党政权机关的相关活动，则偏差之处甚多。共产党对边区的治理，虽然已经属于较具"现代性"的方式，各种政权机关职能上分门别类，以科层制原则加以设立，但在纠纷解决方面，一则由于战争环境限制，诸事草创，职能机关无法做到分工精细。另一方面则是由共产党对政权机关一体化运行的组织原则所决定，边区各县并未设立独立于政府之外的法院系统，更没有"司法独立"、"中立、消极、被动"等行为准则。共产党在县级区域所设立的纠纷解

---

① 《太行区司法工作概况》（1946年），载北京政法学院审判法教研室编《中华人民共和国审判法参考资料汇编》第1辑，北京政法学院，1956，第252~264页。

决机关为司法处。司法处并非真正意义上的司法机关，而是县级政府内部负责受理告诉、裁处纠纷的职能部门。司法处受县级政府的直接领导，处理法律纠纷的行为原则也和县政府其他职能部门并无明显区别。在很多时候，县长兼任司法处长，县政府、司法处都会直接过问纠纷，其权力行使也没有清晰的分界。从司法处的人员配置来看，明显属于县政府内较弱的部门。一般在边区各县，司法处设推事1人、书记员1人、法警1~2人。以这样的人力想从容处理一县之内的法律纠纷，难度可想而知。这使司法处向其他政府部门"借人"成为经常情形，致使其专业性无法得到保障，司法处处理纠纷的过程更接近裁断政务而非"司法"。如果说在县一级，司法处还能算是不完全意义上的"司法机关"，那么在县之下的区一级，完全不存在司法的职能部门，纠纷皆由区政权处理。而区一级政权处理的纠纷占边区民事纠纷的大部分，例如离婚案件的70%以上是在区一级处理的。① 这种处理显然更难以"司法"名之。除此之外，共产党对于调解的重视也使表述的问题更加复杂。除了通常意义上的非诉讼调解外，在进入诉讼阶段后，还存在各种公权力主体参与的调解，且要求审判人员"要了解审判中也要注意调处，调处里面也不是毫不包含审判的意义"。② 考虑到这些复杂的情境，笔者一般在论及"人民司法"时在特定意义上使用"司法"，涉及司法处及其工作人员时也会使用"司法机关"和"司法人员"，而对其活动则以"裁断"称之。

本书所使用的基础材料，是1940~1949年太行地区所发生的70多个案例。集中存在于两套文献中，一套为《乡村法案——1940年代太行地区政府断案63例》③。该案例集汇总了太行地区涉县等几个县的63个案件。难得的是，它并不是仅仅搜集了判决书，而是较完整地集中展现了相关案件各个环节的材料，使我们可以对根据地的民事诉讼案件一窥全貌。这不但有利于我们了解司法人员在裁断中的思维方式、价值判断和规范适用，而且诉讼中的

---

① 《晋冀鲁豫边区高等法院工作报告》（1943年），载北京政法学院审判法教研室编《中华人民共和国审判法参考资料汇编》第1辑，北京政法学院，1956，第222~223页。
② 谢觉哉：《关于司法工作中的几个问题》，载《最高人民法院历任院长文选》，人民法院出版社，2010，第99页。另外，这一阶段因被黄宗智称为"第三领域"而引起广泛注意，黄宗智的论述，参见氏著《经验与理论：中国社会、经济、法律的实践历史研究》，中国人民大学出版社，2007，第167~173页。
③ 白潮编著《乡村法案——1940年代太行地区政府断案63例》，大象出版社，2011。

过程推进、各方影响、证据状况也都因此被完全呈现，可谓研究太行地区司法的理想素材。就其数量而言，63 例并不算是一个很大的数字。但是，我们在阅读了太行地区的案例，并参看了陕甘宁边区等其他根据地的部分案例后，一个明显的印象是，就我们关心的问题而言，不同根据地案件的同质性是较为突出的。这种情形使我们相信，对于本书探讨的问题而言，63 个案例的样本数已属充足，简单叠加案例数量的意义有限。因此，就以其作为最基本的解读素材。

尚有不足者，则在另外一套文献《中华人民共和国审判法参考资料汇编》中得到了很有价值的补充。这套文献为新中国成立之初的 1956 年，北京政法学院为了系统研究人民司法，并为审判机关提供实务参考，对从大革命时期开始直至 1956 年的革命政权法令、司法解释、审判工作总结报告、党的领导人关于法令和司法问题的指示和讲话、革命根据地法学家关于法律和司法问题的阐述等进行了系统的搜集整理。分为历史部分、总类部分、检察工作、民事诉讼和刑事诉讼五个分册。这套文献对于研究早期人民司法而言，价值非常突出。书中在不同部分先后涉及太行地区的十余个案例及其处理过程，可以使本书的样本数量进一步增加；更为重要的是，书中有包括晋冀鲁豫边区在内的多个根据地的司法工作报告及针对太行地区的《太行区司法状况》等，整体性地描述了太行地区司法的相关情况，这既可以用来检验案件研究所得出的结论，又给各个部分的具体研究提供了切实的宏观背景，使本书得以进一步减小结论的偏差。

除以上两种基本文献之外，其他文献主要包括：

（1）共产党司法领域领导人的文集汇编。除《最高人民法院历任院长文选》外，还包括《董必武政治法律文集》、《谢觉哉论民主与法制》、《谢觉哉日记》、《江华司法文集》、《郑天翔司法文存》以及对新中国政法工作影响较大的《论新中国的政法工作》（彭真著）等。

（2）陕甘宁边区的判例和案例选辑。该部分可以和太行地区互相参照来探索早期人民司法的共通特点，又可以观察不同地区可能的模式差异及不同司法层级的行为差异。笔者主要依据的是《陕甘宁边区判例案例选》（艾绍润、叶海深编，陕西人民出版社，2007），该书共选辑陕甘宁边区案例 66 个，但仅收录判决文书是该选辑的一个遗憾。不过，作为参照资料来说，对本书的影响并不是很大。

（3）为本书的理论探讨提供分析框架的著作。这主要是学界关于司法制度和纠纷解决方式一般理论的研究。使本书获益较多的有《司法和国家权力的多种面孔》（达玛什卡著）、《纠纷的解决和审判制度》（棚濑孝雄著）、《法院：比较法和政治学上的分析》（马丁·夏皮罗著）、《非诉讼纠纷解决机制研究》（范愉著）等。

（4）作为本书前期研究的相关讨论。这主要是对人民司法在历史维度上进行的研究，与本研究主题直接相关。故笔者择其要者，花较多笔墨进行评述。对于人民司法的研究，依笔者的观察，大致可以分为两类。其一是以经验总结的立场对其进行事实描述和简单概括，这在一些老一辈法律史学者和今日的政府政策研究部门中较为常见。如张希坡所著的《马锡五审判方式》等；这类研究一般对于人民司法路线采肯定（甚至是简单肯定）和赞誉的立场。而对于人民司法不合于现代法治中某些理念和原则的因素，则以社会环境、实际效果为其辩护。此类研究从今日来看，显然稍嫌简单，但是，它们在提醒研究者注意制度适用的时空条件以及打破对司法的本质主义理解方面，不乏理论价值。

另外一类研究则理论关注更为明显。他们所考察的仍然是人民司法中的相关实践，但是解读的角度、研究的手段都有明显不同，表现出更多的理论自觉。如强世功的《法制与治理——国家转型中的法律》、《惩罚与法治：当代法治的兴起（1976-1981）》两书，考察了根据地时期直至改革开放初期的人民司法实践，其最为突出的特点，是以社会科学理论来解释人民司法实践的逻辑（而非官方的政策宣示），尤其引入"治理"这一概念来分析人民司法在共产党政权运作体系中的角色，较早对司法的政治功能进行了学理性揭示。再如侯欣一的《从司法为民到人民司法》，利用陕甘宁边区的大量档案资料，对人民司法路线的由来、特征、理念内涵与实际运作进行了翔实的探讨。虽然该研究对社会科学理论的运用不是很明显，但作者以相对规范、系统的法学训练和钩沉索隐的资料梳理，对理解人民司法的规范特征提供了基础，也使本书有了一个系统的参照物。

在后一类研究中，对本书启发意义较大的当属黄宗智和高见泽磨两位外籍学者的成果。在研究手段上，两位学者都搜集了大量例证，并以量化统计的方式加以整理，从而加强了研究的实证性和可重复性；在理论框架的探索方面成效更为显著。黄宗智关于中国民事司法的研究，不但从方法论层面揭橥了"实践历史研究"的内涵，更为重要的是，他所关注的是从清代、民国直至当代这一长时段历史中的中国司法，从而沟通了历史与现实。在其关于法律史的三卷本著作中，① 黄宗智比较了清代、民国与新中国的司法活动，认为三者固然存在某些差异，但在主要方面是相通并存在共性的，集中表现为"实用道德主义"司法模式。实用道德主义强调实践优先于逻辑演绎推理；法律条文包括基本法理的形成，应当从实践经验出发，而不从绝对公理出发、再通过逻辑演绎得出结论。但这种司法也不是简单的经验主义的产物，它认为法律必须由道德观念来指导，亦即要求法律作为追求社会理想的一种工具。只不过，它承认道德理想及贯彻道德理想的法律条文和现实不完全一致，允许法律在运作时考虑到实用性和无限的不同事实情况，做出不一定符合道德理念的抉择。在此情况下，司法思维方式往往是形式主义方法的倒置。② 黄宗智的研究，其主要的启示意义有两方面。其一，承认传统中国、民国和新中国虽存在截然不同的政治法律体制，但其司法模式存在相通性。这印证了他关于当代中国法律所继承的三个传统之论述，③ 也为本书的研究视角提供了支持。其二，黄宗智所总结的自清代以迄新中国持续不变的"实用道德主义"司法模式，其内涵要素与人民司法理念有较多重合之处，如对于形式主义法律思维的保留，对价值判断进入司法过程的重视，对社会关系恢复及社会稳定的追求等。这一概念既为笔者论述人民司法理念提供了参照，也启发笔者注意人民司法与近代中国司法理念的内在联系。

日本学者高见泽磨对新中国成立后的纠纷解决问题做出了理论概括。高见泽磨认为，新中国的纠纷解决可以称为"说理—心服"模式。由于判决、

---

① 包括《清代的法律、社会与文化：民法的表达与实践》，上海书店，2001；《法典、习俗与司法实践：清代与民国的比较》，上海书店，2003；《过去和现在：中国民事法律实践的探索》，法律出版社，2009。

② 参见黄宗智《过去和现在：中国民事法律实践的探索》，法律出版社，2009，第239、253、210页。

③ 黄宗智认为，当代中国法律所继承的主要是三大传统：一是清代的传统法制，二是模仿西方的民国法制，三是革命根据地在否定前两者之下而形成的法制，也是受乡村习俗及其公正制度影响较深的传统。今日中国特色法制的建设，必得取源于这三大传统。参见黄宗智《法典、习俗与司法实践：清代与民国的比较》，上海书店，2003，中文版序。

强制执行程序运用的困难，以及纠纷的存在方式和对纠纷的认识程度等方面的原因，裁判者不得不尽力说服直接的当事人和周围的关系人，同时探索解决的对策。这种说服与传统中国的儒家模式不同，不是以说理者的能力和德望、心服者的顺从品质来支撑，而是由于法院能力的不足。① 这种"说理—心服"的模式使得中国的民事、刑事和行政程序并无明确分野，所处理的是同一层面上程度不同的问题，也使得中国的司法模式游离于当事人主义和职权主义之间。② 与黄宗智一样，在高见泽磨看来，中国纠纷解决和司法运行的这种模式是从固有法时期经民国一直延续到当代的。他们所揭示的当代中国司法与传统中国和民国时期的司法存在明显的共通性及思维方式上的"家族类似"，使我们可以用更加宽广的视野来观察早期人民司法实践。

---

① 参见〔日〕高见泽磨《现代中国的纠纷与法》，何勤华、李秀清、曲阳译，法律出版社，2004，第8页。
② 参见〔日〕高见泽磨《现代中国的纠纷与法》，何勤华、李秀清、曲阳译，法律出版社，2004，第76~77页。

第一章　早期人民司法与
社会纠纷解决

第一节　早期人民司法的方法论与运行特质

本书对太行地区纠纷裁断所进行的案例研究，是以人民司法为线索和分析工具的，因此有必要对人民司法的逻辑和运行特质首先进行呈现。作为一种司法模式，人民司法以共产党所宗奉的马克思主义哲学认识论和辩证法为基础，在方法论和价值观上都有自身的特点。具体来说，在方法论层面它反对法条主义，主张具体问题具体分析、积极主动司法。在价值观层面则主张以国家利益和人民利益为司法的判决标准。这一逻辑是我们理解具体案例中裁断过程和结果的基础。

人民司法路线的实践品格，是通过对唯物论和辩证法所要求的思维方式和工作方法的遵从而确定的。在司法中如何认识问题、如何分析问题以及如何处理问题，在唯物论和辩证法的指引下都形成了相应的具体形态。概言之，人民司法的方法论，正是司法领域具体运用唯物论和辩证法的结果。这一选择与中国共产党的历史角色有重要关联。从早期人民司法的任务来说，是以共产党的政策为导向，与其他工作一起共同实现改造社会的宏愿。此一过程要求司法遵循以下准则：（1）坚持进步的方向，经过教育，逐步提高；（2）照顾落后，但不迁就落后，逐渐达到克服落后；（3）照顾将来的利益，尺度放宽，将多数人归于可引导范围内，依据具体情况，处理具体问题；（4）根治落后，需经过相当长一段时间，发展经济、发展文化教育，逐步达到大致法律要求。① 以上步骤与唯物论和辩证法的要求极为契合。由此历史地决定了唯物辩证法对早期人民司法方法论的统摄地位。

一　唯物辩证法的司法方法论

（一）"透过现象看本质"——反对法条主义

"透过现象看本质"作为辩证法的重要内容，要求分析问题时不要满足于表面的东西或被表面所迷惑而不追求问题的本质。具体到司法事务中，"表面"就是法律的文字性规定，"实质"则是法律的目的。在共产党人看来，法条主义者其实就是司法领域的教条主义者，其在处理问题时"从书本上某些现成的公式出发"，将成文法的实现作为司法的首要目的。但遵循法条文字不等于实现法律目的，这一点，很早就为共产党的领导人所深刻体认。在阐述陕甘宁边区的司法路线时，习仲勋曾指出新的意识形态对司法的要求，这种要求强调判决的实体结果应当合于立法目的，而对法条主义则持否定态度："我们的司法方针是和政治任务配合的，是要团结人民、教育人民，保护人民的正当权益。越是能使老百姓邻里和睦、守望相助、少打官司、不花钱、不误工、安心生产，这个司法工作就越算做得好。过去检讨警区司法工作，曾有个别司法人员，硬搬六法全书，侵害过老百姓不少的利益，值得我们今后所有司法工作者大大的警惕！"② 可以看出，党的领导人主张司法应实现一种符合政治任务需要的正确结果，严格适用法律条文（即"死抠"、"硬搬"）则有碍于正确结果的实现，甚至会侵害老百姓的利益。这里所批判的重点并非六法全书，而是"硬搬"法条的司法工作方式。换言之，法律条文应当结合实质性的结果正确发挥作用。如果只追求法条规定的自洽，"不看对象、不问效能，但求形式上自圆其说，不问实质是否正确"，则是只看表面昧于实质。比如关于童养媳问题，共产党的政策和法令都主张婚姻自由、自主、自愿，童养媳等陋习因为违反"三自"原则和助长早婚之风被明令禁止。但在司法界的领导人看来，法令对童养媳这一陋习的禁止，如何落实到个案，应

---

① 榆林市中级人民法院编《榆林地区审判志》，内部刊印，1997，第177页。
② 习仲勋：《贯彻司法工作正确方向》，《解放日报》1944年11月5日。

当根据民众的实际生活处境灵活把握；如果不考虑具体情形，一味坚持法令的这一规定，就会"爱之适所以害之"，反而不利于保障女性和青少年权益。比如在晋察冀边区曾有一种较为常见的情况，发生春荒等灾情时，已经订婚的女子（往往年龄较小）到夫家过活以度过灾荒，有的司法人员认为，此一行为违反禁止童养媳的法律规定，所以应当禁绝。但"透过现象"分析，禁止童养媳的法律规定，其根本的精神和实质有二：其一是怕女方因从小在夫家养活而确定了终身大事，妨害双方特别是女方的婚姻自由；其二是担心女方在夫家受到虐待，不利于妇女权利的保护。但女子在春荒这种特殊背景下到夫家过活，虽然可能具有"童养"的过程，然而可以解决她当前的生存问题，使其活命。只要不因婚前在夫家生活而丧失双方特别是女方的婚姻自由，女子也未受到夫家虐待，并保证不违法早婚，那么这一童养的过程就没有违背法律条文的精神实质，也就应当被容忍。① 可见，春荒时已订婚女子到夫家过活虽然和童养媳"现象"是一样的，但因为无损于婚姻自由和妇女权利，"本质"却完全不同。此时，允许这种行为才符合保护妇女权益的宗旨。

另外，"透过现象看本质"要求在司法过程中对于同样的行为，要结合行为人的具体身份，再考量其他社会条件，准确把握其性质。如果法律中已经明确了"人民"和"人"、"国民"作为法律主体的区别，可依其规定；但大多数条款是没有明确的，此时就需要在司法中加以具体识别。比如，同样是盗窃公有财物，如果盗窃者是农民，就按照盗窃处理；如果盗窃者是地主，那就不一定是单纯的盗窃财物，而可能有反攻倒算、反对集体化等性质。同样是杀人犯罪，如果是农民打死人，可能只是单纯的杀人犯，而如果是地主打死人特别是打死农民，则可能是地主阶级反攻行凶，属于反革命行为。若坚持以法律条文为准据，欠缺政策敏感性、不区分当事人的身份同等对待，就会导致"在处理反革命案件中，重罪轻判，包庇放纵；在处理劳资、公私案件中，纵容不法资本家压制工人和危害国家利益；在处理婚姻案件中，维护封建婚姻制度，对妇女的正义要求不予支持，甚至有包庇虐杀妇女的犯罪

---

① 《1944年3月晋察冀高等法院王院长在边区司法会议上的报告》，载《中华人民共和国审判法参考资料汇编》第1辑，北京政法学院，1956，第176页。

的行为"。① 这种司法行为虽然可能遵循了法律的文字，却与法律的精神及目的背道而驰，只会严重影响司法的权威。

"透过现象看本质"在司法政策的确定中也极为重要。在确定司法政策时，必须认识到违法犯罪不只是一个法律问题，更是社会问题，要以解决社会问题的自觉来加以分析。如果没有"透过现象看本质"的意识，就可能着眼于表面的某些细节，陷入"头痛医头，脚痛医脚"的误区。例如，新中国成立后司法界领导人谈到太行根据地的一个案件时指出，某一时期根据地盗窃案件的发生明显减少，有的同志简单地认为这是对盗窃行为加以严厉打击的结果，这就是一种没有"透过现象看本质"的思维。应当认识到，盗窃减少是许多社会性因素合力造就的。这包括：政府没收了一些地主、汉奸的土地分给贫农耕种，又经减租减息、土地改革和大生产运动，贫苦农民可以获得更多的生存保障；另外，由于参加人民军队和进入工厂的群众增加，地区人口相对减少，财富可以实现比过去更大程度的满足，因而犯罪的土壤就缩小了。司法工作对盗窃的打击虽然也有其作用，但只是盗窃减少的各种因素之一种，甚至不是最主要的原因。② 因此，是社会生产关系的变革而不是司法打击实现了盗窃的减少。看到这个"本质"，对确定关于盗窃的司法政策就可以有更全面的把握。

（二）"具体问题具体分析"——反对司法工作孤立化

具体问题具体分析是反对法条主义的必然逻辑延伸，它强调不能机械地运用法律，而应当分析法律的适用条件。"因为即使相同的案件，如果时间和空间不同，就可以有第二种不同的处理办法。"③ 同时要以发展的（而非静止的）眼光来看待事物。这就要求在分析案件时有联系的观点。根据辩证法，一切事物之间都是相互联系和依赖的，分析某一事物应当全面分析它和周围

---

① 史良：《关于加强人民司法工作建设的报告》，载《中华人民共和国审判法参考资料汇编》第2辑，北京政法学院，1956，第184页。
② 徐平：《审判工作的思想方法问题》，载《中华人民共和国审判法参考资料汇编》第4辑，北京政法学院，1956，第136页。
③ 徐平：《审判工作的思想方法问题》，载《中华人民共和国审判法参考资料汇编》第4辑，北京政法学院，1956，第136页。

事物的联系，案情也需依事物存在的条件、时间和地点做出判断，而不能孤立看待。① 司法中的判断"固然要注重事件的本身，但也必须放宽范围，想到该事件的来因去果，即正面、反面、各个侧面，好多事情从正面想是对的，从反面想却不对；从小范围想是对的，从大范围想却不对"。② 为此，党在陕甘宁边区时期即要求司法机关审判案件时，"须切实照顾边区人民的实际生活，切实调查研究案情的具体情况，分别其是非轻重"。③ 具体来说，是要求在分析案件时一定要看纠纷对象的具体情况，并结合时间、空间来做出判断；反对将案件要素抽象化，只追求形式逻辑的一贯性，孤立、割裂地判决。比如，共产党的法律向来禁止买卖婚姻，但某个具体的有买卖成分的婚姻是否应当被禁止，则需要具体分析。例如对于一些介于自主婚姻与完全的买卖婚姻之间的婚姻形式（当事人自主自愿选择对象，家长同意，但借此索要了大量彩礼），究竟该如何评价？此时，不能以静止的眼光认为它就是买卖婚姻，而要以发展的观点并结合具体的社会条件分析。这种过渡形态的婚姻在北京和上海这些自主婚姻已很普遍的大城市，无疑是落后的，应当禁止并处罚；但在一些买卖婚姻实行多年且仍在盛行的乡村地区，这种婚姻实现了当事人对配偶的自主选择，它相对于完全的买卖婚姻而言却是进步的，体现了青年和妇女的觉悟，就不宜一律禁止，有时甚至要加以保护。④

"具体问题具体分析"也反对对形式逻辑一贯性的极端重视。唯物辩证法在对形而上学进行批判时认为，形而上学最根本的特点是强调事物内部绝对同一，否认事物内部的矛盾性。它的公式是："是就是，不是就不是；除此以外，都是鬼话。"⑤ 而辩证法则承认一切事物的内部都包含着互相对立又互相依存的方面，可以对不同方面分别处理。这一原理应用到司法实践中，就是在具体的裁量中要结合事物矛盾的不同方面具体分析，而不能仅基于形式逻

---

① 参见李达主编《唯物辩证法大纲》，人民出版社，2014，第 35 页。
② 谢觉哉：《讲道理》，载《最高人民法院历任院长文选》，人民法院出版社，2010，第 107 页。
③ 林伯渠：《关于改善司法工作》，载《中华人民共和国审判法参考资料汇编》第 1 辑，北京政法学院，1956，第 75 页。
④ 参见徐平《审判工作的思想方法问题》，载《中华人民共和国审判法参考资料汇编》第 4 辑，北京政法学院，1956，第 137、133、139 页。
⑤ 恩格斯：《反杜林论》，载《马克思恩格斯全集》（第 1 版）第 20 卷，人民出版社，1971，第 24 页。

辑的要求、受逻辑一贯性的"束缚"。① 以新中国成立前后受到关注的通奸之惩处为例，通奸在当时尚被视为犯罪，但属于一个自诉罪（"告诉乃论"），由受害人（即通奸者的配偶）决定是否提起告诉。有的受害人在提起告诉时出于今后生活的考虑，不控告自己的配偶而只控告相奸者，由此产生了诉讼中较为关键的"告诉是否可分"及"撤回是否可分"的问题。最高人民法院认为，对这一问题的处理不能根据诉讼法理一概而论，而要根据纠纷对象、政策需求等情况具体决定，有的可分、有的则不可分。例如，地主甲引诱农民之妻丙与之通奸，甲之妻乙（即"地主婆"）要单独告丙而不告甲，这种情况下告诉就不可分，亦即乙必须将甲和丙一起控告，否则法院不予处理。反之，如果农民乙之妻甲，受"二流子"丙引诱通奸，乙只告丙而不告甲时，可以准许，这就是告诉可分了。撤回时也按同样的原则处理。② 再比如，前述介于买卖婚姻和自主婚姻之间的过渡形态，在处理时应当一分为二地看待。这种婚姻既有买卖婚姻的一面，又有自主婚姻的一面，这同一事物的两面也在互相斗争和发展。对于司法而言，应当区别对待，打击买卖的部分，保护和提倡自主的部分，以推动其向完全的自主婚姻发展。举例来说，男女结婚时女方家长要求男方给予大量财物，女子本人也要男方给自己做几件衣服，司法机关在处理时，就不能基于逻辑一贯性的要求，对全部"买卖婚姻标的物"整体处理，而应区别对待。女方家长索要的大量财物中，超过合理限度的可作为买卖婚姻的标的物予以没收，但可以留下少量在合理范围内的；女方要求的几件衣服属于婚姻中的正常馈赠。这三个部分性质是不同的。如果不加区别地全部没收，会让老百姓误认为在婚姻问题上，只要有物质因素存在，即属违法而应受处罚；但从现实情况来看，婚姻完全没有物质因素，在当时只有觉悟很高的革命干部才能做到，如果以此要求普通百姓则属强人所难。一旦对此加以惩罚，只会使它转入地下，从而便利了落后思想而有损于婚姻自由。如果采取涉及买卖婚姻部分没收、合理和自主的馈赠予以认可的

---

① 参见李达主编《唯物辩证法大纲》，人民出版社，2014，第36~37页。
② 《最高人民法院华东分院请示"亲告罪"或"告诉乃论"问题的报告》，载《中华人民共和国审判法参考资料汇编》第5辑，北京政法学院，1956，第3页。

处理，就能使群众认识到：只要是自主婚姻，女方提出合理物质要求是允许的。① 这样一来，就对男女青年争取婚姻自主起到了鼓励作用，可以逐步引导当地由旧的买卖婚姻转到新的完全自主婚姻。

（三）积极主动司法

积极主动司法是辩证法认识事物内部矛盾发展的必然结论。辩证法主张，事物的内在矛盾都有两面，正面和反面、进步的发展的一面和落后的衰颓的一面。人应当通过能动的活动，"善于发现新生事物，勇于支持新生事物"。促进进步、发展的一面，打击落后、衰颓的一面。② 与此相适应，司法应当是主动的。若将"民不举官不究""不告不理"等传统司法观念视为信条，采取消极、等待、被动的态度"坐在家里等官司"，那就对司法目的的达成有害无益。"主动"首先意味着司法应当将纠纷看作解决社会问题的契机，不但不能回避，并且要主动利用纠纷甚至"制造"纠纷以便国家权力介入。比如晋察冀边区在某一时期，婚姻案件数量猛增。司法者认为这是一个正面现象，因为在这些案件中，妇女提出离婚的占到三分之二以上，且理由绝大多数是"感情意志根本不合"，这说明"向来被当做奴隶的妇女已在实际行动起来争取自身的解放了"。③ 基于这一认识，司法人员应当注意民间存在的纠纷形态，在纠纷可能存在的地方事先介入，引导其发展。以新中国成立前后对通奸行为的处理为例，通奸本属所谓的亲告罪，应由被害人或利害关系人控告，否则法院可以不加处理。但这只是一个法理原则而已，不能为此而束缚人民司法的手脚。"如某地主倚势与其佃农之妻通奸，佃农性懦，解放后仍不敢控告，那么我们并不拘泥于什么'亲告'或'告诉乃论'，政府可以主动地加以处理。"④ 这就主动使纠纷进入了国家权力的运作场域。这一理念的集中表现是从中央苏区时期一直延续到 1982 年《民事诉讼法（试行）》第 13 条的

---

① 参见徐平《审判工作的思想方法问题》，载《中华人民共和国审判法参考资料汇编》第 4 辑，北京政法学院，1956，第 135 页。

② 李达主编《唯物辩证法大纲》，人民出版社，2014，第 289 页。

③ 《晋察冀边区行政委员会工作报告（1938-1942）》，载《中华人民共和国审判法参考资料汇编》第 1 辑，北京政法学院，1956，第 110 页。

④ 《最高人民法院华东分院请示"亲告罪"或"告诉乃论"问题的报告》，载《中华人民共和国审判法参考资料汇编》第 5 辑，北京政法学院，1956，第 3 页。

明文规定："机关、团体、企业事业单位对损害国家、集体或者个人民事权益
的行为，可以支持受损害的单位或者个人向人民法院起诉。"① 也就是说对于
解决社会问题有意义的纠纷，可以由社会支持诉讼，提交到法院处理。可见，
与今日"案多人少"的感受不同，早期人民司法并不排斥社会纠纷的出现，
相反会积极利用纠纷。尤其在新旧社会交替之际，纠纷可以认为是对旧秩序
的冲击，司法者要加以关注及有意识地引导，在纠纷解决中支持新生事物的
成长、推行党的政策。为此，带有"上门揽案"色彩的巡回审判就成为一种
被提倡的司法方式，各种便利诉讼的举措也是司法积极扩展自身功能的努力。

　　积极主动司法还要求在纠纷解决过程中，司法机关不能以当事人的诉求
为限进行处理，即采取所谓"事务主义"的态度，"结一案算一案，一了百
了"，而应该着眼于新事物的发展、当事人今后的生活与纠纷的永远消除，动
用一切可以动用的资源来解决相关问题，哪怕是案外的人或物也在可处置的
范围之内。并且在案件裁断后要总结研究，从案件里面找社会问题，探索解
决方法提供给政府，帮助政策的正确执行与贯彻。

二　唯物辩证法与人民司法中的价值取向

　　早期人民司法的方法论已如上述。然而，对于一个个具体的裁判结果来
说，方法论只是提供了裁判过程的程序路线图，并不足以实现裁判结果的产
出。比如，人民司法要求"透过现象看本质"，如何确定相关社会事物何者为
"现象"、何者为"本质"？再比如，反对司法工作孤立化，要求以"联系"
的观点分析问题，但基于纠纷解决的现实，不可能所有社会因素都被"联系"
进来作为裁判的考量内容。此时，就必须以一定的标准加以取舍。这个标准，
就由人民司法中的价值取向来决定。与其他任何一种司法观一样，在人民司
法路线中，价值取向是具体分析问题、适用法律的指针。② 同时因为强调灵活

---

① 1932 年中央苏区颁布的《裁判部暂行组织及裁判条例》第 23 条规定："与群众团体有关系案
　件，该群众团体也可派代表出庭做原告人。"
② 在众多法学流派中，实证主义法学是少数明确主张将价值判断清扫出法学领地的学派，但这
　其实是"虚晃一枪"。俞江教授认为，实证主义法学兴起的背景是启蒙运动以后，个人权利
　和自由等启蒙价值早已根深蒂固，成为法制的底色，故实证主义法学声称不讨论价值问题，
　其目的是维护法制中的启蒙价值。这更加说明法律适用不可能排除价值判断。俞江教授的观
　点，参见俞江《近代中国民法学中的私权理论》，北京大学出版社，2003，第 190 页。

运用条文，程序的意义被部分消解，价值取向因此显得尤为重要。人民司法中对于价值取向的关注可分为两个层面：第一是适应当时法律社会化潮流，对公共秩序、善良风俗等原则加以认可；第二则是根据党的政策需要，给这些"一般条款"注入特有的内容。因为公序良俗这类一般性原则运用于实践，尚需贯以更具体的价值标准，例如关于善良风俗：

> 究竟什么是"善良"呢？嫖妓宿娼是善良呢？自由恋爱是善良呢？有人认为前者合理，说后者是"世风日下"，这究竟是否对呢？把青年妇女关在家里，大门不出二门不迈的事实，和青年妇女可以参加集体劳动，参加大生产的现象相较，哪一种是善良风俗呢？哪一种不背于公共秩序呢？①

可见，从不同的价值观出发，对一般条款也会产生不同的理解。在共产党人看来，司法应当以保护劳动者或革命的依靠力量为宗旨。在"维护各阶级、照顾各阶层利益"时，尤其要体现劳动人民意志、巩固劳动人民利益。"如土地之优先租佃权，属于贫苦急需者；债务之还债，视贫富之具体情况，可令债务人少还、全还或免还。婚姻之自主自愿按农村生产组织机构之需要的具体情况及保障抗属等而酌予伸缩。"②

价值标准一经明确，利益衡量就有了具体方向。辩证法所决定的司法方法论为共产党价值标准的进入提供了宽广的口径。比如抗战时期土地问题的解决，在大规模激烈"土改"不合时宜的情况下，共产党在立法上既承认地主的土地所有权，也保护佃农的土地使用权，但司法中则侧重保护土地使用权。司法界认为，必须改变过去"所有权是绝对的、随地主自由支配"的观念，应对农民的土地使用权予以特别注意和保护。而且对农民土地使用权的保护并不会妨碍地主的土地所有权。因为农民土地使用权的存续，也保障了

---

① 《1944年3月晋察冀高等法院王院长在边区司法会议上的报告》，载《中华人民共和国审判法参考资料汇编》第1辑，北京政法学院，1956，第163~164页。
② 《陕甘宁边区判例汇编》"例言"，转引自汪世荣等《新中国司法制度的基石》，商务印书馆，2013，第133页。

地主持续享有地租收益。① 表面上似乎两方利益都有考虑、无所偏袒，但实际上保护佃农的利益是首位的。因为收回土地、自主选择承租对象、增租夺佃等诉求得不到支持，地主的利益在得到有限保障的同时也受到了抑制。

再以婚姻自由中的离婚自由为例。当事人有离婚的自由和权利，这是边区法律中明文规定的，对于主体并无限定。但就当时边区的社会实际情况来看，离婚由女方提出者占大多数，而她们的丈夫多是贫农，离婚大半由于生活贫困。党的领导人认为，如果"死抠"允许当事人自由离婚的法条，不但会让很多贫农失去妻子，导致家庭离散，而且也无助于妇女找到解决生活困的出路。因此在处理这些案件时，应当认识到婚姻的自由、自主、自愿是不可能超出社会经济条件的，不能有诉必准，而应根据人们的实际生活加以衡量，谨慎处理。② 也就是说，如果婚姻自由的实现，会导致作为革命重要依靠力量的贫农利益受损，那么在司法中就要谨慎从事。陕甘宁边区高等法院的判决中多次指出，农村家庭夫妇为社会经济组织成分，"不宜轻易判离，致危及社会经济基础"，并对出于嫌贫爱富或受他人教唆要求离婚的女性进行批评。③ 正是出于这个原因，后来在婚姻立法中才有了以"感情确实破裂"为离婚标准的规定。将一个主观色彩较为浓厚的情形作为标准，其目的就是将价值判断的权力交给司法人员，由其根据意识形态的需要并结合实际情况加以处理。这其中，对"本质"的认定，对"新事物"的判断及可"联系"的社会因素，都为司法人员提供了足够的选择空间。

三　唯物辩证法对人民司法运行特质的形塑

早期的人民司法作为一种特征鲜明的司法模式，与西方经典意义上的司法相对照，其在运行中表现出的专业性相对弱化和行政化色彩浓厚非常引人注目。这两方面特质的形成，是多种因素作用的结果。笔者关注的重点在于，

---

① 《1944 年边委会宋主任在边区司法会议上的结论》，载《中华人民共和国审判法参考资料汇编》第 1 辑，北京政法学院，1956，第 192 页。

② 《1944 年 3 月高等法院王院长在边区司法会议上的报告》，载《中华人民共和国审判法参考资料汇编》第 1 辑，北京政法学院，1956，第 177 页。

③ 参见艾绍润、高海深编《陕甘宁边区判例案例选》，陕西人民出版社，2007，第 42、59、67页。

辩证法所决定的司法方法论与这两种特质的形成有密切关联。

其一，辩证法的"联系"观点使司法不再是单纯的以适用法律为核心的活动，冲淡了司法的专业性。辩证法在司法中的运用强调重视法律之外的社会因素，并且要求自觉地将司法工作与其他工作联系起来。对社会因素的考量使司法者除了基于法律行使判断权之外，还必须关注时势变化、政治和经济的需要、世道人心的期望等内容，而且后者的分量并不弱于前者。新中国建立初期，关于司法有"正确、合法、及时"的要求。作为首要标准的"正确"，其内涵除了事实准确还包括符合党的革命政策和阶级观点、符合人情、合于形势等。这是司法工作必须广泛考量社会因素的集中表述。"合法"是一个与正确并举的次要标准，也必须在"正确"的前提下去追求，其内涵并不限于符合法律条文。具体分析、灵活处理、引导方向、注重教育功能以及与其他工作配合推进，都是实现合法的必要途径。至于"及时"，除了不拖延纠纷解决之外，另一层含义就是要跟得上随时变化的运动形势。[1] 在这种定位下，司法机关不但要裁处纠纷，还要更进一步地提供各种"服务"，以支持不断涌现的新事物的发展。这种主动性方面的要求往往超出适用法律审理案件的范围，使司法本身的特殊性被严重削弱，与其他公权力活动不再有显著差别，成为党解决社会问题的所有工作中的一个环节；同时，由于反对孤立的"结一案了一案"态度，司法不得不对案件之外的人或物进行处置才能完成解决纠纷的任务。这使司法机关必须与其他机关不断协调。积极主动办案的副产品就是司法必须"主动地争取党的领导和支持，积极搞好公检法的大力协同，主动地争取各部门、各省市自治区和各级党政领导及工、青、妇的支持和配合"。[2] 因为不可替代性的下降，也导致司法和司法机关在整个公权力体系中地位的下降与边缘化。[3]

其二，唯物辩证法的思辨性，需要通过行政化进行约束以保障司法统一，从而导致司法行政化的强化。具体来说，辩证法反对简单、被动反映事物的属性，具有较强的反思性。如此一来，为了对司法主体的反思活动进行约束，

---

① 马锡五：《关于当前审判工作中的几个问题》，载《政法研究》1956第1期。
② 郑天翔：《法院工作的基本方针》，《郑天翔司法文存》，人民法院出版社，2012，第58页。
③ 这在人民司法的各个时期均有反映，也导致了司法人员往往"人心不稳"，认为"干司法工作没有前途"。见《最高人民法院历任院长文选》中董必武、谢觉哉等人的相关论述。

保证司法判决的相对统一性，就必须在组织上采取严格的科层制。辩证看待问题、实事求是、具体问题具体分析，道理并不难懂。"至于每一问题的错误的发生，则每每在于分析和研究方面发生的偏差"。① 然而，从唯物辩证法本身的性质来说，偏差又是难以避免的。这是因为，唯物辩证法反对旧唯物主义的简单反映论，本身具有较强的反思性；它同时也反对经验主义，实际上鼓励人的主观思想从被动反映事物性质的客观性上远离，而且与此客观性刻意保持距离。然而人的多样性会使这种反思也具有多样性，难以强求一致。② 反映到司法中就是大量的"同案不同判"。另外，司法路线中运用辩证法的要求本身即存在一种内在紧张。以"具体问题具体分析"为例，它反对孤立化司法，主张将法律与多种社会因素相联结；但同时，在法律要素内部，它又主张基于实现正确结果而打破形式逻辑的一贯性要求，这是在鼓励将法律要素"割裂"。司法人员难免在主张"联系"与鼓励"割裂"之间尺度不一。但是从司法权的要求来讲，又不能允许反思的多样性泛滥，必须求得相对一致。如何在鼓励个人发挥主观能动性的同时，又不让这种能动溢出司法统一的要求之外？科层化的组织运作是一种理想的约束。③ 正因为此，共产党一方面批判不知辩证看待问题的教条主义，另一方面又反对固执自身判断的经验主义，甚至严厉指责"经验主义已经变成了无组织无纪律地方主义的思想基础"，④ 以此来求得对于司法统一的保证。

另外，辩证法对于法条主义的反对，使政策成为最主要的审判依据，而政策又往往较为宏观，需要司法者具体加以体会和把握。就把握政策来说，由于组织层级与保密制度的存在，基层司法干部一般不如上级司法干部，整个司法系统也因为略带专业性的工作不如党政干部。这同样增加了下级对上

---

① 徐平：《审判工作的思想方法问题》，载《中华人民共和国审判法参考资料汇编》第4辑，北京政法学院，1956，第132页。

② 参见游兆和《辩证法本质辨识——论唯物辩证法与唯心辩证法对立的意义》，《清华大学学报》（哲学社会科学版）2014年第5期。

③ 以达玛什卡对司法类型的划分来说，早期人民司法属于能动型政策实施程序，这会导致"能动"与规则稳定性的紧张。因此这种类型的程序一般与科层制权力组织相结合，以保持一致性。参见〔美〕达玛什卡《司法和国家权力的多种面孔》，郑戈译，中国政法大学出版社，2004，第31、123页。

④ 邓小平：《贯彻执行中共中央关于土改与整党工作的指示（1948年6月6日）》，载《邓小平文选》第1卷，人民出版社，1994，第123页。

级的依赖，强化了科层制。早在根据地时期，司法界的领导人就指出，"今后在工作上遇到的疑难，不管是法律上的或问题处理上的，均应及时向上反映，求得正确的解答和解决"。并特别说明，出于反对自由主义的目的，必须这样做。① 即使在被认为法制意识较强的董必武主掌最高法院时期，也曾告诫法院人员，对于政法工作的方向，如果自己把握不准，就应该去"向主管的上级问"。② 对于司法人员而言，向领导尤其是党政领导请示，就是一个既能更准确把握审判依据，同时又规避自身风险的合算选择。

以上因素的叠加，极易在司法实践中形成一种实用主义的做法。由于在审判案件时，辩证法允许主观能动性较大程度的发挥，这使司法结果的可重复性变得极低；而上级又不可能对下级处理的所有事项事必躬亲地监督指导，为了有效约束司法人员的行为，就只能采取结果导向的评判。"判案要看这样做的效果会怎样，如果发生的效果很好，这就是做对了。如果发生的效果不好，就可能是做得不一定对。"③

司法非专业化和行政化的运行特质是今日人民司法所受批评的重要方面。不过，我们观察形成于特定时空中的早期人民司法方法论，并将其作为理解当时纠纷裁断的逻辑基础，就应当对"本质主义"的司法观保持一定的警惕而代之以历史眼光。对"本质主义"祛魅后我们可以看到，历史的奇妙之处在于，唯物辩证法所形塑的司法行政化和非专业化，在革命战争年代却表现出强大的制度能力，成为共产党能取得全国政权的不可忽视的因素。

第二节　人民司法与太行地区纠纷解决方式

在 20 世纪 40 年代的特殊时期，中国共产党领导下的太行地区的法律制度和生活状态较之前发生了很大变化。虽然太行地区是晋冀鲁豫根据地的直辖区，但经济、文化比较落后，人们受传统思想影响较为深远，中国共产党

---

① 《1944 年 3 月晋察冀高等法院王院长在边区司法会议上的报告》，载《中华人民共和国审判法参考资料汇编》第 1 辑，北京政法学院，1956，第 182 页。
② 董必武：《目前政法工作的重点和政法部门工作人员中存在的几个问题》，载《董必武政治法律文集》，法律出版社，1986，第 169 页。
③ 谢觉哉：《再谈想一想》，载《最高人民法院历任院长文选》，人民法院出版社，2010，第 118 页。

如何在此推进现代法律制度，如何解决群众间的纠纷并使群众接受其裁断结果，实在是一个值得重现的过程。本节试图从社会纠纷的解决方式出发，对上述问题进行解答。

一 背景介绍

1941 年，太行地区成为晋冀鲁豫边区政府的直辖区后，法制建设工作逐步展开。时隔不久，略有成就的法制建设就面临严峻形势。1942 年到 1943 年，太行地区遭受连续两年的灾荒，潜入太行根据地的特务和破坏分子乘势活动，暗杀、盗窃、抢掠等案件增多。太行地区司法部门由此提出了"面向事实、深察民隐，倾听群众意见，解除民间疾苦"的口号。[①] 1943 年底太行地区的整风运动开始。此时的法制工作才逐步走上正轨，更加贴近群众。地区司法工作人员的思想和观念发生了巨大变化，法制工作更加注重与群众运动相结合，充分利用群众运动解决根据地内出现的违法违规问题，这一点在民事纠纷的解决中表现得尤为突出，他们普遍采取"调解为主审判为辅"的方针解决纠纷。这在太行地区的 63 个案件中有明显的体现（见表 1-1）。

表 1-1 20 世纪 40 年代太行地区政府断案 63 例诉讼类型统计

单位：个,%

总案例	民事诉讼案例	所占比例	调解案例	所占比例	刑事诉讼案例	所占比例	其他案例	所占比例
63	33	52.2	25	40	3	4.8	2	3

注："其他案例"是指在审理过程中出现的其他问题，不能简单将其归为诉讼或非诉讼纠纷解决方式的案例。

由表 1-1 可以看出，在 63 个案件中，民事诉讼案例有 33 例，占总案例数的 52.2%；调解案例为 25 例，占总案例数的 40%；刑事附民事案例和其他案例占 7.8%。民事诉讼案例与调解案例数差距不大。

---

① 《晋冀鲁豫边区高等法院工作报告》，载北京政法学院审判法教研室编《中华人民共和国审判法参考资料汇编》第 1 辑，北京政法学院，1956，第 253 页。

二　各类纠纷的解决方式探析

通过对相关案例的归纳总结可以发现，不同种类纠纷的案件运用诉讼解决方式和非诉讼解决方式的比例有所不同，具体如表 1-2 所示。

表 1-2　20 世纪 40 年代太行地区政府断案 63 例调解情况统计

纠纷种类	案例总数	调解案例	所占比例	民事诉讼案例	所占比例	刑事诉讼案例	所占比例	其他案例	所占比例
婚姻纠纷	25	5	20%	18	72%	1	4%	1	4%
子女抚养纠纷	5	4	80%	0	0	0	0	1	20%
财物纠纷	13	5	38.5%	6	46.1%	2	15.4%	0	0
土地纠纷	20	12	60%	8	40%	0	0	0	0

注：表中"其中上诉案例"一列中（）内的数字表示案件上诉后转为刑事诉讼的案件数。

可以看出，婚姻纠纷适用民事诉讼解决方式的案例数最多，比例高达72%，其他纠纷中则适用非诉讼纠纷解决方式的案例比例较高，最高的为子女抚养纠纷和土地纠纷，均为 60%，但因为子女抚养纠纷中有一则案例是存卷，没有明确指出该案的最终解决方式，因此严格意义上应当剔除，如此一来子女抚养纠纷适用非诉讼纠纷解决方式的案例占比最大，达到 80%，土地纠纷次之。

但并不是所有的调解都能有效解决纠纷。统计发现，调解无效的案例在各类纠纷中都存在。土地纠纷里调解无效的有 7 例，比例为 58%，婚姻纠纷和财物纠纷调解无效案件有 1 例，比例为 20%，子女抚养纠纷调解无效案件案例数为 3 例，比例是 75%。

为什么在不同类型纠纷中适用诉讼和非诉讼纠纷解决方式的比例会相差如此之大？为何不同类型的纠纷中调解无效的案例所占比例相差如此之大？当事人起诉后的结果如何？笔者将分类型进行分析，尝试回答这些问题。

（一）家庭纠纷

首先来看家庭纠纷。家庭纠纷是指涉及婚姻家庭的纠纷，包括离婚、继承、家庭财产、亲子关系等方面。这类纠纷的特点有：首先，家庭纠纷与人的身份有着密切关系，包括婚姻关系和血缘关系，这就和一般的民事法律关系不同，因为存在婚姻关系和血缘关系就意味着会涉及更多的感情和道德。俗话说"清官难断家务事"，由于纠纷当事人或血缘或婚姻的关系，他们之间权利义务关系的表现也会相对复杂很多，很难简单做出是非曲直的判断，因此，处理这类的纠纷并不适宜用简单的"分清是非"的权威性裁判来进行处理，而是应当把恢复当事人之间的感情、消除对立和实现和解作为最终目标。① 很多时候法官都会注意或适用习惯和有关道德、民族、宗教、地方风俗等共同生活准则的特殊规范，并且会针对具体案例的不同情况进行相应处理来解决此类纠纷，这是为了尽量达到社会主体和纠纷当事人认同的公平与正义。

其次，家庭纠纷表面上是属于家庭内部私人间的问题，但实质上却与国家和社会利益息息相关。因为家庭是社会的基本构成要素，而家庭关系的稳定和谐是社会安定和谐的基础，家庭纠纷如果得不到及时妥善的解决，往往有可能会造成个人或者家庭甚至社会的悲剧，从而对社会稳定产生一定的威胁。而且家庭纠纷中很多都会涉及未成年子女的利益和老人、妇女的权益保护问题，国家必须承担一定责任，用特殊的方式加以保护。② 根据太行地区的案例素材，笔者选择最主要的两类家庭纠纷——婚姻纠纷和子女抚养纠纷来分类讨论。

1. 婚姻纠纷

20世纪40年代的太行山区农村依然保持着中国传统乡村社会的特点，婚姻普遍遵从"父母之命，媒妁之言"，早婚、买卖婚姻、童养媳、包办婚姻现象随处可见，并且男性在婚姻关系中处于支配和统治地位。在夫权的统治下，夫妻之间并不是平等关系，而是尊卑、主从关系，妻子处于被压迫地位，除了妇女婚后必须随夫姓或者本姓前冠夫姓以外，家庭财产也是由丈夫主导。③但在抗日战争时期，晋冀鲁豫边区政府颁布了一系列婚姻条例，确立了婚姻

---

① 范愉：《非诉讼纠纷解决机制研究》，中国人民大学出版社，2000，第209~211页。
② 范愉：《非诉讼纠纷解决机制研究》，中国人民大学出版社，2000，第209~211页。
③ 商贻萱、王荣花：《婚俗变迁视域下抗战时期太行山区女性婚姻生活状态研究》，《山西档案》2016年第5期。

自由、男女平等的原则，表现出对封建婚姻制度和婚姻陋习坚决消灭的态度：严厉禁止并废除早婚、买卖婚姻、童养媳等封建婚姻陋习；规定男女双方婚姻必须遵从自主、自愿原则，第三者不得干涉；规定离婚自由的原则，赋予妇女离婚的权利；坚决保护妇女在婚姻中的各项权益。^① 这一系列规定在百姓中引起了强烈反响，长年受到压迫的妇女纷纷站了起来，她们渴望在婚姻关系里拥有与丈夫一样的平等地位，从而开始主动争取婚姻自由，女性的婚姻状态由此发生了巨大的改变。

因此，上述25个婚姻案例（其中一例为刑事案件）中有22个案例的案由是请求离婚，且绝大部分由女方提出，提出的原因也各种各样：有不满丈夫打骂虐待的，有丈夫长期在外不得音信的，有年龄差距大感情不和的……在仅有的三个请求复婚的案例中，提出复婚请求的全部为男方，但法院均驳回了他们的复婚请求，其中两个案件的驳回理由均是男方经常殴打、虐待妻子，夫妻感情破裂。

我国有着特殊的国情，在熟人社会背景下农村邻里之间的纠纷或者家庭内部的纠纷一般并不适用诉讼纠纷解决方式，但上述25个案例中有19个却是依靠民事诉讼的方式得到解决的，这与上文提到的社会大背景密不可分。旧社会的妇女婚姻地位低下，经常受到丈夫或婆家人的虐待打骂，但抗日战争时期晋冀鲁豫边区政府颁布了一系列新的婚姻法规，使妇女的婚姻状态发生了根本变化，婚姻自主蔚然成风，妇女开始行使离婚权利。这也解释了为什么25个案例中只有5个采取了非诉讼的解决方式。其他19个采取诉讼方式解决的案例中提出离婚请求的均为女方，提出复婚请求的均为男方，具体见表1-3。

表1-3 20世纪40年代太行地区政府断案63例
婚姻纠纷非诉讼解决情况统计

序号	案件名称	案由	判决理由	解决方式
1	张赵氏诉江庚玉婚姻纠纷案	起诉离婚	原系恩爱，偶然反目，并无实际离婚条件	调解

---

① 商贻萱、王荣花：《婚俗变迁视域下抗战时期太行山区女性婚姻生活状态研究》，《山西档案》2016年第5期。

续表

序号	案件名称	案由	判决理由	解决方式
2	任桂英诉张敬元请求离婚案	请求离婚	女方受母亲挑拨，夫妻感情尚可	调解
3	赵顺心诉刘振庭请求离婚案	请求离婚	夫妻关系恶化	调解
4	刘文兰诉王花亭因失踪请求离婚案	请求离婚	双方感情恶劣，不能同居	调解
5	李翠兰诉冯子敬因年龄差距大请求离婚案	请求离婚	夫妇因婚姻生嫌不可挽救	调解和诉讼

其中"张赵氏诉江庚玉婚姻纠纷案"中的男方张繁所与女方江爱渔结婚之后与母亲张赵氏分家，后搬到岳父江庚玉家居住。1942年3月张繁所殴打其妻子，其岳父就将张繁所控告到区署，并将张繁所家的家具等物一并取走。因此张赵氏将江爱渔和其父亲江庚玉告到县政府，要求儿媳江爱渔与其子离婚，并返还原物。但是后来县政府经过多次询问和调查后发现，他们二人系恩爱结婚，只是偶然反目，并没有实际的离婚条件，男方并不想离婚，女方也是受娘家母亲挑拨，离婚的态度并不坚决。因此，通过找到中人调解，双方最终达成和解。在"任桂英诉张敬元请求离婚案"中，政府经过讯问当事人和证人后查明，任桂英和张敬元虽偶有口角打骂，但感情尚可，女方之所以提出离婚是因为受娘家母亲挑唆，最终在村干部的调解下双方和好，不再要求离婚。

最终和解不再离婚的案例有两例，由这两个案例可以明显看出，在当时妇女纷纷主动争取婚姻自主权、勇敢提出离婚的大背景下，政府处理此类纠纷时仍然持慎重保守的态度，并不轻易判决离婚。

在"赵顺心诉刘振庭请求离婚案"中，政府经过多次讯问①当事人，最终查明赵顺心与刘振庭结婚后感情一直不好，刘振庭经常打骂赵顺心，最终经过调解双方自愿脱离夫妻关系；在"刘文兰诉王花亭因失踪请求离婚案"中，政府讯问多人后查明刘文兰十六岁嫁给王花亭之后双方就感情恶劣，不

---

① 太行地区20世纪40年代对待民事当事人也采用讯问的形式，而非今天的询问。

能同居，后来王花亭参军多年没有音信，女方提出离婚。但是其公公不同意，后来经政府进行多次调解，最终双方同意离婚。

5个调解案例中只有1个案例调解无效后进行了民事判决，即"李翠兰诉冯子敬因年龄差距大请求离婚案"。在该案例中女方请求离婚的理由是丈夫大其二十岁，夫妻生活不幸福，但该村村长及其丈夫冯子敬都认为这不是问题，男方不想离婚，政府积极调解，但女方坚决要求离婚，最终调解无效判决离婚。

由5个案例的共同之处可以看出，调解是在中立的第三方参与下进行的民事纠纷解决活动，调解人（即中人）可以是国家机关（比如政府），也可以是个人（比如当事人的共同好友或村长等），但无论担任调解人的是国家机关还是个人都是作为中立的第三方，既不替当事人做出决定，也不会做出强制裁处。

前两个案件的最终调解结果为和解，不离婚，而后三个案件的结果均为离婚。在"赵顺心诉刘振庭请求离婚案"与"刘文兰诉王花亭因失踪请求离婚案"中，原、被告双方对离婚事实并没有争议，中间调解人对此也认可，各方仅是对离婚条件有不同的要求，比如"赵顺心诉刘振庭请求离婚案"中，赵顺心母亲在他们结婚时收了很多彩礼，离婚时男方希望女方能赔偿他的婚姻损失，最终女方补偿男方婚姻损失费3000元整；"刘文兰诉王花亭因失踪请求离婚案"中，刘文兰希望她离婚后公公仍然向其提供生活供给，但其公公不答应，最后刘文兰公公要求其在家等一个月再行离婚，刘文兰同意。而在"李翠兰诉冯子敬因年龄差距大请求离婚案"中原、被告双方对是否离婚有争议，男方不愿离婚，女方坚决离婚，政府作为调解人并不能使其中一方妥协，从而达到双方满意的效果，最终调解无效后做出了离婚判决。

由此可见，调解的进行和协议的达成都是在双方当事人自愿的情况下进行的，即使法官建议当事人采用调解程序，也需要经过当事人的同意。和解是调解的预期结果，但是当调解失败，当事人无法达成和解时，应当根据当事人的意志转入诉讼程序，不得阻碍，这就是调解的自愿原则。[1] 自愿原则保证了调解的合意性，符合当事人主义的精神和处分原则，同时也是调解协议

---

[1] 范愉：《非诉讼纠纷解决机制研究》，中国人民大学出版社，2000，第178页。

正当性和效力的根据所在。

2. 子女抚养纠纷

在太行地区 20 世纪 40 年代的断案材料中关于子女抚养纠纷的案例只有 5 个，案例数较少，但由这些案例仍可以看出当时太行山区的一些常见现象，比如承桃、过继、买卖子女等。纠纷的解决方式涉及调解和民事诉讼，每个案例或者最终以调解达成合意，或者至少经过了调解的过程。其中案例"姚建业诉何考才归还继女案"中因为两个被告均不到案，所以最终存卷，案件并没有得到实质解决，故该案件不在笔者讨论范围内，具体案件见表 1-4。

表 1-4　20 世纪 40 年代太行地区政府断案 63 例
子女抚养纠纷解决情况统计

序号	案件名称	案由	判决理由	解决方式
1	赵景诉李振华卖子反悔案	争子	双方当初自愿买卖小孩	调解
2	韩洪诉孟修德争夺子女案	小孩抚养	被告夫妻年老，生育较难	调解和诉讼
3	杨林贵诉杨金喜讨要养子案	争子	被告系自愿将儿子给原告	调解和诉讼
4	张长亭诉高端贵争夺子女案	争子	母亲身有残疾	调解和诉讼
5	姚建业诉何考才归还继女案	继女之姨夫何考才将其继女带走，不让返回	被告不到案，原告无充足理由	存卷

由表 1-4 的"判决理由"一列中可以看出，政府在判案时认可农村子女过继的习惯和风俗，也承认以前发生过的买卖儿童等事实，在判决时遵循体恤老弱病残和利于子女成长等原则。比如在"赵景诉李振华卖子反悔案"中，妇女赵景因灾荒所迫将儿子卖给了李振华做养子，三年后赵景反悔希望能领回小孩，但由于李振华家中无子且又与该养子感情深厚，所以不愿让其领走。最终经过政府调解，双方成为奶亲，赵景为奶娘。可以说这是非常典型的调解结果，是双方当事人皆大欢喜的案例。该案例中双方当事人并没有不可调和的矛盾，在解决纠纷时适用调解要比适用诉讼更能维护双方当事人的长远利益和友好关系，从而实现双赢的审理结果。与之有着相似案由的案件是

"杨林贵诉杨金喜讨要养子案"，但最后的处理方式却不相同。

在"杨林贵诉杨金喜讨要养子案"一案中，被告杨金喜有五个子女，杨林贵无子，经人介绍杨金喜将最小的儿子卖给杨林贵作养子。杨林贵抚养该子三年后，杨金喜认为他有打骂孩子的情形，于是就将孩子领走，杨林贵要求返还孩子。纠纷出现时村区公所进行了多次调解，但杨金喜不接受调解结果（孩子仍然留在杨林贵家里），趁杨林贵务农不在家时强行将孩子接走，最终杨林贵将杨金喜告到县政府。分析该案可以看出，村区公所在进行调解时并没有解决当事人的主要纠纷矛盾——虐待孩子。而县政府在处理该案件时准确抓住了纠纷的主要矛盾，最后的判决结果仍然是孩子归杨林贵，但必须找四邻保证，不再打骂虐待孩子，如果再犯杨金喜就可以无条件领回孩子。这体现出县政府的司法能力明显强于村公所，更重要的是，由此可见调解机关或调解人的解决纠纷的技巧、经验甚至权威对调解的成功和当事人的满意度都有着重要影响。最好的调解即是调解人或调解机关在遵循当地风俗习惯的基础上，抓住纠纷的主要矛盾进行解决，最终使当事人双方做出相应的妥协，对于判决结果双方也都自愿接受和履行。

该案例表面上最终以民事诉讼的方式得以解决，但实际上政府的批示更像是调解书，只不过批示的法律效力远远强于调解书。也就是说民事诉讼具有强制力，调解没有，如果当事人一方不满意调解结果时可以选择不接受，不履行义务，但诉讼当事人一方不履行义务时，法院可以依法强制执行。

在"张长亭诉高端贵争夺子女案"进入诉讼阶段之前，区公所进行了多次调解，调解的结果是孩子暂由女方抚养，养至四岁时（现年两岁）归男方，但男方张长亭不同意，坚决要领回孩子，女方亦坚决不同意男方领回（孩子愿意随母亲）。男方有一张字条作为主张的依据，内容大意为孩子今后归张长亭，与女方高端贵家无任何瓜葛。立字人为张长亭和高端贵。但县政府的判决却出人意料地和区公所调解的结果大不相同，政府的民事判决书内容大意为：查本案当事人，女方在未离婚前既已双手残废不能做任何劳作，在婚姻条例上就不应批准，即使因为残疾或其他原因而发展至离婚的，也应由男方出几年的赡养费或者以夫妻财产平均分家，但没有这样做是我区公所工作同志考虑不周。如今又有子女抚养纠纷，考虑到女方高端贵双手残废，一生难找对象，男方尚在壮年再婚不难，县府按照实际情况更正处理，孩子由女方抚养，并随母姓更姓改名。

在熟人社会中，区公所对纠纷当事人基本情况的了解应当比县政府更多，因此在本案中对于女方双手残疾的事实，区公所的调解人员应该清楚。但实际上该案区公所的调解方向和政府的民事判决却大相径庭，究其原因，可能是区公所在调解中更看重以往处理类似案件的习惯或更尊重本地民俗，抑或区公所工作人员的思想并没有完全转变，不够重视女性的相关权益。而县政府在处理此类案件时更遵循体恤老弱病残和利于子女成长等原则。相同的案件还有"韩洪诉孟修德争夺子女案"，处理方式是先行调解，后调解不成进行诉讼。最终判决孩子归男方所有，判决书中给出的理由是"虽男方孟修德另行择配，但双方均因年老，生育较为困难，而女方改嫁后现已怀孕，且夫妇二人均属壮年，生育尚不困难，据人情法理，小孩归男方抚养较为妥当"。这与上述"张长亭诉高端贵争夺子女案"中政府给出的判决理由可以说是相似甚至相同的，均体现了人情关怀，同时也侧面反映出县政府的办案水平相对较高。

由以上四个子女抚养纠纷案例可以大致推断，当时在太行山区处理此类纠纷时首先适用的应当是调解而非诉讼，但是由于调解人的调解能力等问题使得调解的成功率并不高，相当一部分当事人最终会选择诉讼来解决纠纷。县政府在处理此类诉讼纠纷时承认此前子女买卖的行为，比较重视当事人双方的身体和经济状况，遵循体恤病残的原则，都是根据实际情况做出最有利于子女成长的判决。

3. 土地纠纷

土地是我国农耕社会农村经济的命脉与根本，是农民赖以生存的基本生产资料。① 在20世纪40年代，传统社会遗留的土地私有制度还在延续，但受到抗日政府、解放区政府颁布的各种土地政策的影响，地主的权利受到限制，无地农民的利益得到更多、更好的保护。土地制度的调整导致在特定年代里土地纠纷发生频繁。根据1942年10月11日边区政府修正公布的《晋冀鲁豫边区土地使用暂行条例》，土地包括农地、房地、牧地、林地、荒地、山地、水地及一切水陆天然资源。而土地纠纷是指包括土地权属纠纷和因违法占地

---

① 张霞主编《民国时期"三农思想"研究》，武汉大学出版社，2010，第41页。

而引起的纠纷，无论是权属纠纷还是因非法占地引起的纠纷，其实质都是对土地所有权和使用权的争议。① 这种土地纠纷发生的原因多种多样，在20个土地纠纷案例中，有因过去无偿占有而造成权属不清的；有因两姓宗族坟山坟地或其他历史原因产生的土地分割问题；有因土地的租赁、承包等引起的所有权和使用权变更而产生的权属争议等。

在20个土地纠纷案例中经过调解程序或最终以和解结案的有12例，占60%，其中调解无效的有7例，占所有调解案例的58%，详见下表1-5。单从数据来看，边区政府在处理土地所有权争议纠纷时仍然以调解为主，直接进入诉讼程序的案例只占40%。

表1-5　20世纪40年代太行地区政府断案63例
土地纠纷解决情况统计

总案例数	调解案例数	所占比例	调解无效案例数	所占比例	诉讼案例数	所占比例
20	12	60%	7	58%	8	40%

原因有两个。（1）土地纠纷案例基本都发生在同村或邻村之间，属于村庄内部矛盾，这种矛盾一般可以通过自主协商或者思想疏导的方法来解决，因此，存在进行调解的基础。（2）土地纠纷的形式多种多样，有买卖土地纠纷、继承土地纠纷、租赁土地纠纷等，纷繁复杂，如果进入诉讼程序，办案效率和纠纷当事人满意度会比较低，如果进行调解会提高办案效率，还可以彻底解决纠纷，化解矛盾。纠纷当事人之间一般存在特殊的关系，比如"李清太诉李如意农村道路纠纷案"中纠纷当事人均为申家庄人，系同村人；"王同方诉任多滋赎地纠葛案"中纠纷当事人系好友关系；"李氏诉李书元霸占土地案"中原告的丈夫与被告系同族……因此，由于纠纷当事人这些特殊关系的存在，如果处理不当或者处理不及时不仅会影响当事人之间的团结，甚至有可能激化矛盾，从而影响社会安定。如果采取调解的方式解决纠纷，双方的对抗程度会比在诉讼时弱，从而能够不伤和气，增强团结，维护社会的安定。这在当时抗日战争的特殊背景下也是边区政府积极追求的结果。

在经过调解程序或最终以和解结案的12个案例中可以看出，政府在进行

---

① 参见林增杰、沈守愚《土地法学》，中国人民大学出版社，1989。

调解时并没有"和稀泥"，而是在查明事实的基础上分清是非，在分清是非的前提下明确责任。比如在"李清旺诉李栋买卖土地案"中，李栋有十五亩地，一半种着麦子，一半是空地，后来李栋儿媳与李清旺立了文书，卖给李清旺七亩半地。在李清旺交过定金丈量土地时发现李栋的空地不够七亩半，李清旺想打够地，李栋不同意。再后来地价上涨，李栋以自己不知道卖地一事为由拒绝再执行合同。政府在调解过程中经过多次讯问、调查，最终认定此事双方均存在过错，李栋错在受地价上涨的影响变卦，李清旺错在当初签订字据时既没有经村中登记，也没有亲自向被诉人李栋讲清事实。因此，为了照顾各方利益，在双方没有多大损失的基础上进行了调解。

在12个调解案例中有7个案例调解不成功，当事人选择进行诉讼。分别是"赵翠明诉赵中明母亲土地继承案"、"李清太诉李如意农村道路纠纷案"、"王德顺诉王国成赎回土地案"、"张戊辰诉庞和生租种土地案"、"赵运成诉赵广运以米赎地案"、"李中央诉李天顺盗卖土地案"、"王江氏诉杨小寿买卖土地案"，其中最后2个案件在进入诉讼程序后，政府经过调查发现被诉人均存在违法行为，于是直接对被告人判处刑罚。其他5个案例中，"李清太诉李如意农村道路纠纷案"的区署调解方向与最终政府的判决背道而驰。李清太买了上下两段的村边地，与李如意的地相连。后来李如意为了建造屋院行动便利，就说李清太地内应该有一条道路。区署的调解结果是让李如意出五元钱买下李清太下段地道一条。但在执行过程中李如意在李清太麦地里开出一条大道，约占面积的30%。政府在受理了李清太诉讼之后认为，李清太地里根本就没有李如意的道路，于是撤销了原来区署的调解书。政府给出的理由是李如意在村里横行霸道，在李清太地里开道路的行为毫无根据，属于损人利己，无异于流氓恶霸，政府应当严惩。在政府的判决书里还严厉指出村干部在处理这件事时作风不合新社会干部作风，是在包庇李如意的恶霸行为。由此可见区署或村干部的作风并没有全部转变，在处理此类案件时仍然存在压迫、包庇等落后现象，因此有时即便展开调解，调解的结果也并不尽如人意，调解成功率不高。但县政府在处理群众纠纷时则相对更公允，能积极展开调查，在事实基础上进行相对公平的判决，因此对比区署调解不成功的案件比例，县政府进行判决之后的上诉率相当低。

上述土地纠纷案例中仍然有40%的案例是直接进入诉讼程序的，并没有经过政府调解。比如"张纯的诉李有昌回赎土地案"、"张玉旺诉赵兰桂卖地反悔案"、"张李氏诉李业成赎回房地纠葛案"等，但是细看这些案例中的民事判决书就会发现一个有趣的现象，即所有民事判决书都未阐明法律依据。究其原因，虽然在1942年10月边区政府就修正公布了《晋冀鲁豫边区土地使用暂行条例》，但其内容只是粗略的一些概括性或原则性的规定，具有一定的指导意义，边区政府并不能直接将其适用于具体案例。于是可以认为，即便是经过诉讼解决的案例，其处理特征也更接近于调解，只是民事判决具有强制力，而调解没有。

4. 财物纠纷

财物纠纷是乡村较为常见的一种纠纷类型，上述案例中有13个财物纠纷案例，其中3个涉及刑事诉讼，不在笔者讨论范围内，其余10个案例中有6个案例的解决方式是民事诉讼，4个案例通过调解得以成功解决，详见表1-6。

表1-6 20世纪40年代太行地区政府断案63例
财物纠纷解决情况统计

案件名称	案由	解决方式
王全禄诉刘老玉追讨存粮案	存粮损失纠纷	调解
段元年诉白菊追还钱款案	欠款纠纷	调解
王树榛诉杨起元半喂牛纠纷案	半喂牛纠纷	调解
武知俭诉王金元死驴纠纷案	损害赔偿纠纷	调解
张成群诉江昌廷讨要工钱案	追索乳养婴儿工资	民事诉讼
张玉诉张玉书借款纠葛案	借款纠葛	民事诉讼
冯贵华诉樊平顺碾子纠纷案	所有权归属争议	民事诉讼
王庆德诉郝荫溪瞒卖缝衣机器案	租赁物被第三人出卖	民事诉讼
李元贞诉李天元变卖家产案	家庭共有财产分割	民事诉讼
张守义认驴不还纠纷案	所有权归属争议	民事诉讼

由表1-6可见这些财物纠纷的案由多种多样，有借款纠纷、损害赔偿纠纷、半喂牛纠纷、追索乳养婴儿工资纠纷、财物租赁纠纷、家庭财产分割纠纷等，这在一定程度上反映了很多农耕社会特有的制度和民间经济行为，比

如合伙喂养牲畜、坟茔财产以及财物租赁等。

在4个和解案例中，纠纷当事人均首先是到区公所或村公所，或经其他村里的人进行了调解，但调解不成功，最终告到县政府。政府在处理这些财物纠纷时也是尽可能进行调解，而不是诉讼。比如"王树榛诉杨起元半喂牛纠纷案"中当事人双方发生纠纷后，区公所进行了调解，但两人均不服，上告到了县政府。县政府在查明情况后并没有进行民事判决，而是从中调停，使得双方最终达成和解。究其原因，笔者认为是调解相比于诉讼不仅能提高办案效率，避免诉讼之累，而且还可以彻底解决纠纷，化解矛盾，有利于双方当事人以后交往。其余的3个经过政府调解成功的案例也是一样的过程，即区公所或村公所调解失败后，当事人上告到县政府，县政府并没有直接进行民事审判，而是调查事实之后从中调停。需要强调的是政府在调解的过程中并不是无条件的息事宁人，而是在遵照客观事实的基础上照顾善良风俗，尽量使当事人双方感到公正。在4份案卷中均可以看到多次、多方的讯问笔录或者证人证言，在4份政府和解书中也均可以找到"根据客观具体事由和按照当地习惯"等类似的语句。至于同一案件在区公所或村公所调解失败，告到县政府却能调解成功的原因，与前文所提到的调解人的调解能力以及基层干部中还存在诸如包庇等不公正的现象紧密相关。

与土地纠纷的民事判决不同，财物纠纷的民事判决有法可依。在相应的民事判决书中都明确指出了该判决的法律依据，比如，"冯贵华诉樊平顺碾子纠纷案"是根据民法物权第768条规定进行的判决；"王庆德诉郝荫溪瞒卖缝衣机器案"是根据民事诉讼法第381条做出的判决。由此可见，国民政府颁行的民法和民事诉讼法比根据地土地法的规定更为全面和详细，可以直接适用到具体案件中。

三　不同纠纷解决方式的特点和成效分析

（一）诉讼方式的特点和成效

在革命战争的特殊时期，太行地区作为革命根据地在民事诉讼方面与陕甘宁边区相似度较高，比如在诉讼中特别注重保护人民权利，能很好地贯彻群众路线，在审判方式上特别突出马锡五审判方式。

通过上述太行地区 20 世纪 40 年代的民事诉讼案例可以看出，第一，诉讼程序相对简便，诉讼人提交诉状到政府，政府做了登记就可以立案。这样做不仅不拘于形式，方便群众，还节省了一定的民力、财力。在抗日战争的特殊时期，利于生产的做法是值得大力提倡的①。第二，政府在诉讼过程中消除了传统社会遗留下来的坐堂问案的衙门作风，进一步推动了边区司法的民主化，积极深入群众，调查研究，实事求是地了解案情，必要时判案人员会到田间地头搜集资料和证据。也因此可以在每个案例中看到对纠纷当事人多次的讯问笔录以及大量证人证言。第三，案件在处理过程中普遍依靠群众，尊重群众意见，不仅在了解案情时会向群众询问当事人双方的基本情况，而且在判决时也会充分考虑群众感受，尊重群众意见。因此，在很多案例中可以看到"群众普遍不同意他们离婚"、"群众对此相当悲观"、"群众都同意这个意见"等类似语句，这和当时提倡走群众路线的政策密不可分。同时在当时法律制度还很不完善的情况下，这么做无疑可以使案件更显公平公正，使当事人双方和其他群众受到一定的教育。第四，在审判过程中关注阶级性和政治性，对于当事人曾经被批斗过的历史或地主、富农的身份在最终审判结果中会有一定的考量。第五，政府在判案时会尊重当地的风俗和习惯，比如对过继、以往买卖子女的行为予以一定的认可，尊重农村的婚嫁习俗，照顾善良风俗。

（二）非诉讼纠纷解决方式的特点和成效

美籍学者黄宗智曾经说过："也许传统中国和现代西方在司法制度上最显著的区别就是传统中国对民间调解制度的极大依赖。"调解制度在我国有着深远的历史背景，最早出现在我国的春秋时期，这和我国自古就有着浓重的宗亲家族观念和以和为贵、不喜争端的传统习惯有着莫大的关系。上述案例中经过调解的案例数占总案例数的 40%，可以看出太行地区的政府在处理纠纷时依旧比较依赖调解，首先是因为要落实好群众路线，及时解决群众矛盾，利于抗战生产；其次是因为当时的法律制度还非常不完善，司法人员的办案水平普遍不高。

---

① 梁云鹏：《革命根据地民事诉讼制度研究》，硕士学位论文，兰州大学，2007，第 26~35 页。

由于调解人或调解机关的不同，调解一般被分为民间自行调解、宗族调解、乡治调解、政府调解等。太行地区20世纪40年代的断案材料中涉及的调解有三类，即民间自行调解、乡治调解和政府调解。民间自行调解是指纠纷双方当事人共同邀请亲友、长辈、乡邻或者在群众中有一定威望的人出面进行说和、劝导和调停，从而消除纷争。这里的乡治调解是指由村公所或区公所调查纠纷原因从而促使纠纷双方消除纷争的一种调解方式。政府调解即指司法调解，是指当事人双方在政府的主持下解决纠纷的一种重要的纠纷解决方式。[1]

由上述25个调解的案例我们可以发现，一般情况下纠纷当事人会倾向于选择民间自行调解，究其原因，首先调解人了解纠纷当事人的基本情况和争议的焦点，处理纠纷会更省时省力，也相对使人信服；其次，民间自行调解没有特定的程序，非常方便，有利于生产。与民间自行调解相较，乡治调解则具有半官方的性质，是由村公所或区公所出面进行的调解。纠纷当事人既可以在选择民间自行调解无效之后再选择乡治调解，也可以直接选择进行乡治调解。但乡治调解存在一个巨大的风险，即村公所或区公所的工作人员可能会包庇或放任当地地霸的欺凌行为。这种做法对进行调解的另一方当事人来说是不公平的，也会在群众中造成不良影响。因此，当当事人一方感到不公允时会选择到政府起诉，此时一般就会进行政府调解。政府在进行调解时不仅会深入调查，了解纠纷争议，而且会尊重当地的风俗习惯，倾听群众声音，因此，调解结果往往不仅会使纠纷当事人双方感到公平公正，而且会使群众更加信服政府。从一些案例中可以看出，如果政府在调解过程中发现了村公所或区公所的办案人员存在作风不正或办案能力不足的情况，会在调解书中明确指出，其目的可能有二，其一是指导村公所或区公所的工作，其二是为了显示政府工作的公正性。

四　小结

20世纪40年代正值革命战争的特殊时期，太行地区既是典型的中国农村

---

[1]　黄宗智：《过去和现在：中国民事法律实践的探索》，法律出版社，2009，第二章"社区调解的过去和现在"，第四章"离婚法实践——当代中国法庭调解制度的起源、虚构和现实"。

也是当时的革命根据地，因此，时间与空间的特殊性使得政府在民事纠纷处理的方式上也略为特别。法律的不健全使得在处理纠纷时不能完全依靠诉讼，做到依法处理；为了群众的支持和利于抗战又必须依赖有效的调解来解决纠纷。因此，民间调解、村公所调解、区公所调解、政府调解和政府判决在当时相辅相成，共同作为解决群众纠纷的方式并存，并被政府重视和认可。

晋冀鲁豫边区政府的权力组成形式和司法程序模式是典型的科层型权力组织的政策实施型模式。[①] 在抗日的大背景下，政府致力于能动地管理社会，以期维护社会秩序与稳定。在司法制度方面的表现就是多数时候法律为政府的政策导向而运作。这时候司法的目的就不仅仅是解决纠纷、维持社会秩序与稳定，更是要与政府政策紧密联系。比如，晋冀鲁豫的司法就很好地贯彻了政府的群众路线政策，具有鲜明的时代性。从实施效果来看，这样的方式在特殊的抗战时期对维持社会稳定、安定民心、积极抗日具有显著的正面作用。即使在新中国成立之后相当长的一个时期，由于国家组织和司法权力形式并未发生根本变化，调解作为国家权力与民众个人进行充分交往和沟通的渠道，确实有审判所不能取代的功用，受到长久重视便在情理之中了。

---

① 参见达玛什卡《司法和国家权力的多种面孔》，中国政法大学出版社，2004，第 21 ~ 30、191 ~ 197 页。

第二章　各类型纠纷及其裁断

第一节　离婚财产纠纷

在 20 世纪 40 年代，作为根据地民主建设的基础性工作，婚姻制度的改革极为引人关注，中国共产党通过新的婚姻立法推行"男女平等"、"婚姻自由"等思想理念，各边区出台了相应的婚姻条例以落实上述观念。关于离婚纠纷中的财产分割也在保留其部分传统的基础上融入了新的元素，注重对女性的保护，以详细规定保障女性的基本财产权利及其基本生活权益，但实践和边区相关法规在技术上存在一些缺陷，使提升女性地位的效果受到了一些限制。本节将从背景、依据、实践以及评价等几个方面对太行地区离婚财产纠纷进行剖析。

一　离婚案件与离婚财产纠纷的"双多"

作为近代社会民主改革最重要的内容之一，抗日战争时期，中共将婚姻改革作为根据地民主建设的基础性工作，对旧有的婚姻制度、婚姻观念及婚姻礼俗进行了较为深入的变革，各边区结合自身实际出台了新的婚姻条例，采取了新的婚姻政策，并由地方政府根据当地农村婚姻具体情况，依据新的婚姻条例和婚姻政策制定了婚姻条例实施原则以及婚姻问题处理办法，积极推进婚姻改革司法实践工作。以"自由"、"民主"为主要内容的婚姻改革司法实践引发了抗战时期边区的离婚热潮，越来越多的女性在新政策、新观念的鼓励与支持下选择站出来维护自身权益，与"童养媳"制度、家庭暴力、重婚等侵犯其利益、违背其情感选择的婚姻关系做斗争，离婚案件数量因此直线上升。出于稳定边区基本社会秩序、稳定前线战士军心等原因的考量，政府对离婚案件实行调解为主，采取以调和夫妻矛盾、保存婚姻关系为主要内容的隐形维持手段，在一定程度上控制了该时期的离婚率，但相比传统时期，该时期的离婚案件仍然有大幅的增长。

（一）抗战时期边区离婚案件数量增多

从各根据地来看，据统计，1942 年晋察冀根据地所属平山县 10 个月内就有 353 件离婚案发生，其中 18～25 岁的妇女提出的离婚案件占到 80%。据 1941 年 9 月 29 日《新华日报》报道，在晋察冀边区的雁北，一年来解决婚姻案件 462 件，家庭虐待案件 382 件；根据 1943 年 1 至 8 月晋察冀边区北岳区 15 个县的统计，共收 1164 起离婚案件，其离婚原因大都是"感情不和，女方不堪虐待"①；在 1940 年太行地区政府提供的 25 起离婚案例中有 13 例也是基于上述原因提起的诉讼。相比较传统的"休妻"制度，抗战时期女性离婚的主动性是根据地婚姻关系中出现的一个较大变化。而出现上述局面主要是因为下列两个原因。

其一是社会原因，主要是女性社会活动明显增加。随着妇救会等团体的出现和"妇女能顶半边天"等社会观念的传播，加之女子教育的推行以及全面抗战策略的施行，妇女的社会地位得到了显著提升，女性不再只是家庭、婚姻中男性的附属品，其独立的个人价值得到强调，其个人的权益也得到关注，越来越多的女性开始摒弃依附于男性的传统观念，勇于站出来捍卫自身的权益。

根据传统的"女子无才便是德"的思想观念，我国一直以来并不提倡女性接受教育。但是各边区政府成立后很快便认识到，实现妇女解放的当务之急是通过教育提高女性的知识文化水平和生产工作能力。女性要在思想上武装自己，要学习相应的生产技能，能够依靠自己的生产劳动养活自己、实现经济上的独立，而后才能突破封建社会强加于女性身上的附属属性，从而实现真正的独立。因此各边区政府先后成立抗日军人家属学校

---

① 浦安修：《五年来华北抗日民主根据地妇女运动的初步总结》，河北省妇女联合会编印《河北妇女运动史资料选辑》第 2 辑，内部刊印，1983，第 67 页。

等专门为妇女开办的学校，随后又开办各种针对女性的技能学校，再随着女子大学的相继建立，以及冬学、夜学等社会教育的辅助，女性的受教育权利逐步得到保障。

伴随着妇女解放运动的推行，在边区政府的大力推广和支持下，越来越多的妇女选择走出家门，参加政府组织的生产以及其他社会活动，为抗战和边区建设贡献自己的力量。许多女性被组织到生产小组中，进行纺织等劳作，通过劳动生产为前线抗战做出了自己的贡献，提高了其家庭地位、社会地位。到1940年，晋察冀边区参加春耕的妇女，经组织的有1400人，平山一带的妇女劳动团和劳动小组松土送饭，开荒抬粪，成绩最好。冀南冀中的妇女善于织土布，她们共成立了500个土布合作社，能出100种布，不但够军队地方用，还可以出口。[①]

该时期边区在推行妇女解放运动的同时鼓励妇女参政，提高女性地位，积极吸纳妇女干部，边区出现了像"妇救会"等许多由妇女组成的组织，为边区的社会建设贡献了很大力量。同时鼓励女性参政议政，在1941年7月召开的"晋冀豫临时参议会"上，共有15位女参议员，女参议员陈光说："几千年来我们妇女从来没有发言权，从来没有给当人看待，今日在抗日民主政权中，我们得到了初步解放。"[②]

另一个是法律原因，由法律制度变革所致。中共抗日战争时期在各地建立组织与政权之后，着手推进对旧有婚姻家庭制度的改革，以期建立新民主主义性质的婚姻制度。[③] 随着全面抗战工作的开展，各边区根据当地实际情况，以1931年中央苏区颁布的《中华苏维埃共和国婚姻条例》为基础，先后颁布了各自的婚姻条例及具体实施办法，如1939年《陕甘宁边区婚姻条例》，1941年《晋察冀边区婚姻条例》（1943修订），1942年《晋冀鲁豫边区婚姻暂行条例》、《陕甘宁边区抗属离婚处理办法》等，为各边区进行婚姻制度建设及司法实践奠定了基础。随着各条例的颁布，边区"保障女权、男女平等"的思想得到进一步广泛传播，"婚姻自由"受到了边区

---

① 康克清：《三年来的华北妇女运动》，晋察冀人民抗日斗争史参考资料《妇女抗日斗争史料》第37辑，内部刊印，1983，第11页。

② 《我们已得到初步解放》，《新华日报》（华北版）1941年7月第四版。

③ 田苏苏：《抗战时期晋察冀边区女性婚姻问题的考察》，《抗日战争研究》2012年第3期。

青年男女的推崇，众多女性面对累积的传统陋习，选择运用法律作为武器保障自身的合法权益，而关于离婚财产分割的法律规定更是为维护女性权益做了更进一步的贡献。概括起来各边区婚姻条例的新精神主要集中在以下两方面。

①婚姻自主

新的婚姻立法与传统的违背女性意愿的择偶系统相排斥，否认"童养媳"等封建陋习，主张婚姻自主、自由，保障男女自由恋爱、结婚的权利，"婚姻自主"的观念贯穿全文。

②男女平等

在相关婚姻立法中，男女平等不仅表现为男女同等的择偶权，更表现在男女对家庭财产的处理权、离婚后各自财产的取回权平等。女性地位的提升体现在立法增加了其对家庭财产的处分权，赋予了女性在家庭生产经营环节中的发言权，能够行使相关权利，而不是一味地依附于家庭、依附于男性。

（二）财产纠纷在离婚中的多发性

与离婚案件增多同时，离婚财产纠纷的内容也显著增加。其中原因大致有以下几方面。

1. 女性被赋予相关权利

各边区响应党中央号召，纷纷出台相应的边区婚姻条例，赋予了妇女对家庭财产的自决权，使得家庭妇女在经济问题上同丈夫有了一样的权利，增强了妇女的私人财产保护意识，因此在离婚时大多数妇女都提出了对家庭财产进行分割、归还其嫁妆等诉求。

2. 高额彩礼损害男方权益

抗战时期新的婚姻条例出现之前，大部分婚姻都基于传统的婚姻模式，男方娶亲时支付了高额彩礼，离婚以及离婚时女方的财产分割诉求对男方利益都会带来较大的损失，因此离婚时财产分割成为双方争论的焦点之一。

3. 贫穷年代财产为生存之资

时值抗战时期，国家动荡不安，边区百姓生活较为困苦，财产是其生存的资本，离婚时的财产分割直接影响日后男女双方的生活，在缺少赡养费的情况下女方可能很难继续生活，但过多的赡养费支出也会给男方造成极大的负担，因此离婚案件中财产纠纷日渐增多。

二　边区离婚财产分割的制度依据

（一）政策依据

1.《中央妇委关于目前妇女运动的方针和任务的指示信》

1939 年 3 月 3 日，中共发布了《中央妇委关于目前妇女运动的方针和任务的指示信》，对妇女运动做了重要指示，制定了妇女运动的总方针，明确指出妇女运动的基本任务是要"动员与组织更广大的妇女参加抗战救国各方面的工作，以便坚持抗战到底与争取最后胜利"。[①] 着重解决妇女运动的困难和阻碍，其中包括家庭问题，对提高妇女地位做出了极大贡献。

2.《中共中央为三八节工作给各级党委的指示信》

1941 年 2 月 5 日《中共中央为三八节工作给各级党委的指示信》提出："必须把深入家庭保护妇女切身利益作为经常工作的中心"，"关心妇女生活痛苦（如反对缠足、早婚、虐待、买卖婚姻）"。[②]

3.《中国共产党中央委员会关于各抗日根据地目前妇女工作方针的决定》

1943 年 2 月中共中央发布《中国共产党中央委员会关于各抗日根据地目前妇女工作方针的决定》，鼓励妇女参与支前、生产、教育，强调妇女的独立价值，否定了妇女依附家庭、依附男性的传统。[③]

上述方针政策从某种程度上讲，是边区政府施政纲领的依据和边区婚姻立法的参照，有助于新婚姻法、边区婚姻条例提倡的"男女平等"原则的落实。

（二）法律依据

边区政府处理离婚财产分割问题的法律依据主要有两个，其一是太行地区适用的婚姻条例，即《晋冀鲁豫边区婚姻暂行条例》；其二是作为共产党法

---

① 马起：《中国革命与家庭》，辽宁人民出版社，1959，第 71 页。
② 《中共中央为三八节工作给各级党委的指示信》，《解放周刊》1941 年第 2 期。
③ 《中国共产党中央委员会关于各抗日根据地目前妇女工作方针的决定》，《解放周刊》1943 年第 2 期。

统中婚姻法思想精神来源的《中华苏维埃共和国婚姻法》，它在边区婚姻条例所不及之处，会成为司法人员的处理准则。

1.《晋冀鲁豫边区婚姻暂行条例》

相较于《中华苏维埃共和国婚姻法》（后文称《婚姻法》），边区的婚姻条例较为简单，条文规定不如《婚姻法》详细。《晋冀鲁豫边区婚姻暂行条例》（后文称《条例》）第20条规定，妻子无过失因判决离婚而生活陷于困难者，夫方纵无过失，亦应给予相当赡养费，但无力支出此项费用者，不在此限。该条例第21条还规定夫妻离婚时，得各自取回其原有财产。

2. 作为处理婚姻纠纷精神来源的《中华苏维埃共和国婚姻法》

《中华苏维埃共和国婚姻法》制定于中央苏区时期，其第13条规定，离婚后男女原来的土地、财产、债务，各自处理。结婚满一年，男女共同经营所增加的财产，男女平分。男女同居时所负的公共债务，则归男子负责清偿。同时第15条规定，离婚后女子如未再行结婚，并缺乏劳动力，或没有固定职业，因而不能维持生活者，男子须帮助女子耕种土地，或维持其生活。但如男子自己缺乏劳动力，或没有固定职业，不能维持生活者，不在此例。

从上述立法规定来看，离婚时双方的财产变动会有以下三种：其一是夫方给生活困难的妻方付赡养费。其二是双方各自取回其原有财产。这种情形实际上导致两种行为，一是男方付给女方的彩礼可取回，另一种是女方带来的嫁妆可带走。这些情形在太行地区的案件中均有体现。

三 边区离婚财产分割的司法实践

表2-1是根据太行地区20世纪40年代的断案材料整理的24起离婚案件的基本信息。

表2-1 20世纪40年代太行地区政府断案离婚案件信息统计

编号	案件名称	诉讼请求	案件提取信息	处理结果
1	陈苏英诉王年离婚纠纷	离婚	感情不好，请求离婚	离婚，男方给女方三斗粮食作为未改嫁前之生活

续表

编号	案件名称	诉讼请求	案件提取信息	处理结果
2	王德纯诉贺慧确认离婚	离婚	女方称不愿离婚，但因生病婆家无人理，娘家不愿来，只好离开；嫁妆不全	离婚，给女方五石小米，女方嫁妆带走
3	潘闺女诉刘其生解除婚约	解除婚约	李宪明称潘闺女宁死不给订婚是大话，吓唬人，类比潘闺女的姐英子系抗属，男人有信还声称男人已死，坚决离婚	解除婚约，女方退男方彩礼
4	赵顺心诉刘振廷请求离婚	离婚	女方父母收了男方很多彩礼．女方称以前不愿结婚，婚后感情不好，经常挨打；男方称女方往外跑，还不履行同居义务（不脱衣服）	达成离婚协议，女方偿还男方婚姻损失费
5	郝金兰诉张中堂离婚	离婚	男方称对离婚没意见，把所有东西彩礼还回来（折洋一万元，还有布匹被褥等）	双方自愿登记离婚
6	刘金换诉张兰芳因年龄相差太大请求离婚案	离婚	被告议亲和迎亲欺骗女方，男方称女方偷东西还下药毒他；女方先后与三人有通奸，已断，最近三年没有通奸	准予离婚，女方带走私人财务，小孩归男方
7	刘欧诉王秉公与军人妻子结婚案	撤销非法成婚	刘樊氏（刘五生老婆，军属，名樊稳静）被王秉公串通奸拐	1. 民事部分：结婚撤销作为无效；赔偿樊稳清名誉损失费四百二十元；包赔刘一与樊作智之词讼路宿费五十五元。2. 刑事部分：王秉公判处有期徒刑八个月，褫夺公权八个月。樊稳清量刑上减除有期徒刑六个月，缓刑一年具保回去执行。
8	张赵氏诉江庚玉婚姻纠纷案	离婚	张赵氏、张繁所诉江庚玉、江爱鱼带子离婚不合理	和解（和好）

编号	案件名称	诉讼请求	案件提取信息	处理结果
9	韩珍诉解殿元请求离婚案	离婚	韩珍因虐待及男方不务正业、家庭落后请求离婚	1. 第一次主审：和解 2. 判决离婚
10	任桂英诉张敬元请求离婚案	离婚	虐待殴打请求离婚	和解（和好）
11	侯来义诉杨小娥私自改嫁案	撤销无效婚姻	女方因男方无音信私自改嫁婚姻纠纷	1. 李二牛与侯杨氏婚姻有效 2. 与前夫所生十三岁子女由侯杨氏教养
12	杨玲娥诉程怀顺因吸毒请求离婚案	离婚	因男方吸毒婚姻纠纷	1. 杨玲娥请求离婚应予照准 2. 女儿归男方，暂由女方抚养，许其自由婚配
13	屈鸟嘴诉杨怀玉请求复婚案	复婚	因男方虐待后离婚，男方请求复婚	仍准予离婚
14	刘怀亭诉申狗非法结婚案	离婚	打骂女方，不给妻子饭吃，男方外出打工后女方嫁他人，女方请求离婚	批准离婚，被告与同居人判处拘役两个月
15	郝佩兰诉李梅溪因参军不归请求离婚案	离婚	感情不好，请求离婚，男方无回音	脱离夫妻关系
16	刘文兰诉王花亭因失踪请求离婚案	离婚	男方参军，多年无音信请求离婚	准予离婚，但要等三个月才能订婚，原告要求的离婚后夫家继续供给生活费其公公不答应
17	张东娥诉任八的因夫妻生活不和谐请求离婚案	离婚	男方原因（无交流、无夫妻生活），感情不和请求离婚	达成离婚协议，女方偿还男方婚姻损失费

续表

编号	案件名称	诉讼请求	案件提取信息	处理结果
18	王伶俐诉郭兴顺请求离婚案	离婚	男方原因（家暴，不给吃穿，不管不问），请求离婚	准予离婚
19	房林江诉赵保廷归还妻子案	归还妻子	男方卖妻后，妻子另与他人结婚，现男方诉请归还妻子	驳回房林江请求，要求杨梅则和赵保廷补办婚姻手续
20	聂兴顺诉张廷的因参军不归请求离婚案	离婚	男方参军，五年无音信，请求离婚	县政府经多调查，批准离婚但区署不予办理离婚手续
21	李翠兰诉冯子敬因年龄差距大请求离婚案	离婚	男方大女方 20 岁，感情不和，且男方常家暴	判决离婚，孩子归男方抚养，女方可带走自己的财产
22	赵性善诉刘云地请求复婚案	复婚	男方结婚后不久即外出学手艺，5年未归，女方遂改嫁，男方回来后诉请复婚	认为刘云地与郝喜元结婚手续合法，驳回原告复婚请求
23	樊水鱼诉程羊顺请求离婚案	离婚	男方婚后即参军，退伍回来后经常打骂女方，经教育多次不改，遂诉请离婚	县政府准予离婚后被告不服，上诉，第六专署审理后，准予两人离婚
24	杨松江诉王贵花请求复婚案	复婚	女方三岁被卖到山西黎城县做童养媳，第一任丈夫死亡后被公公卖给杨松江为妻，女方以男方家暴为由诉请离婚，男方父亲代为离婚，但男方知道后不同意，即诉请复婚	驳回上诉请求，支持王贵花离婚判决

根据表 2-1 整理的案件信息我们可以看到，该时期出现的涉及离婚财产分割的案件主要有三类判决结果：男方支付女方赡养费；女方赔偿男方损失；女方可带走其私人财产。笔者对这三类案件进行了梳理，下文详细分析和论述。

(一) 男方支付赡养费

上述案例给出的离婚案中有两起涉及男方支付赡养费的案例，第一起是 1943 年"陈苏英诉王年离婚纠纷案"。① 根据相关卷宗记载，陈苏英、王年夫妇感情不好，双方自愿离婚，但因孩子携带及生活照顾问题，双方争执不休，遂向县政府提出申请，要求处理。陈苏英在偏城县第一科提出离婚申请时要求其夫王年包其吃住两个月，带孩子三个月，但王年只同意包一个月吃喝。最终该案以"双方均自愿离婚，本处发给离婚证书，并给女方三斗粮食作为未改嫁之前之生活来源"结案。根据《中华苏维埃共和国婚姻法》之精神和《晋冀鲁豫边区婚姻暂行条例》的相关规定，男女双方离婚后，女子若缺乏劳动力、不能维持基本生活或尚未改嫁则男方应当提供一定的帮助。但是法律并没有就补偿的具体数额或者时间做出详细规定，而这往往也成为夫妇离婚时争论的焦点。在传统的婚姻关系以及社会体系中，女性是家庭及其丈夫的附属品，几乎与土地、生产工具等一同构成男性家庭财产的一部分，其本身的生产创造价值难以得到肯定，一旦离开其所依附的家庭就很难独立生存。因此新婚姻立法的本意在于保护女性权益，不让女性因担心生计而畏于提起离婚，但在实际中如何去决定补偿或者说帮扶的期间就因个案情况不同有较大的差异，同时该补偿的性质也有所区别，例如本案最终决定男方补偿女方一个月的食粮即"三斗"，且该补偿是补偿女方个人，但是在"王德纯诉贺慧请求确认离婚案"中这种补偿的性质略有不同。

1944 年涉县城内人王德纯参军后，与其妻贺氏情谊不合，双方自愿离婚，条件是男方给女方家小米五百斤，女方的东西仍然归女家取回。县政府经讯问后认为双方都是自愿，准予离婚，并发给离婚证。② 此案中，男方的赔偿是给予女方家庭而非女方个人的，女方并不是作为一个独立的个体脱离男方的家庭，而更像作为其娘家的一部分被"退还"给娘家，女方重新成为其娘家的一员，男方基于此给予女方家庭一定的补偿，而非对女方个人的补偿，这与立法的本意有所不同。

---

① 白潮编著《乡村法案——1940 年代太行地区政府断案 63 例》，大象出版社，2011，第 56 页。
② 白潮编著《乡村法案——1940 年代太行地区政府断案 63 例》，大象出版社，2011，第 59 页。

（二）女方赔偿男方损失

1946 年"赵顺心诉刘振廷请求离婚案"作为女方赔偿男方损失的典型案例值得我们研究。1945 年，老樟村赵顺心在父母主持下嫁给石岗村刘振廷为妻，赵顺心父母收了很多彩礼。结婚后两人感情不好，男方经常打骂赵顺心。赵顺心提出离婚，县政府进行了讯问和调解，最后双方达成离婚协议，由女方补偿男方婚姻损失费三千元整，双方自愿脱离夫妻关系。县政府的判决书记载："刘振廷与赵顺心之夫妇关系确已恶化，乃是事实。按其男方家庭情况亦是困难，经过多方说服、政治动员，由女方包偿男方婚姻损失叁仟元整。双方自愿脱离夫妇之关系。"[①] 判决书中"由女方包偿男方婚姻损失叁仟元整"这句话尤为引人注目，那么该如何理解男方的"婚姻损失"呢？

要理解此处的"损失"，首先应当理解该时期婚姻关系中"彩礼"的性质。笔者认为，该时期的彩礼，其性质接近于"附条件的赠与行为"，这个条件即为双方婚姻关系的达成及维系，当婚姻关系无法存续时，这种"条件"也不再成立，彩礼和嫁妆则即刻回复为原所有人的所有状态，男方有权要回自己的彩礼，尽管立法未对此做详尽的规定，但长久以来的习惯和惯例使得这种处理方式较为常见。本案中，刘振廷在结婚时交付了大量彩礼，其交付彩礼的条件即为与赵顺心形成婚姻关系，但赵顺心提出离婚，这种婚姻关系将不复存在，赠与的条件也就不再成立，因此男方刘振廷有权选择请求女方家庭归还其彩礼或支付与其彩礼等额的赔偿。类似情况的案例还有 1947 年"郝金兰诉张中堂请求离婚案"，郝金兰、张中堂夫妇二人都是中农成分，结婚四年感情融洽，家庭和睦。后来妻子郝金兰到烟厂做工不到一年，因其思想发生转变，不想与张中堂过夫妻生活并提出离婚。县政府对夫妇双方的调查笔录显示，男方张中堂同意离婚的条件是返还其结婚时支付的彩礼"四件衣服（两件麻的），细布的，四十元银洋，手镯一双，冀钞一千元，包头、青兰布各一匹，被褥三件"。[②] 这也是附条件赠与中条件不成立时取回权的体现。

---

① 白潮编著《乡村法案——1940 年代太行地区政府断案 63 例》，大象出版社，2011，第 66 页。
② 白潮编著《乡村法案——1940 年代太行地区政府断案 63 例》，大象出版社，2011，第 81 页。

（三） 女方带走其私人财产

与彩礼性质较为不同的是，女方的嫁妆一般都属于女方的私人财产，这些私人财产大部分都不会因为结婚年限的增长而与家庭财产发生混同，除此之外，由于女性对其夫家家庭的依附性，其在夫家的劳作等都不算作其个人创造的财产，只有自己的一些类似衣物等个人物品才能算私人财产，因此在离婚时女方可以主张带走上述私人财产。1948 年 "刘金换诉张兰芳因年龄相差太大请求离婚案"[1] 中，涉县井店人刘金换，在十四岁时即由父母主婚，许与张兰芳为妻。张兰芳比刘金换大 14 岁，结婚时由张兰芳的弟弟代为迎亲。婚后两人感情不好，张兰芳经常怀疑刘金换偷东西，刘金换提出离婚，县政府查明事实后认为，两人因为年岁差距太大感情不好，准刘金换离婚，并带走私人财物。同年张冬娥诉任八的因夫妻生活不和谐请求离婚案也是相同的处理结果。涉县小曲桥村张冬娥 14 岁与上温村人任八的结婚，之后因种种原因女方请求离婚，经区、县再三传讯，男方拒不到案，县政府经询问和调查后，同意女方离婚请求，女方私人财物可以带走。

1948 年 "李翠兰诉冯子敬因年龄差距大请求离婚案"[2] 也最终判决女方可以带走其私人财产，县政府的判决书如下：

> 涉县县政府民事判决，法民字第一五九号。原申请人，李翠兰，女，现年五十八岁，本县神头。右夫妇因婚姻生嫌无可挽救，特判决离异。
>
> 判处理由：查两人夫妻关系已有十九年，刻下子女都有，当初虽属婚姻不是自主的，但已迁就过了十八九年，没啥大问题出来，可是女方因为男方年岁大过自己二十岁，成为心病，在今年来更觉得感情分化更为厉害，这是女方不应该的事，而男方在对女人本身不会体贴苦楚，反而好吵嘴打架，借由升段，愈逼愈紧，近来成为不能融洽之势，经本府劝解回归，从事生产，改正前非，没啥成效，长此下去，不但对生产损失，而且有发展至人命可能。故决定判决离去。所生之男孩亦归男方抚

---

① 白潮编著《乡村法案——1940 年代太行地区政府断案 63 例》，大象出版社，2011，第 92 页。
② 白潮编著《乡村法案——1940 年代太行地区政府断案 63 例》，大象出版社，2011，第 112 页。

养，女方可以带去自己的财产。

如同上述彩礼的取回未由法律明确规定一样，女方的私人财产在离婚时可以由女方自己带走也没有被规定到当时的婚姻立法之中，但是由于传统的"情理"理念以及女性权益保护观念的传播，女方带走私人财产逐渐成为离婚财产分割时的习惯做法，民众普遍默认此种财产处理方式，但是女性能够带走的，只有前述的两种私人财产，即其结婚时所带嫁妆以及婚后其所有的个人物品。

四　根据地离婚财产分割实践的优缺点

在对太行地区 1940 年代的断案材料进行梳理分析之后，笔者认为，当时的司法实践尽管处于新型婚姻立法落实的初始阶段，但仍有许多可圈可点之处，同时也存在一定的困境。

（一）制度优点

1. 法律既体现了进步精神，也对当时的社会现实有充分顾及

首先，不论是《中华苏维埃共和国婚姻法》还是《晋冀鲁豫边区婚姻暂行条例》等边区条例，都以"男女平等"、"婚姻自由"为基本原则，并随着前述基本原则的广泛传播，女性的社会地位得到很大提升，其财产权益的保护也逐渐受到广泛关注，这是离婚财产分割制度在该时期极为重要的进步与成就。

上述相关婚姻法律法规都以"保障女性权益"为主要内容，这一点在离婚财产分割制度上表现得尤为明显，《婚姻法》和边区《条例》都规定了离婚后女方在无法维系基本生活的情况下应当得到男方的扶持和帮助直至能够维系基本生活，这对于传统的"休妻"制度来讲是极大的进步，是对女性这一社会弱势群体的重要保护。同时女方可以在离婚时带走其私人财产这一内容虽然没有被具体规定在相关法律法规中，但作为一种传统习惯，成为离婚案件判决时处理财产分割事务的规则渊源之一。

同时也可以看到，边区婚姻条例在苏维埃婚姻法的立场上有所后退。边区的《婚姻暂行条例》中提到的女方可获得的财产只有两类，一类是男方支付给女方的用以维持女方基本生活的赡养费性质的财产，另一类是女性结婚时所有的嫁妆以及进入夫家后属于其个人的基本财物。但是女方嫁入男方家后作为男方家庭生产关系的一部分，同样要进行生产劳动，或从事田间作业，或从事家务劳动，不管是哪一种方式，都是在为男方家庭的生产系统做贡献。然而女性的这种贡献没有得到充分、应有的重视，抗战时期边区婚姻条例虽然重视女性权益保障，但没有在其《婚姻暂行条例》中引入"共同财产"的概念，女性的付出依然没有得到相应的回报，若从"平等"的实质来说，依然存在权利和义务的不匹配。

与《条例》不同的是，作为其精神来源的《中华苏维埃共和国婚姻法》中却提出了"共同财产"概念，根据《婚姻法》第13条第2款的规定，结婚满一年，男女共同经营所增加的财产，男女平分。但是根据相关案例和边区的《婚姻暂行条例》我们可以看到，这一"共同财产"理念并没有被各边区所采纳。可以理解的是，各根据地的居民以农民为主，在没有任何"共同财产制度"文化、思想的背景下，在传统"男尊女卑"理念的影响下，突如其来的"共同财产"立法可能一时之间会让民众无法接受，给各边区婚姻纠纷案件的处理带来重重障碍。但是正如前文所论述的，边区《婚姻暂行条例》中未引进共同财产制度的做法可能会对女性权益造成伤害，也在一定程度上冲淡了对"男女平等"实质层面的思考。

2. 离婚案件以调解为主，减缓了妇女面临的社会困难

通过前述案例我们可以看到，政府在处理离婚案件时是调解在先，一般是调解不成功才进行判决，这一做法契合离婚案件自身的属性。离婚案件较一般案件更为特殊，因为家庭作为社会的基本单位，它的稳定是社会稳定的基础。处理离婚案件调解前置，有助于给夫妻双方提供一个缓冲阶段，通过第三方的干预和调解，缓解夫妻之间的矛盾，从而可能更容易打消夫妻双方的离婚念头，稳定家庭、和谐乡里，创造更为稳定的社会氛围。抗战时期，随着新婚姻法律的出台，婚姻关系中的"平等"、"自由"等理念开始出现在人们的视野中，政府在处理离婚案件时先进行调解，是对上述理念、原则进行广泛传播的极佳方式，以调解的方式将"男女平等"、"婚姻自由"等思想观念传播给男女双方，使这种理念渗透到家庭内部，对社会风气的改变有着极大的促进作用。

同时，经过对相关案件的梳理笔者发现，经过政府调解的离婚案件，最

终女性得到的"补偿"或者说"赡养费"要高于调解前男方同意的数额，由此可见，政府对离婚案件进行的调解对女性的权益保护也起到了明显作用。

3. 合理定义"彩礼"性质，兼顾了男方的合理诉求

"彩礼"作为我国自古以来就有的婚礼传统，其数额一般不会太少，对于很多家庭来讲可能是其原有财产的一大部分，在婚姻关系终止时，一旦支付彩礼所获得的"对价"消失，就会出现被形容为"人财两空"的现象，给一些家庭造成较为沉重的负担，大部分家庭无法接受这样的结果。因此，在司法实践中，边区政府对"彩礼"的定性近似于"附条件的赠与"，当婚姻关系消失，赠与的条件即不再成就，赠与的财产就可以被赠予方即男方家庭收回。这种司法实践符合一般民众的思想认知，容易为社会大众所接受。当前司法实务界也普遍将彩礼定义为"附条件的赠与"，可见这种做法符合我国的社会现实，在抗战时期是具有先进性、科学性的司法实践。

（二）司法困境

1. 离婚案件主要由妇救会处理，程序合理性存疑

由于抗战时期边区法制机构不健全，法律的执行主体尚未完全明确，婚姻纠纷等民事案件多由基层政权机关处理，真正诉至专门司法机关处理的仅为少数，日常生活中出现的家庭纠纷一般会寻求村干部予以解决或者直接向区公所申诉。[①] 此外，在有妇救会的村庄，婚姻纠纷多找妇救会解决，例如晋察冀雁北区，妇救会一年中协助政府解决婚姻案件462件[②]，同时我们可以通过1942年晋冀鲁豫边区妇救总会关于解决婚姻问题机构（组织）的统计来探讨这个问题。

表2-2　1942年晋冀鲁豫边区妇救会关于解决婚姻问题机构（组织）统计

地区	赞皇	昔东	临城	内邱	和西	二分区	三分区	四分区	五分区	六分区
解决机构	妇救会	妇救会	妇救会	妇救会	妇救会	妇救会	法院	政府及妇救会	大半是司法机关	大半是司法机关

---

① 牛瑞丽：《冀南抗日根据地婚姻改革研究》，硕士学位论文，河北师范大学，2015，第26页。
② 《新华日报》（华北版）1941年9月第29期。

续表

地区	赞皇	昔东	临城	内邱	和西	二分区	三分区	四分区	五分区	六分区
案件数量	87	11	25	11	28	559	223	76	125	49

资料来源：山西省档案馆编《太行党史资料汇编》，山西人民出版社，2009，第407页。

从表2-2的数据可以看出，大多数婚姻案件由妇救会进行处理。作为一种群众组织，妇救会并不是权力机构，没有法律赋予的权力去审理婚姻案件，同时其机构、组织也不具备处理婚姻案件的能力和水平，但是在抗战时期，由于局势所限，妇救会承担起了与其能力不相符的处理离婚纠纷案件的责任。笔者之所以认为妇救会没有承担处理离婚纠纷案件的能力是因为以下原因。

首先，妇救会作为一个群众组织，并没有被赋予处理婚姻纠纷的权力，从某种程度上讲，妇救会参与婚姻案件的处理是一种"越俎代庖"的行为；其次，妇救会即"妇女救国会"，抗战时期以"天下兴亡，匹妇有责"为口号，充分利用自身的优势团结广大妇女，奔走呼号、支援抗战。作为这样一个由妇女组成的组织，在处理离婚案件时有极大的可能会偏向妇女群体，希望女性能够独立自主、参与生产，但是离婚纠纷作为一种人身属性极强的案件，并不能一味为了响应"妇女参与生产"、"妇女为前线做贡献"等口号而简单地、具有偏向性地处理，这样的处理对男方、对婚姻关系都可能存在不公；最后，妇救会的成员大多是没有接受过相关法律培训的人员，其对离婚纠纷中财产的处理并不具备专业的知识，因此其对离婚财产分割的处理可能不能满足公平、合理等基本原则，因此大多数婚姻纠纷案件由妇救会处理解决这一实践现状，可能会使抗战时期边区离婚财产分割形成一定的偏差。

2. 部分条款单方面加重男性负担

《中华苏维埃共和国婚姻法》和《晋冀鲁豫边区婚姻暂行条例》都对女性在离婚后可能遇到的经济困难做了相应的考虑，规定离婚后女子如未再行结婚，并缺乏劳动力，或没有固定职业，因而不能维持生活者，男子须帮助女子耕种土地，或维持其生活（《婚姻法》第15条）。还规定妻子无过失因判决离婚而生活陷于困难者，夫方纵无过失，亦应给予相当赡养费（《条例》第

20 条)。通过这些规定,因离婚引起的抚养义务、生活责任等都被自然转移给了男方进行负担,注重保护女性的理念无可厚非,但需要考虑的实际情况是,战时边区家庭生活都较为艰辛,这种艰辛不分男女,因此这些规定虽然保障了女性的权益,但同时却加重了男子的负担,需要在个案中具体加以衡量,否则可能有失公允。

五 结语

根据地时期,以"男女平等"、"婚姻自由"为宗旨进行的婚姻制度改革在很大程度上解放了边区男女的思想,通过女性权益保护和对女性地位的提升,改变了边区农村生活中长期以来"男尊女卑"的思想观念。在早先的《中华苏维埃共和国婚姻法》和各边区根据自身实际制定的《婚姻条例》中,有关财产分割制度的条款在坚持着重保护女性这一弱势群体权益的基础上,对女性离婚后可能出现的经济困难做出了具体安排,同时还对女性的私有财产进行了保护。但是各边区并没有在实际司法操作中引入"共同财产"的概念,对女性婚后在男方家庭中所做出的生产贡献等没有进行充分的制度性肯定,这一财产分割制度的局限实则是当时"男女平等"观念未能被全面、广泛地认知和接受的后果。不过,这一缺憾因为立法将离婚后的扶养义务、生活责任大部分加于男方而得到部分平衡。总体来说,尽管当时的离婚财产分割制度面临着一系列困境,但其立法理念与用意的先进性和科学性是值得我们肯定的。

第二节 土地纠纷

土地作为农民的立身之本,在我国传统民事纠纷中是一个常见的纠纷产生因素。本节主要通过对 20 世纪 40 年代太行地区断案材料中的土地纠纷进行分析,介绍当时土地纠纷发生的背景、类型,并进一步探讨导致土地纠纷的多重原因和该时期土地纠纷处理方式所具有的特点。

一 抗日战争时期太行地区土地纠纷的背景

所谓"土地纠纷"是指双方当事人因占有、使用、收益或者其他原因致使土地权利归属问题发生的争议。中国是世界上最早进行农耕的国家之一，而农耕最为重要的载体便是土地。农耕时代的土地对一个国家的政权稳定、社会发展都有至关重要的作用，也是人民群众安身立命的保障。正因为此，土地纠纷一直是中国社会主要的纠纷类型之一。抗战时期在太行地区也存在大量的土地纠纷。下文将详述当时太行地区土地纠纷的背景。

（一）自然地理因素

首先，太行山山高崖险，其地势易守难攻，历来都是兵要之地，所以太行地区是中国共产党建立根据地的理想场所。但该地区大部分都是石厚土薄的山坡，且植被稀少，水土流失严重。可供耕种的沃土甚少，可耕植土地匮乏，因此当地农民对于土地有强烈渴望，土地便成为农民们极力争取的资源。其次，太行地区除少部分平原外，大多是山地地形，易形成山地小气候，风雨、冰雹以及山洪频发。自然灾害频发使得该地区农业发展落后。尤其是在20 世纪40 年代初期，太行地区的自然灾害尤为严重。根据史料记载，1941年太行地区秋冬两季降水量少，次年春天又遭遇干旱，致使太行地区全年粮食大幅减产，灾民多达 36 万人。至 1942 年秋末，旱灾继续发酵升温，使得该地区不少河水断流，水井枯竭，耕种者们赖以生存的土地龟裂，播种的禾苗也大都枯死。祸不单行，旱灾过后一些乡镇又遭遇了蝗灾，大量的蝗虫将残留的庄稼啃食得残破不堪。到 1943 年 9 月以后，太行地区又大雨骤至，导致当地的清漳河以及浊漳河河水暴涨，两岸溃堤，倒灌的洪水毁坏了一万五千多亩良田，致使当年的粮食产量锐减。[①]

（二）社会经济原因

太行革命根据地地处偏远山区，20 世纪初期掀起的民族资本主义风潮并没有明显冲击到当地自给自足的小农经济模式。在此种经济模式下，土地兼并的现象无可避免。根据史料记载，当时太行地区地主占全部人口的 9.47%，占耕地的 30.4%，富农占全部人口的 10.48%，占耕地的 17.22%，地主富农

---

① 参见太行革命根据地史总编委会《太行革命根据地史稿 1937—1949》，山西人民出版社，1987，第 170 页。

合计，人口共占 19.95%，而土地共占达 47.62%。① 因而当时的地主及富农在农村占有主导地位，地主阶级和农民阶级间的矛盾比较突出，二者因土地而起纷争便也不足为奇了。同时，当时政治动荡，战争也给太行革命根据地带来许多负面影响。据史料记载，1942 年 8 月，长治的日伪军分十路包围三十多个村庄大肆抢粮，仅在宋庄、白兔、河湃三个村，即被抢去五万两千多斤。②

表 2-3 是太行区土地被敌占情况及被占土地粮食产量统计表，该表在一定程度上能反映出日军在太行地区的抢粮暴行所造成的损失，更加剧了生存资源的紧张。③

表 2-3　太行区土地被敌占情况及被占土地粮食产量统计表

种类	面积（亩）	产粮（斤）	计算年限
公路	533333	186666560	五年
据点	20087	6834240	五年
封锁沟墙	212750	685600000	四年半
无人区	44500	56960000	两年
合计	1211170	936060800	—

注：产粮亩均以斗计算，每斗以斤折。

二　土地纠纷类型

20 世纪 40 年代太行地区农村土地纠纷类型是多种多样的。大致可以分为四类：（1）因为所有权的争夺而产生的纠纷；（2）因继承发生的土地纠纷；（3）因出典而发生的土地纠纷；（4）因为租佃产生的纠纷。

---

① 刘晓杰：《解放战争时期太行区土地改革初探》，硕士学位论文，太原理工大学，2015，第 18 页。

② 太行革命根据地史总编委会：《太行革命根据地史稿 1937—1949》，山西人民出版社，1987，第 171 页。

③ 晋冀鲁豫边区财政经济史编辑组：《抗日战争时期晋冀鲁豫边区财政经济史资料选编》，转引自王璐鹏《抗日战争时期晋冀鲁豫根据地的粮食斗争》，硕士学位论文，山东大学，2013，第 17 页。

（一）所有权争议的土地纠纷

对于作为财产的土地来说，确定归属是有效利用的前提。尤其在土地资源较为稀缺的太行地区，土地确权对于农民来说是至关重要的。

在土地所有权确权案件中，最为关键的证据就是各种地契或者文契。但因为战乱频发的社会环境，权属书契毁损多有发生，由此导致大量纠纷出现。县政府在做出裁断的时候，主要是以纸质契约为依据来解决土地的归属问题。

比如在1941年"崔六成诉崔仁红霸占土地案"中，涉县原曲村人崔六成祖上有几十亩坟社地，由旧单头租典在外，后来在1942年实施土地改革之际，工作队打消了坟社地，并把账给烧了。又经村中穷苦的农民要求，同意将社地收回重新分配，分给穷户耕种。其间工作队未经原告崔六成同意将其一直租种的二亩半分土地分给了同村崔仁红耕种，又退予租约给张加忙并为被告补办了文契。于是崔六成以崔仁红霸占其土地为由将其告到县政府，请求予以解决。在本案中，崔六成声称该土地是其崔姓老祖伙地，并提供了康熙二十年的碑文为证。而被告崔仁红则提供了同治元年及同治八年的出卖文契，以此证明崔六成祖上老伙地因打官司而将土地出卖分开了。县政府经查证认为康熙朝碑文已过三百多年，其中难免有分居变化，崔仁红有同治年间的文契为证，所以判决崔六成丢地，诉讼所争土地由崔仁红耕种。显然在本案中，县政府是以契约为主要依据来进行判决的。

在民国时期，"伙地"的存在也易导致土地所有权纠纷的发生。所谓"伙地"即两家人合伙购买土地，但由于有些伙地是诉讼两造当事人祖辈在清末或民初所得，历经几十载，很难辨明土地权属，因此便起了纠葛。

在1944年"冯殿英诉王如山抢夺土地案"中，原告冯殿英上诉称其父于1912年同杨有德等中人购买水地二亩，价钱二十五千文。因其父与同村王福林交好，自买以后，为周济起见，便将此地租给王福林，碍于情面而没有立租约，由其每年任意付给一些租子。后冯殿英因生活困难，与胞弟侄子商量后决定变卖此地，以贴家用。但此时，王福林之子王如山声称此地系伙地，内有一亩田是其家所有。冯殿英遂将被告王如山诉至涉县县政府，请求政府返还业权。在这个案件中，冯殿英出具了一张买地契约，被告王如山则出具了一张补契及分单。后政府经各方查证，此地确系伙地，虽然原告持有红契，但因为当时合伙买地为避免成契不便，所以只订成一家契约，而由被告家实际耕种带租一半。于是县政府判决两造所争二亩地应由两家各分一亩，换契投税，原告持有红契作废。

在所有权权属纷争中，盗卖他人土地也是常见的一种类型。所谓盗卖便是出卖人无权处分他人的土地或者房屋。1944 年"李中央诉李天顺盗卖土地一案"便是此种类型的土地纠纷。在此案中，原诉人李中央祖业张二峻旱地四亩，除自家一亩坟地外，在当年分家时将余地分给堂弟李海心，1914 年，李海心将地卖给李天顺之父两亩两分（依文契记载是两亩四分），因历年久远，地田面积已不明确。后被告李天顺以两亩五分的面积将此地换卖给李元祯。后来李中央察觉被告李天顺将地多卖了一分，已经侵占了自家的坟地，遂起纠葛，将李天顺诉至县政府。本案的焦点就在于李天顺是否多卖一分田地。后涉县县政府经过调查取证后认为：依照文契记载，李天顺之父购买的土地是两亩四分，而李天顺竟然卖出两亩五分，显然是侵占了李中央的地，遂判决李天顺另补李元祯土地一分。李元祯照原契种此地二亩四分，余归李中央坟地。

（二）继承中的土地纠纷

所谓"继承"，是指将死者生前的财产和其他合法权益转归有权取得该项财产和权益的人所有的一项法律制度。[1] 中国关于继承制度的规定源远流长，根据史料记载，有关财产继承的法律明文规定可追溯到汉代，当时主张的是诸子均分制。在 20 世纪 40 年代的革命根据地地区仍然采取的是此项继承制度，但继承范围有所突破，比如女性继承财产不再分为在室女或者出嫁女，她们在法律上获得了和男性相同地位的继承权。然而当时在继承顺序上仍然遵守了一些旧继承制度，比如尊长无权继承卑幼的财产，同辈之间也是不能互相继承财产的。

1945 年王巨生诉王志秀继承土地纠纷案便是一个基于继承顺序而发生的土地继承纠纷。在这个案件中，所争三亩土地的原所有人王治元没有儿子，其去世以后由原告王巨生的哥哥王艮香顶门，王艮香为王治元拉灵送

---

[1]　马俊驹、罗丽、张翔：《民法学》，清华大学出版社，2007，第 532 页。

葬，并继承其遗产。王艮香和其儿子死后，王巨生为王艮香父子处理了后事，并将其长子魁方给王艮香顶门，然后继承了三亩土地。后来王志秀认为王治元给远服王显社顶过门，王巨生虽是王治元的亲侄子，但是按辈分他与王治元更近，所以认为其有权利争夺土地。涉县县政府司法科科长经审查认为：（1）王志秀与王治元按辈分也不算近，王治元虽给王显社顶过门，但由此与王志秀家形成的亲属关系并没有亲叔侄近；（2）按旧日继承规则，王志秀与王治元是平辈，不能平辈相继。此案经古凸村调解，两人达成和解，王志秀不再讨要三亩土地。

中国传统的家庭模式是共同居住并且共同享有财产。"分家"将打破一个家庭的共居形态，亲属分产，各自成家生活。但分家以后，并不是所有的家庭生活水平都相同，有些家庭系富农而有些家庭却是贫农。所以当一家之长去世后，一些家中困难的人会为了自身的利益，与自家亲属争夺祖辈遗留下来的祖产。

在"赵翠明诉赵中明母亲土地继承案"中，赵中明祖父与六个儿子早年各自分家，每房分给了几股土地与房屋。其祖父死后留有十二亩土地，因埋葬费用，以175元典出该地。两年后，赵中明的母亲将此地赎回耕种，而原告等人却想要分劈此地。经县政府查实，原告之父早先已克扣多数家产，本不应该再向被诉人争有限养老地，但因其家境贫寒，决定酌予分给部分土地，以息讼端。涉县县政府和解判决原被告所争其祖父遗产左东岸地十亩，上小道地两亩，应由原诉人等合伙回赎六亩，被诉人经管六亩，均作为死业。

在这个案件中，因为原告赵翠明家在分家的时候占了便宜，所以按照诸子均分制的规则，原告不应该再与被告赵中明一家争夺祖辈遗留的养老地。但又因原告赵翠明是贫农，赵俊明是赤贫而被告赵中明家系富农的缘故，所以原告仍以自家贫苦为由与赵中明家争夺遗留的养老地。

（三）与出典相关的土地纠纷

"典"是一种起源于民间的中国传统制度。史尚宽先生将"典"阐释为："典之为言，转也，囊内钱空，无以治事，则转而谋诸所有之物，以所有而匡其所无。"① 至民国时期，黄右昌先生在《民国民律草案》中改"典"为典权。典权的含义是指支付相应的典价，占有、使用他人不动产进行生产收益的权利。典权是一种财产法律关系，其主体是支付典价的典权人和转移典物的出典人，客体则是房屋、田地等不动产以及典价。典权与当代中国的用益物权形态有着异曲同工之妙。比如二者的客体都是不动产，二者都只处分使用权和收益权，而保留所有权。

典权的出现与中国传统文化观念是息息相关的。在中国传统农业社会，土地是百姓生存之本，房子是他们的安身之处。当人们生活拮据的时候，变卖家产是最快的周转方式，然而在传统文化背景下，对房地产的变卖行为将面临较大的道德和舆论压力，在这种情形下典权应运而生。典权算是一种两全其美的制度，出典人在生活困难之际将祖业典出，等经济状况有所好转的时候，再以适当的价格将房屋或土地赎回，既解决了经济困难，又保全了"祖业"。然而典权制度也并非完美无缺。在现实生活当中，因出典而产生的土地纠纷在土地案件中占较大比重。下面就通过对太行地区 20 世纪 40 年代的断案材料详探与典有关的纠葛。

首先，在出典类土地纠纷中，典卖回赎遭拒是其中的一种常见类型。根据当时法律规定，在典权制度中，出典人享有回赎权。即在一定年限内，出典人可以以一定的典价向典权人回赎，以此消灭双方存在的典权关系。如果出典人没有在法定期限内行使权利，其对典物的所有权将消灭。因祖业的重要性，出典人在典卖其不动产的时候，一般是希望回赎的。但是在实际生活中，当出典人向典权人提出回赎请求时，典权人却常常拒绝出典人的请求。在 1941 年"王德顺诉王国成赎回土地一案"中，原告王德顺将其自家的三亩六分地典给被告王国成。1940 年，原告王德顺准备出卖该典地的一亩六分，遂让被告王国成补钱将地买走，但王国成因当时时局不宁不愿买。于是王德顺将地卖给了霍永祥，但王国成却又反口，不让原告赎地，后经区长调解才允赎。此后敌人来涉县扫荡，将原告王德顺的房屋和粮食全部烧毁，致使其无法度日，遂想再卖该典地二亩。王国成虽不愿买该地但允许原告卖给他人，所以王德顺将地卖给本村李治国，但是王国成又一次霸业不丢地，不让原告

---

① 史尚宽：《民法物权》，中国政法大学出版社，2000，第 433 页。

赎回其地。于是原告便因其回赎权不能实现而将被告起诉到县政府司法科，要求回赎土地。

其次，在因典权产生的民事纠葛中，"绝卖"还是"活卖"往往是当事双方争论的焦点。"绝卖"是指将所有权转让给他人的买卖，而"活卖"便是具有回赎权利的买卖，但是"活卖"可以通过以下两种方式转变为"绝卖"。其一是可以通过找补的方式将"活卖"转化为"绝卖"；其二是超过回赎期未赎而转变为"绝卖"。如 1941 年"张李氏诉李业成赎回房地纠葛案"，原告张李氏诉称在其丈夫生前因生活困难，无法糊口度日，将三间房屋顺与三弟李业成，顺价洋 30 元并订立文书。又因其丈夫于 1940 年去世，为度日又将一亩旱地顺与李业成，顺价 60 元并订立文书。后来，张李氏与其子李同喜准备赎回房屋和土地，但是被告李业成不同意。在本案中最为主要的争议焦点就是祖业究竟是"活卖"还是"绝卖"。原告张李氏认为房屋和土地是"活卖"，自己有权赎回，而被告李业成认为，当时订立的顺契文书就是死契，所以房地是"绝卖"，自己已经拥有了房屋和土地的所有权，张李氏不得赎回。后涉县县政府依据地方习惯认为顺契必然是死契，判决驳回张李氏的诉讼请求。

最后，在典权关系中，出典人享有典物的所有权，典权人只享有占用、使用以及收益的权能。但是根据当时《晋冀鲁豫边区修正典权条例》的规定，如果出典人要出卖其拥有的不动产，典权人是享有优先买业权的（又称留买权）。优先买业权是在典期内出典人将典物的所有权让与他人时，如果典权人声明提出同一价格留买的，出典人没有正当理由不得拒绝。但在当时的实务中，典权人的此项权利并未得到十分有效的保障，主要原因之一是出典人阻碍典权人行使权利。下文将依据案例说明上述情况。

在"王江氏诉杨小寿买卖土地一案"中，王直潘将自己的六亩土地出典给原告王江氏，后来未向王江氏声明情况，便将该典地出卖给被告杨兰廷，地价 930 元。1942 年 2 月，王直潘告知原告王江氏准备赎回该典地自种，但原告却查知王直潘已将该地卖与被告杨兰廷，遂向王直潘要求以同等价格买地。但是杨兰廷不同意退还该地，并与其兄杨小寿串通起来，伪造 1260 元典卖文书给王江氏，要其以变造文书价格回买土地。后来，王江氏知道了他们捏造事实真相，遂与被告杨小寿起纠纷。涉县政府经审查，证实王江氏所言属实，便依据《边区修正典权条例》第9条"出典人将典物所有权卖于他人时，承典人有同一价额留买之优先权"的规定，判决允许王江氏以原价买回土地，由此可见，王江氏一案中，原典物所有权人王直潘并没有履行其应尽的告知义务，使得原告王江氏不能及时行使其享有的优先买业权。

（四）租佃类型的土地纠纷

租佃制度是指无地或者少地的农民以口头或契约方式租种地主的土地，并向地主缴纳一定的地租。所谓地租即"因无耕地或耕地不足而借用他人的耕地，并因此给他人的一种报酬，一般有力租、物租和钱租三种"。[①] 此种制度始于战国时期，在中华大地上延续了两千多年，是流转土地的一种重要方式。有关土地租佃最早的记载之一是《汉书》卷二四，《食货志》所引董仲舒之言：或耕豪田，见税什五。宋明时期，租佃制度有所发展，到了清朝租佃制迅速取代了其他耕种方式，甚至清朝的皇庄与旗地也以租佃制为主要的经营方式。[②] 到了民国时期因多数土地都是由地主和富农占据，无地或者少地农民数量较多，因此当时租佃非常普遍。在战争爆发以前广大农村地区的租佃关系是相对平稳的。但是在抗日战争时期，由于政治动荡、战争频繁以及中共土地制度政策等多种原因，因租佃而发生的土地纠纷层出不穷。

在抗日战争时期，中日民族矛盾是我国的最主要矛盾。为了团结各阶级力量一起抗日以及减轻农民的生活压力，中国共产党在其革命根据地实施了"地主减租减息，农民交租交息"的土地政策。此项土地政策照顾了地主的利益，也全面调动了农民抗日以及生产的积极性，但是在实施交租减租过程中，由于中国共产党只是提出了政策方针，却未规定具体的实行方案，由此导致革命根据地各个乡村实施方法各有不同。又因为土地政策不够佃化，租佃双方可操作的空间较大，由此激发了佃主与佃户之间的矛盾。比如佃主采取改租地为典地等方式逃避减租，而佃户则采取少交租金或者不交租金的方式力

---

① 张玮、李俊宝：《阅读革命——中共在晋西北乡村社会的经历》，北岳文艺出版社，2011，第1页。
② 赵冈、陈钟毅：《中国土地制度史》，新星出版社，2006，第262页。

图享受甚至过度享受中国共产党给予的优惠政策。双方都采取一系列措施来维护自己的利益，致使租佃纠纷屡见不鲜。"王立柱诉王三太土地租佃纠纷"一案便是佃主与承佃人因减租减息政策而发生的租佃纠纷。在本案中，原告王立柱是地主，于1920年从秦学堂处赎回南坡平地一亩八分，同年又将此地典给被告王三太的祖父，又于1929年租给王三太的祖父。在1942年的时候，中国共产党施行减租政策，王立柱的既有利益不能得以保护，所以便借机将地夺回。后经农会干预立租契恢复佃权。因农会笔误，在立租契时遗漏坡地未写，后来王立柱便不愿恢复坡地佃权，而狡辩称其地是典地。后王三太要求王立柱恢复佃权，王立柱不肯，遂诉至县政府司法科请求处理。经审查，涉县县政府司法科依据村农会主任供证以及群众反映得知，在实行减租时，王立柱向王三太退租乃是事实，所以最后判决涉案坡地是租佃关系，并要求村上酌情予以恢复佃权，定了租佃手续，依据法令彻底执行。

三 土地纠纷发生的原因探析

20世纪40年代导致太行地区土地纠纷发生的原因是多种多样的，主要可以归纳为两类：传统土地利用方式不完善以及中国共产党在革命根据地实行的土地改革政策。

（一）传统土地利用方式不完善

中国历代以来土地的流转方式可谓多种多样，最为主要的方式大致是典、卖、租这三种方式，其中典卖又是民国时期运用得最为广泛的土地利用方式。典权制度延续了数百上千载，它的存在有利于当时的社会发展以及农民的生存。但通过分析可以发现，典权制度是当时多数土地纠纷发生的主要缘由之一。究其原因主要是此项制度本身存有缺陷。其最为主要的一个弊端是典权存续时限过长。虽然典权人基于祖业及名声考虑，是抱着回赎心态而典出不动产的，但约定的典期往往长达几十年，有时候等到回赎期届满，典卖一方或双方当事人可能早已不在人世，致使典权继承人对当时的典卖情况知之甚少且证据难寻，由此双方产生分歧，引发纷争。

（二）土地制度的调整

土地制度的调整与租佃形式的土地纠纷关系十分密切。为了实现抗日民族统一战线的方针政策，中共一改往日打土豪分田地的土地政策，以确保根据地各阶级的利益。当时最重要的土地制度调整便是"农民交租交息，地主减租减息"政策。为确保政策的有效落实，各革命根据地相继颁布了相关法规，如《晋冀鲁豫边区土地使用暂行条例》、《晋察冀边区租佃债息条例》以及《关于土地问题的指示》等。因为此项政策采用统一累进税法，地主富农的负担比中农大，牵涉他们的切身利益，所以地主们为了维护自己的利益而采取一系列措施来规避对其不利的规定，比如采取明减暗不减、变租佃为典卖、变活租为死租或者变租佃为伙地等手段。由此便往往与农民的利益相冲突，遂起纠葛。

在土地改革之前，太行地区土地分配并不平均，大量土地集中在少数地主和富农手中，而占人口比例80.05%的贫下中农却只有52.38%的土地。所以中共组织的工作队根据《五四指示》制定并实施了土改方针，大致内容是：（1）清算地主与富农的土地；（2）保护中农；（3）扶持赤农。将清算出来的土地分给无地或者少地的农民。该项土地改革是为了达成"耕者有其田"的目标。虽然此政策有利于团结广大贫下中农，提高他们的抗战积极性，但是也限制了原耕种者的所有权或使用权，使太行地区的得地者和原土地所有者、耕种者之间产生土地权属纠纷。

四　土地纠纷处理特点

（一）解决方式多样化

对于土地纠纷，太行地区县政府的裁断方式大致分为三类，即调解、堂谕以及判决。其中以判决结案的案件占比最多，其次是司法和解、调解，最后是堂谕（见表2-4）。

表2-4　太行地区县政府司法科主要审判方式

审判方式	个数	比例
司法和解、调解	4	20%

审判方式	个数	比例
驳回堂谕	1	5%
判决	15	75%

调解是中国传统而独特的一项解纷制度，限制双方当事人的对抗性，符合中国社会"以和为贵"的思想，所以抗日战争时期根据地为了尽快解决纠纷、减少群众的不满，主张强化调解制度在纠纷解决中的作用，并制定了一系列有关调解的法规，如《晋察冀边区行政村调解工作条例》、《晋西北调解暂行办法》等。因为"凡人民之间的民事纠纷，大都提倡调解方式来解决，从而使双方都能接受"。[1] 所以，进行调解的土地纠纷案件有一个主要的特点，即调解的两造当事人大多属于农民阶级。

抗日战争时期中国共产党提倡采取调解方式以息讼端。但表 2-4 清晰地反映出土地纠纷类案件绝大多数仍是由司法机关进行判决结案，上述现象的出现并不违背当时的司法宗旨。

首先，大多数土地纠纷案件都是经过调解后才诉至县政府请求解决的。也就是说两造当事人寻求调解并签订调解或和解书后，因该文书并不具有强制执行力，一方当事人食言不履行应尽的义务，会致使另一方的权益得不到有效保障。所以当一方不履行致使调解失效后，另一方便希望通过县政府司法部门以判决方式结案，以此来加大案件的可执行力度，保障自身的合法权益。其次，当时中国共产党宣扬的司法审判技术之一就是"凡涉及敌我、农民与地主之间的案件以及重大的刑事案件，基本上采用判决的方式解决"。[2] 当时太行地区的地主占有大部分土地，地主将自家多余的土地出租或典卖给他人，所以在土地纠纷中，往往会涉及地主与农民之间因土地转让或使用而产生的纠纷。因为主张农民与地主之间的案件采用判决解决，所以判决占比较高也不足为奇了。在"王江氏诉杨小寿买卖土地"一案中，因杨兰廷使用

---

① 侯欣一：《从司法为民到人民司法——陕甘宁边区大众化司法制度研究》，中国政法大学出版社，2007，第252页。

② 侯欣一：《从司法为民到人民司法——陕甘宁边区大众化司法制度研究》，中国政法大学出版社，2007，第252页。

银币、伪造变造文书，并不法买卖土地，触犯了边区《禁使银币法》第 6 条
及《刑法》第 210 条；在李中央诉李天顺盗卖土地案中，因李天顺盗卖他人
一分土地且拒不补地，触犯了《刑法》第 35 条及第 305 条的规定。这两个案
件涉及刑事，县政府都采用了判决的方式结案。

（二）判决依据多种并存

在土地纠纷中，以判决结案的比例最高，而判决的主要依据大致可分为
两类：其一是以法律政策为判决依据，其二是以人情、习惯为判决依据。

首先是以法律政策为判决依据。根据统计，土地纠纷中以法律政策结案
的比例是 50%。如在王江氏诉杨小寿买卖土地案中，涉县县政府对民事部分
的判决便是依据《晋冀鲁豫边区修正典权条例》第 9 条的明文规定：出典人
将典物所有权卖于他人时，承典人有同一价额留卖之优先权。又如王立柱诉
王三太土地租佃纠纷案是根据《边区土地问题处理办法》丙项乙款以及国民
政府《民事诉讼法》第 381 条判决的。笔者认为，依法判决的原因是当时根
据地政府着手建立大众司法制度，此项制度要求司法人员依法审理案件，做
到有法可依，有章可循。因此，边区政府制定了一系列的土地法规，如《晋
冀鲁豫边区土地使用暂行条例》以及《晋察冀边区租佃债息条例》等。但当
时的边区法律多是涉及土地问题的实体法，关于诉讼程序却鲜有提及。所以
中共规定在边区法律不健全的特定情况下，在不违背边区政策的条件下，审
判中可以适当援用一些国民党的法律，使审判活动有法可依。[①] 与传统时期相
比较，近代的法制解决倾向较为明显，太行地区的百姓也有了一些法律意识，
开始懂得运用法律来维护自己的民事权利。

其次是依据人情、习惯判决。据统计以人情、政策结案的比例是 30%。
如在"张玉旺诉赵兰桂卖地反悔案"中，县政府的判决考虑了双方当事人的
要求及其各自利益，将涉案土地谷东岸地五亩判给张玉旺，另买的谷东岸地
一亩判予被诉人赵兰桂。此判决既符合当地人情习惯又不违反法令。此外，
在"张李氏诉李业成赎回房地纠葛案"中，县政府以顺契即为死契的地方习

---

① 侯欣一：《从司法为民到人民司法——陕甘宁边区大众化司法制度研究》，中国政法大学出版
社，2007，第 134 页。

惯驳回了张李氏的诉讼请求。

笔者认为，县政府依习惯、人情裁断的原因主要有三：其一，太行地区县、乡地处偏僻之地，千百年来传统社会遗留的风俗人情仍然发挥着较大影响，并且某些与党的政策不违背的习惯等于额外提供了一个有效的规则来源，司法人员在断案时是很乐意适用的。其二，虽然当时的边区法律已经有所发展，但是法律存在滞后性，当时的法律并不能解决实际诉讼中出现的一切问题，这时便可运用双方当事人都认同的风俗习惯合理解决纠纷。其三，太行地区推行的司法路线为"人民司法"，此种审判方式提倡坚持原则、坚持执行政府政策法令又照顾群众生活习惯及维护其基本利益来审判案件。所以当时太行地区县政府司法科走的是司法民主、群众路线。习惯可以说是群众集体心理的表现之一，那么在一些案件的审判中就需用群众能接受的习惯习俗来判案。

五　结语

本节主要是通过案例分析了太行地区的土地纠纷类型、纠纷产生的种种原因以及在"人民司法"路线下土地纠纷案件裁判的特点，可以简单小结如下。

一是太行地区以山地为主，生活环境艰苦，当地百姓主要以耕种为生，所以土地是支撑他们生活下去的重要保障。但是20世纪40年代该地区遭遇了严重的自然灾害加之日军对太行地区的扫荡使得收成锐减，粮价疯涨，土地变得尤其珍贵。此外，中国共产党的土地政策保护广大贫下中农，无疑要以限制地主、富农等原权利主体的权利为代价，即使在贫下中农内部相关政策也不可能完美地兼顾各方利益。所以根据地土地纠纷数量较安稳年代有所增多。

二是中国共产党强调运用调解制度来解决人民之间的纠纷，以避免激化乡间邻里的矛盾。此司法制度深入人心，有利于广大贫下中农，为争取民心奠定了基础。在土地案件中，两造当事人诉至县政府之前都会先通过调解解决问题，只是因为调解的强制力不够，权益有时不能得到更好的保障，所以才寻求县政府司法科做出更具效力的判决。此外，司法科的判决并不以完全遵循法律法规为目的，它侧重的是诉讼当事人的利益与可接受度。

三是透过土地纠纷所呈现的现象可知，中国共产党实施的一切有益于农民、便利农民的措施并不是简单地为了满足广大农民的利益，最主要的还是基于民族利益与政治原因的考量。首先当时中国正遭受日本侵略者的进犯，作为抗日力量之一的中国共产党，需要加强兵力来应对战争，而当时中国人口最多的莫过于广大农民了，如果有了他们的支持，就可以更好地抵抗侵略者。其次是因为 20 世纪 40 年代，共产党和国民党的党派斗争从未因为日军的入侵而消散。中国共产党为了掌握未来的政权话语权，就需赢得最广大中国农民的支持，而要获得他们的支持，最为有效的办法便是满足广大农民的需求，实现其"耕者有其田"的愿望，司法则在其中扮演着重要角色。

第三节　其他财产权纠纷

共产党在边区的司法实践，"改造"是一个重要的主题词。革命根据地尤其是太行地区由于地处偏远、交通闭塞，在革命根据地建立之前长期处于封闭和落后的状态，同时也是最接近传统乡土文化的社会。这个地区在中国共产党的革命性改造之下具有了承上启下的亮点，翻开了权利意识觉醒的新篇章。对百姓财产的着力保护便是其中的璀璨一页。本节通过纵向考察中国自古至今财产权的更迭以及对太行地区 20 世纪 40 年代有关百姓财物的案件进行类型化分析，来探究抗日战争时期革命根据地私有财产权的制度实践及其价值取向。

一　财产权保护的文化背景概述——我国财产权体系之沿革

俞江教授曾归纳了学界对中国古代有无民法的各种讨论，学界普遍认为民法的观念和体系是从清末传入中国，但是一个民族的历史上就算没有过"财产权"等词语或者口号，也必定存在过某种形式的对应物。[1] 权利观念不仅在庙宇之高的法度中，也存在于田舍郎的计算中，他们的心目中不可能没想过这些问题，他们的日常生计也不可能绕开这些问题。[2] 在专制性的政治环境和自给自足的自然农业经济条件之下，我国古代并没有抽象出权利和人格等观念，也缺乏归纳和排列相关规则的体系，但仍然存在调节某些民事关系的规则。

---

① 俞江：《关于"中国古代有无民法"问题的再思考》，《现代法学》2001 年第 6 期。
② 郝维华：《清代财产权利的观念与实践》，法律出版社，2011，第 8 页。

谢怀栻先生则认为，如果我们用今天的部门法标准去套，那么古代中国就只有一个刑法，封建法中即使有户婚田宅关系的规定，也不能当作民法来看，而是刑法的一个部分。① 原因是封建社会中不存在独立且自由的个人，没有个人之间的平等关系。人与人之间是支配与被支配的关系，也就是公法上的关系，谈不上有规定个人之间平等关系的法，因此就更不可能有我们今天意义上的民法。19 世纪晚期，中国被动开始了法律近代化，最先开始的是刑法改革，其后 20 世纪初期开始了民法的近代化进程，先后产生了《大清民律草案》（也称"民律一草"）、《民初民律草案》（也称"民律二草"）以及南京国民政府时期《中华民国民法典》等阶段性成果。整个近代化的过程都以移植近代西方民法为主，一味地追求与国际接轨，忽略了中国自己的民法资源，虽然有部分对中国传统民间文化的吸收，但总体上是与中国现实社会脱轨的法律制度。

财产权制度以及作为财产权制度核心的所有权，一方面是一定社会经济关系的具体反映，随着社会经济的发展而发展，映射出不同年代社会经济的具体状况。另一方面，财产权也是社会进步与发展的助力剂，与其说社会的进步导致了民法及财产权的产生和发展，不如说财产权保护及权利意识之觉醒加速和促进了社会变革与经济发展。经过不同社会历史阶段，财产权从模糊的个人可支配的生产劳动成果到逐渐形成私有财产权之概念。财产权保护从刑法的概括保护逐渐形成独立的民法保护部门，从消极管理到积极保护。可以说，财产权的保护，见证了社会的变迁、经济的发展和人类文明的进步。

二　根据地的财产纠纷案例分析

革命根据地的民主政权都比较重视民事与经济方面的立法，但其立法范围主要集中于婚姻、土地、家庭和劳动关系等几个方面，对百姓私有财产权的规定寥寥可数，但这丝毫不妨碍其对百姓财物的保护力度和具有的历史价值。

随着边区政权的创立，共产党创制民事法律有了政治基础。1937 年 8 月 25 日，《抗日救国十大纲领》发布，规定了全面抗战的路线，为抗日民主政权制定施政纲领确立了指导方针，在基本方针指导下，各边区制定的施政纲领为贯彻中国共产党的抗日民族统一战线政策，制定了一系列民事法律保护

---

① 谢怀栻：《外国民商法精要》，法律出版社，2014，第 5 页。

百姓的私有财产权。1939 年陕甘宁边区的第一届参议会通过的《陕甘宁边区抗战时期施政纲领》第 1 条使抗日民族统一战线获得了法律形式①，同时也成为边区立法的基本指导思想，第 18 条规定"确定私人财产所有权"，从此初步确立了民事财产权的概念，对边区各个抗日阶级的利益予以保护有了法律上的依据，激发了边区各阶级人民的抗日积极性。② 1942 年 1 月公布的《陕甘宁边区保障人权财权条例》第 1 条③、第 3 条④，1938 年 6 月 9 日颁布的《关于边区土地、房屋、森林、农具、牲畜和债务纠纷问题处理的决定》和 1938 年 4 月 1 日颁布的《陕甘宁边区政府布告——关于处理地主土地问题》都涉及财产权保护问题。晋冀鲁豫边区则规定，凡是本行政区域内的人民财产，除属于汉奸者应当予以没收，一律得保障其安全，如有损害其财产时，得向行署、专员公署及抗日县政府控告。行政区人民均有自由处理其财产之权，但需要依照政府规定处理。晋西北规定，商贩运货，非稽征机关或受稽征机关之委托持有稽查证者，不得实行稽查、征税、扣留或者没收。津浦路东规定的较为具体，私有财产其私有主有自由使用支配权，其继承人享有继承权，人民财产权及其合法收益遭受侵害时，被侵害人得提出控诉。私有房屋、土地、金钱等，得以契约借出或者租出，政府保证其三七分租、分半给息之合法利益，无论业主、佣户或者债权人、债务人均有遵守之义务。逃亡敌区之业主地租，其家产无人主持，又未指定代管人，得由政府代管，但于其归来时必须发还，否则得向上级政府提出控告。汉奸财产依法没收后分配给他人者，其财产权属于分配所得人，由政府发给执照。因交通道路、公共建筑、军事设施需要征用私人土地房屋时，必须按照实际情况酌情给付价款。⑤ 在这些规定保障之下，如案件所表现出来的一样，百姓财物受到了法律上的保护。但由于当时民事立法涵盖面较窄，多为原则性规定，同时分布在不同的规范当中，除边区法律外，边区高等法院认可符合一定条件的善良风俗作为裁判案件的依据，

---

① 该条文规定："坚持巩固与扩大抗日民族统一战线，团结全边区人民与党派，动员一切人力、物力、财力、智力，为保卫边区，保卫西北，保卫中国，为收复一切失地而战。"
② 肖周录、马京平：《陕甘宁边区民事立法及其特征》，《政法论坛》2010 年第 1 期。
③ 该条文规定："本条例以保障边区人民之人权财权，不受非法之侵害为目的。"
④ 该条文规定："保障边区一切抗日人民的私有财产权及依法之使用及收益自由权（包括土地、房屋、债权及一切资财）。"
⑤ 张希坡：《革命根据地法制史研究与"史源学"举隅》，中国人民大学出版社，2011，第 373 页。

与此同时还选择性引用国民政府的法律。例如 1943 年"冯贵华诉樊平顺碾子纠纷案"① 判决依据是民法物权第 768 条。② 1945 年"王庆德诉郝荫溪瞒卖缝衣机器案"③ 其判决依据是民诉法 381 条。④ 这首先体现出边区政府为巩固抗日民族统一战线保护百姓私有财产权的价值追求。其次即使处于社会转型期的抗日战争时期，民法所体现出的朴素公平正义观念也是与历史上不同时期的价值观念一脉相承的。

革命根据地时期，虽然没有类似于民法典的体系化规定，但从相关案例可以窥探出在人身依附关系被消灭的基础上，政府对百姓私有财产保护之力度及百姓财产权利和人格独立观念之觉醒。1941 年 7 月 29 日通过的《晋冀鲁豫边区政府施政纲领》规定的经济政策基本方针是保护一切抗日人民（包括地主、资本家、农民、工人）的财产权，调节各阶级之间的利益，改良工农生活，保证战争供给。⑤ 各边区民主政权施政纲领的具体规定虽有差异，但基本原则和主要内容大体相同。在基本原则的指导下，政府着力保护百姓的私有财产，禁止他人非法侵犯。太行地区的相关实践如表 2-5：

表 2-5　20 世纪 40 年代太行地区政府断案有关百姓
财物案件统计情况

编号	财产权类型	相关案件名称	判决或调解结果
1	坟茔财产	（1）1941 年申贵礼诉申学亮私卖公树案	原告胜诉，被告盗卖坟茔财产科处罚金并赔偿原告损失

① 白潮编著《乡村法案——1940 年代太行地区政府断案 63 例》，大象出版社，2011，第 274~277 页。
② 1929~1931 年国民党政府颁布的《中华民国民法典》，该法典在国统区适用 20 年，第 768 条规定："以所有之意思，十年间和平、公然、继续占有他人之动产者，取得其所有权。第 768-1 条规定，以所有之意思，五年间和平、公然、继续占有他人之动产，而其占有之始为善意并无过失者，取得其所有权。"
③ 白潮编著《乡村法案——1940 年代太行地区政府断案 63 例》，大象出版社，2011，第 280~286 页。
④ 南京国民政府时期颁布的《中华民国民事诉讼法》第 381 条规定："诉讼达于可为裁判之程度者，法院应为终局判决。命合并辩论之数宗诉讼，其一达于可为裁判之程度者，应先为终局判决。但应适用第二百零五条第三项之规定者，不在此限。"
⑤ 韩延龙、常兆儒：《中国新民主主义革命时期根据地法制文献选编》第 1 卷，中国社会科学出版社，1981，第 43 页。

续表

编号	财产权类型	相关案件名称	判决或调解结果
2	伙喂牲畜	（1）1943 年王树榛诉杨起元半喂牛纠纷案	双方和解
3	买卖关系	（1）1942 年 1 月郝守田诉程书贵买羊不付钱案	原告胜诉，科处被告罚金并清偿欠款及利息
		（2）1943 年王全禄诉刘老玉追讨存粮案	双方和解，各承担一半损失
4	身份关系消灭后财产归属	（1）1943 年段元年诉白菊追还钱款案	双方和解，被告退还原告财产
		（2）1945 年李元贞诉李天元变卖家产案	原告败诉
5	借贷关系	（1）1943 年张玉诉张玉书借款纠葛案	区公所认为借据无效
6	劳务关系	（1）1943 年张成群诉江昌廷讨要工钱案	原告胜诉，并附带有强制执行程序
7	财物归属	（1）1943 年冯贵华诉樊平顺碾子纠纷案	原告败诉
		（2）1945 年张守义认驴不还纠纷案	原告败诉
8	盗窃他人财物	（1）1944 年郝银和偷盗抗战公粮	死刑并剥夺公权终身
9	租赁关系	（1）1945 年王庆德诉郝荫溪瞒卖缝衣机器案	原告败诉
10	侵权关系	（1）1946 年武知俭诉王金元死驴纠纷案	双方和解

表 2-5 中编号 1、2 两个案件涉及我国农耕社会特定历史阶段的民间经济行为，对应今天的法律理论，大概可认为是共有物的处分与使用。由于编号 1 的案件属于盗卖坟茔财产，所以政府做出的是刑事判决，但除罚金外并未科处自由刑，因为盗卖物交易的对象是部队，该行为客观上保证了战争供给，符合《晋冀鲁豫边区政府施政纲领》规定的经济政策的基本方针。即便如此，政府依然要求被告赔偿原告的财产丧失，可见公共利益固然重要，但私有财产亦需保护。编号 3 是有关买卖关系的两个案件，皆是以具体事实情况为依据，维护各方的财产权益。编号 4 是涉及在身份关系消灭后的财物分割问题，财物的分割既照顾当事人双方的意愿，同时也排斥完全不利于一方当事人的显失公平的财物归属方式。编号 5 是借贷关系，如果用现在的民法理论来对应则是是否可以突破借贷合同的相对性要求第三人返还的问题，显然区公所

认为是不可以的，区公所的立场是维护第三人的利益，但该利益是否值得被维护，案卷反映的争议也很大，争论中可以看出对各方财产权的保护和政府对各方利益的维护。编号6涉及劳务关系，劳务关系案件简单明了，体现出政府对劳动者权益的着重保护，这也是时至今日共产党一贯的价值追求。编号7是有关财物归属的两个案件，皆以原告败诉告终，这两个案件涉及一个共同的原理便是时效问题，时效问题不仅是理论上权利消灭原因之一，同时也是具体的现实生活中可以反映出来的朴素价值追求。在"张守义认驴不还纠纷案"中①乡政府和县政府产生了巨大的意见反差，一方面反映出政府不是被动地保护财产权，而是积极主动维护村民的财产利益，尽自己所能将村民财产利益最大化。另一方面，大局利益和已经形成的新的财物归属关系是县政府保护的重点所在。编号8是在特定历史条件下的盗窃罪，抗战时期物质匮乏，盗窃罪的发生率也很高，政府便以重典治盗，一些在今天看来不是特别严重的偷盗罪就可能判处死刑，一方面是为了保证抗战时期社会的稳定和战争供给，另一方面也体现出对财产权益的保护。编号9是租赁关系案件，承租方是抗战部队，政府为了维护出租一方的合法权益并维系该租赁关系，预先垫付了租赁物可能折损给出租方带来损失的费用，可以看出政府对百姓私有财物保护的注重。编号10侵权案件中，政府一方面考虑到了各方当事人的过错，另一方面也维护了善良风俗，保护了百姓财物的合法权益。

三 财产权保护实践的社会因素分析

(一) 社会变革

上述十类案件只是抗日战争时期边区有关百姓财产权案件的一个缩影，在《施政纲领》确定的方针指导下，边区规定了一切抗日人民在法律面前人人平等的基本原则。确认了资本家、地主享有同农民、工人一样的人权、地权和财权。② 在抗日战争时期，抗日根据地的民主政府面临许多复杂情况和新问题，其制定政策的基本原则也是要最大限度地调动包括地主、资本家在内

---

① 白潮编著《乡村法案——1940年代太行地区政府断案63例》，大象出版社，2011，第291~292页。

② 张希坡：《革命根据地法制史》，法律出版社，1994，第322页。

的一切人特别是农民的生产和抗日积极性，克服经济、财政的极端困难，粉碎日本帝国主义进攻和残酷的"大扫荡"，争取抗日战争的胜利。《施政纲领》确定的基本路线方针，坚定地发展和巩固了抗日民族统一战线，发展了进步势力，争取了中间势力，孤立了顽固势力，广泛团结了能够抗日的力量，争取了时局的好转。这一方针全面地反映了共产党抗日民族统一战线的要求和在抗日战争时期的政治主张，也是各地抗日民主政权制定施政纲领的基本指导原则，因此，包括《晋冀鲁豫边区政府施政纲领》在内的各抗日根据地施政纲领，除具体规定和形式上有所差异外，在基本原则和主要内容上是一致的。都是抗日民族统一战线指导下各根据地带有根本法性质的纲领，也是引导和鼓舞根据地人民取得抗战胜利的战斗纲领。表 2-5 中有关百姓财产权的具体案件是施政纲领原则的具体体现，把抗日摆在高于一切的地位，同时又着力维护每个个体的财产权利，禁止他人的非法侵害，团结边区内部各个社会阶级，发挥一切人力、物力、财力和智力保护边区、保卫中国、驱逐日本帝国主义。[1] 正是由于中国正处于抗日战争的危急时刻，为了争取更多的抗日力量，让各个阶层都加入抗战的阵营中，只要是支持和赞成抗日的，其财产权等各项权利都会受到法律的平等保护，因此上述案例中有关财产纠纷的案件当事人，不再明显因为其出身和成分问题而受到差异化对待。例如在"冯贵华诉樊平顺碾子纠纷案中"[2]，原告冯桂华主张被告樊平顺是冯吉祥（涉县著名恶霸，充当汉奸，随敌逃走）的内弟和同伙，涉县县政府仍以法律为准绳做出了合理的判决。

　　上文所提及的案例均是发生于 20 世纪 40 年代太行地区的百姓纠纷。抗日战争爆发后，在中国共产党的领导下，太行地区进行了广泛的党建工作，与此同时建立了各级政府组织。在"三三制"的抗日民主政权的领导下[3]，太行地区各项工作进入一个有序的环境之中。百姓普遍赞成民主建政，在太

---

① 张希坡：《革命根据地的经济立法》，吉林大学出版社，1994，第 103 页。

② 白潮编著《乡村法案——1940 年代太行地区政府断案 63 例》，大象出版社，2011，第 274～277 页。

③ "三三制"政权是共产党领导的抗日民族统一战线性质的制度，团结了各抗日阶级、阶层，争取了中间力量，孤立了顽固势力，巩固和发展了抗日民族统一战线。根据这一政策，抗日民主政权中人员的分配，共产党员大体占三分之一，左派进步分子大体占三分之一，中间分子和其他分子（不包含国民党等顽固势力）大体占三分之一。

行地区内，中国共产党领导下的八路军也尊重和爱护百姓，能和普通民众打成一片，保卫民主政权，这些都是保护百姓财产权的相关规定得以实施的前提条件。在涉及抗日部队的百姓财物案件中，例如 1941 年"申贵礼诉申学亮私卖公树案"中①，新一旅旅部的证明信、一旅鞋厂的证明信等，在案件事实的还原中所起的作用尤为重要，得到县政府的充分认可，为百姓财产的保护提供了依据。太行地区同时还有相当数量的民众组织，抗日民众在中国共产党的领导动员之下组织起来成立了抗日救国会、青年救国会、妇女救国会等团体，在 1943 年"张玉诉张玉书借款纠葛案"中②，李灿章给蒋科长的信、文联主任徐懋庸给胡县长的信，在 1945 年"王庆德诉郝荫溪瞒卖缝衣机器案"中③，南庄村农救会主任刘聚恩给县长、司法科承审的信函，都对百姓财产权的保护起到了一定的推动作用。

革命根据地尤其是太行地区由于地处偏远、交通闭塞，在革命根据地建立之前长期处于封闭和落后状态，同时也是最接近乡土文化的社会，乡土社会的关系结构扎根于自给自足的农耕经济之上。正如费孝通先生描述的那样，农业和游牧或者工业不同，它直接取资于土地，游牧的人可以逐水草而居，飘忽无定，做工业的人可以择地而居，迁移无碍。而农业上的土地是搬不动的，农耕土地上的人们一代一代的传承，一代一代的辛勤劳作。一个村民用这样的言语去形容对土地财产的安全感："地就在那里摆着，可以天天见到它，强盗也不能把它劫走，窃贼不能把它偷走。"④ 由此可以看出人们的财产观念和追求财产的愿望。在一个人们对"物权"、"民法"等法律观念模糊不清的时代里，有形财产才是人们最为关切的对象。人们相比于游牧民族或者工业社会更加看重世代传承的土地，更加重视自己的劳动成果，这些财产足以满足人们对生活和生存的信任与期待，因此更需要加以保护。这种需要体现在人们长久以来形成的道德观念中，也体现在乡土社会人们朴素的价值追求中。

---

① 白潮编著《乡村法案——1940 年代太行地区政府断案 63 例》，大象出版社，2011，第 244～249 页。

② 白潮编著《乡村法案——1940 年代太行地区政府断案 63 例》，大象出版社，2011，第 262～264 页。

③ 白潮编著《乡村法案——1940 年代太行地区政府断案 63 例》，大象出版社，2011，第 280～286 页。

④ 费孝通：《江村经济》，江苏人民出版社，1986，第 129 页。

表 2-6　20 世纪 40 年代太行地区政府断案
百姓财产权案件对象统计

编号	案件名称	法律关系指向的对象
1	1941 年申贵礼诉申学亮私卖公树案	土地天然孳息
2	1943 年王树榛诉杨起元半喂牛纠纷案	生产工具：牛
3	1942 年 1 月郝守田诉程书贵买羊不付钱案	羊
4	1943 年王全禄诉刘老玉追讨存粮案	粮食
5	1943 年段元年诉白菊追还钱款案	钱
6	1945 年李元贞诉李天元变卖家产案	土地
7	1943 年张玉诉张玉书借款纠葛案	钱
8	1943 年张成群诉江昌廷讨要工钱案	劳动报酬
9	1943 年冯贵华诉樊平顺碾子纠纷案	生产工具：碾子
10	1945 年张守义认驴不还纠纷案	生产工具：驴
11	1945 年王庆德诉郝荫溪瞒卖缝衣机器案	生产工具：缝衣机器
12	1946 年武知俭诉王金元死驴纠纷案	生产工具：驴

表 2-6 中，法律关系所指向的对象有两个案件涉及土地，五个案件涉及生产工具，一个案件涉及劳动报酬，四个案件涉及劳动成果。可以据此得出结论，在当时的历史条件下，人们关注的财产权集中体现在与生活息息相关的生产工具及劳动所得的生活用品上，同时也进一步印证了上文所述农耕社会人们对自己财产权归属（而非流通性）的重视。财产权在法律上得到认可不仅让人们具有了财产归属上的安全感、对自己占有物处分的权力感，更进一步推动了人们的生产积极性，促使人们物尽其用、保护占有物，合理使用占有物，从而保证了乡土社会的和谐，保障了战争供给和抗日战争的胜利。

（二）权利意识之觉醒

"为民、利民、便民"的"马锡五审判方式"是抗日革命根据地司法实践的一面旗帜。[①] 在抗日战争时期，广大司法干部在审理民刑案件中积累了大量的工作经验，陕甘宁边区的马锡五创建的马锡五审判方式，"依法理、顺人

---

① 张希坡：《革命根据地法制史研究与"史源学"举隅》，中国人民大学出版社，2011，第
254 页。

情、实地勘查、细心解决、依靠群众、公平和解、分清是非"，赢得了边区政府和人民的好评，得到了广泛推崇，对民众财产权保护起了重要作用。抗日根据地的社会性质已经发生了明显变化，不再是旧中国半殖民地半封建社会，而是新民主主义社会。政治上建立了共产党领导的、以工农联盟为基础的抗日民主政权，经济上实行减租减息的政策，以及努力发展生产。法律变革和司法实践让广大人民群众的合法财产权利得到切实的保障。上述案例充分验证了依靠群众的马锡五审判方式在特定历史条件下的积极意义。群众的证言和信函为还原案件的事实和财产权的确切归属提供了证据，也为百姓财产权的确立提供了公信力。在边区社会中，财产权利的觉醒不仅体现在百姓对权利的积极主张上，更体现在民主政权对百姓财产权的保障上。

权利意识的觉醒是推动百姓财产权保护的助力剂，百姓因此更多地寻求县乡政府等公权力的救济。在1945年"张守义认驴不还纠纷案"中[1]，政府系统内部为百姓财产权的保护展开了激烈的争辩。1942年日军扫荡时，原曲村民兵从敌人手中夺出毛驴八头，敌人撤退后，通知全县群众都到该村认驴。有五头驴被人领走，留下三头驴无人认领，经上级批准，该村将该三头毛驴卖给了被告姚庭印、秦元盛二人。1945年卸甲村村民张守义、张善庆到原曲村认领毛驴，要求退还自己的毛驴，原曲村不同意，张守义等人将姚庭印、秦元盛告到了县里。县政府认为，由于时间经过太长，不准许张守义等人追认毛驴的请求，县政府司法科的判决理由包括：

（一）因该问题时间很长，又因这一问题可能连累战争损失的许多问题，如果要解决可能需要很长时间。（二）原曲村当时曾经给各村下过通知，让各村人去原曲村认领丢失的牲口，该村村民为什么不去认领？（三）该村村民既然想要认领回牲口，为什么灾荒年不来认领？现在年景好转，驴价增长才来认领，是为了从中谋取利益，是不合理的。（四）该牲口是原曲村民兵用血肉从敌人手里夺回来的，现在该村民来认领牲口是不合理的。

---

[1] 白潮编著《乡村法案——1940年代太行地区政府断案63例》，大象出版社，2011，第290~292页。

但原告所在的卸甲村村干部却对县政府做出的处理提出了截然相反的意见，而且颇具有说服力。

（一）该问题虽然日子很长，但该村村民早想找回牲口，只是用尽心力没有找到。时间虽然很长，又不是该村民故意延长时间，现在找到了这就不能往回认领了？（二）原曲村虽然给各村去过通知，但我村没有接到通知，该村民亦不知道，何以去认领？况且就算接到通知也不一定能认领回来，因为听到可靠的人说，当认领牲口的那天前，原曲村早已把好的牲口隐藏在原曲村后山了，只留下几个最坏的牲口，让各村去认领。（三）灾荒年为啥不来认领？灾荒年没有发现出来，该村民如何来认领？现在发现出来，往回认领就迟了，就是从中取巧的？灾荒年没有来认领，是因为没有发现出来，不是从中取巧。（四）此牲口就说成是民兵用血肉从敌人手里夺回来的，但民兵是不是保护群众利益的？如果是保护群众利益的，该民为什么不能往回认领呢？该村民不是根据地的群众吗？（五）教该民被了屈，不要往回认，既说不应往回认，为啥又教该民被屈？这是否矛盾，再说教该民被屈，为啥不教原曲他们被屈？（六）在战争时间群众损失的东西很多，如果要解决了该民的问题，恐怕引起很多同类的问题。但是革命的工作就是艰苦的、复杂的，一般村干部还不能嫌问题多、嫌麻烦，难道上级就能嫌麻烦、怕问题多吗？[1]

通过案卷的记录，我们可以体会出卸甲村村干部对本村村民财产权利的据理力争，权利意识的觉醒不仅体现在百姓对自己的财产权之维护，也同时体现在公权力机关不会无条件地息事宁人、漠视法定权利。

四 边区财产纠纷裁断所体现的价值取向

（一）朴素的公平正义观念

从乡土社会向现代社会转型中出现的国家法与民间法的冲突在太行地区

---

[1] 白潮编著《乡村法案——1940 年代太行地区政府断案 63 例》，大象出版社，2011，第 292 页。

也有体现。从权利的角度看，民间法重视道德权利和伦理权利，而国家法侧重于法律权利。如"冯桂华诉樊平顺碾子纠纷案"中①，原告冯桂华不能理解为何属于自己的东西经过了一段时间就不是自己的东西了。从义务的角度看，民间法强调义务，而国家法对权利和义务观念的看待则比较均衡。"武知俭诉王金元死驴纠纷案"中，②原告希望被告赔偿驴死亡的全部损失，而政府以维护善良风俗的角度进行调解的结果是各自承担部分责任。由于我国历史上民事法律长期缺失，调节民事法律关系的手段多为伦理道德，人们凭借自己内心和共同认可的公平观念去处理民事纠纷，法治的观念和运用法律这一工具的意识长期缺失。即使在如今社会中，人们在处理纠纷时也首先会以道德的价值观念去评判对错。乡土社会的治理转型是一种低级治理形态向另一种高级治理形态的转变，在其中，政府法治意识的引导和百姓法律意识的提高是两个关键推动要素。表2-5所述的十类案件，即使以当下的视角评判，其断案结果也是合乎情理的，这正是因为其符合一种生活在同一时代甚至不同时代的人们所共同追求的公平正义观念。公平正义是人类寻求的共同理想，也是法律制定和实施的核心价值，它反映出的是人类文明的基本共识和人类生活的根本理想，是人类作为整体所具有的共性，这些共性不因个体所具有的种种自然和社会差别而发生改变。在边区这个典型的乡土社会中，我们需要正确地认识朴素正义观念和权利义务的对应性，一方面尽可能满足百姓对正义的需求，另一方面公权力又要积极推动新的价值观念形成，推动对旧事物的"扬弃"。太行地区县政府对百姓财产权的保护正是体现了这样一种价值追求。一方面破除传统等级思想对财产权保护的毒害，另一方面又积极树立国家法的强制力，以正式规范去规制朴素的公平正义观念，从而影响百姓的法律意识。

（二）社会本位与个人本位相结合

作为一种民事权利，财产权保护的实践要受民法本位的制约。在民法的

① 白潮编著《乡村法案——1940年代太行地区政府断案63例》，大象出版社，2011，第274~277页。

② 白潮编著《乡村法案——1940年代太行地区政府断案63例》，大象出版社，2011，第293~294页。

不同本位中，个人本位以力求对私权的全面保障为其特征，社会本位以社会利益为重，强调限制私权。① 民国时期法学家普遍存在将个人本位与社会本位对立的倾向，加之当时中国次殖民地的社会性质和挽救危亡、强调小我服从大我的历史环境，这些使私有财产权的意义受到了很大的曲解和限制。反观革命根据地的司法实践，在一定程度上正是社会本位与个人本位的结合。社会本位是对个人本位更加全面的思考、修正和完善。革命根据地的民事司法实践首先服务于抗战历史任务的需要，以国家、民族利益为首要考虑，保证了战争供给，巩固抗战的民族统一战线，这是革命根据地社会本位的价值追求之体现。另外，政府在判决和调解时，照顾善良风俗，以法律为准绳，并不是无条件地息事宁人，其维护了抗日民族统一战线中不同阶层个体具体的财产利益，争取了全国各民族、各界人士进入抗日民族统一战线中去，激发了个体的抗日意愿。因此，革命根据地没有如当时法学理论一样抛弃个人本位，而是表现出力图将社会本位与个人本位结合在一起的实践取向。

（三）私法自治的启蒙

在中国传统社会中，如果官方没有重大的直接利益的话多不会介入百姓之间的财产权纠纷，因此百姓存在很大的"自治"空间。当今民法也强调私法自治，但是与传统封建社会的"自治"有完全不同的内涵，其是在法律保障下的自治，国家强制力规制下的自治。在传统社会，私有财产权观念仍然受到很多限制。农民在经济生活的重压之下，尽管并不缺乏创造力和适应力，但在他们要求权利的过程中，能否最终获得耕作的权利、利用的权利和完全拥有私有土地的权利，还要看政府当局对本身利益的考量结果。② 百姓财产权的来源更多还是公权力的赋予和恩惠，在这个过程中往往通过义务的附加才能实现，虽然这种格局有助于社会的稳定，但人们对生产的积极性和财产权归属的安全感却受到了一定程度的打压。

上述案例中所描绘的财产纠纷以及财产权保护，说明财产权处于百姓经济生活的中心位置，政府对百姓财产权的认可不是消极默认，而是通过积极

---

① 李文军：《社会本位与民国民法》，博士学位论文，南京大学，2011，第85页。
② 郝维华：《清代财产权利的观念与实践》，法律出版社，2011，第172页。

的主张去认可财产权的归属，这相较于传统社会权利格局是突破性的进步。主动保障下的私法自治和权利自主便也成为处理民事纠纷的重要原则，在乡土社会中具有启蒙意义。

五　结语

从边区财产权纠纷的解决来看，裁断行为背后的逻辑主要是"现代性"的。无论是现代民法的基本原则——私法自治，还是当时私法社会化影响下的社会本位取向，都比老百姓秉持已久的朴素正义观念表现出更大的影响力。对财产权的关注，已属超越了传统；社会本位的加入，又要求对个人本位民法理念的超越，共产党的司法实践，是在前述几种逻辑的夹缝中寻找出路，其创造性自不必言，而因为缺乏前瞻性、体系化的法律理论指引，实践中逻辑不能统一的弊端也是较为明显的。

第三章　纠纷裁断的程序性实践

第一节　纠纷解决的裁断依据

本节主要对 20 世纪 40 年代太行地区的案件材料进行分析，归纳边区纠纷解决的依据，总结纠纷解决依据所呈现出来的特点并分析其原因。第一部分为背景概述，讲述案例所涉及的纠纷类型以及纠纷所在地区的特殊情况。第二部分为不同种类纠纷解决所持的依据，分婚姻、土地、其他财产纠纷三个类型加以讨论。第三部分则着重在第二部分的基础上总结纠纷解决依据所呈现的特点。第四部分结合 20 世纪 40 年代特殊时代背景下的社会及政治环境，分析纠纷解决的依据呈现出如此特点的原因。

一　不同种类纠纷的解决依据

（一）婚姻纠纷解决依据

1. 以法律为依据的纠纷解决

在太行地区 20 世纪 40 年代的 63 份断案材料中，涉及婚姻纠纷的共 25 个案例，纠纷囊括离婚、复婚、解除婚约等类型。对这 25 个案例进行整理可看到，25 个婚姻纠纷的解决过程中依据法律的有 20 个之多，其比例高达 80%。

在依据法律解决的 20 个案例中，有 10 个案例在判决书中明确给出了所依据的法律。如"1942 年韩珍诉解殿元请求离婚"一案中，韩珍在上诉状中提出其 16 岁经父母包办与解殿元成婚，婚后感情始终不合。韩珍指出，婚后她长期受解殿元及其父母的辱骂、虐待、殴打，并且解殿元家庭落后不支持她的抗日工作，多次阻挠。政府在通过讯问、谈话等调查后确认韩珍在婆家受虐待为实，逢冬无衣，每餐不饱。最终晋冀鲁豫边区第五专员公署在民事判决书中判决韩珍与解殿元离婚，依据为《晋冀鲁豫边区婚姻暂行条例》第17条第3款规定，"妻受夫之直系亲属虐待至不能同居生活者，得请求离婚"。① 及同条例第16条规定，"夫妻感情恶劣至不能同居者，任何一方均得请求离婚"。

另外10个依法律解决的案例中虽然没有直接在判决书或者调解书中给出其所依据的法律条文，但从其对案件事实的认定和纠纷的解决结果来看，《晋冀鲁豫边区婚姻条例》所确定的法律精神和法律要求依旧是其主要依据。如《晋冀鲁豫边区婚姻暂行条例》中第16条规定：夫妻感情恶劣，至不能同居者，任何一方均得请求离婚。第13条：夫妻俩愿离婚者，须向所在地县市司法机关请求登记。② 在"1944年王德纯诉贺慧请求确认离婚"案中，王德纯参军后与其妻情意不合，双方情愿离婚，经县政府确认双方都是自愿，准予离婚，并发给离婚证。而在"1947年刘文兰诉王花亭因失踪请求离婚"案中，刘文兰因父亲吸毒家产被卖光，在其5岁时被卖到涉县王花亭家，16岁结婚。婚后感情恶劣，不能同居，后王花亭参军，多年无音讯。刘文兰提出离婚，王花亭之父不同意。在案件的事实认定中，左权县县政府便函中指出，"刘文兰与王花亭因感情恶劣不能同居已有四年之久"，给司法科长的信中称，"原系买卖婚姻，且七年感情不和"，更乐村村长董庆发给司法科长的证明信中写道："王花亭（民国）三十四年参军到现在并没信件，据别人谈是开了小差，从今年就不优待了。是否还在部队，我们也不敢确实证明。"分别是对《晋冀鲁豫边区婚姻暂行条例》第16条"夫妻感情恶劣，至不能同居者，任何一方均得请求离婚"、第2条"禁止重婚、早婚、纳妾、蓄婢、童养媳、买卖婚姻、租妻及伙同娶妻"、第18条"抗战军人之妻（或夫）除确实指知其夫（或妻）已经死亡外，未经抗战军人本人同意不得离"这三个法律条文的考虑及其适用，最后此案因王花亭之父无法证明王花亭确曾来信并且刘文兰去意已决，最终于1947年填具离婚证，准予离婚。

---

① 白潮编著《乡村法案——1940年代太行地区政府断案63例》，大象出版社，2011，第20~29页。

② 刘素萍：《婚姻法学参考资料》，中国人民大学出版社，1989，第25页。

2. 以当事人双方意愿为依据的纠纷解决

在婚姻纠纷的解决中调解也是重要的解决形式，在此种纠纷解决形式中除了参考和适用法律外，纠纷解决机关十分注重对当事人进行调和以达成一致意愿，从而促进纠纷的和平解决。"1942年张赵氏诉江庚玉婚姻纠纷"案中，张繁所与江爱鱼结婚后与母亲分家搬到岳父家居住，后又到奶娘家居住，两人感情一直不好。1942年3月张繁所殴打江爱鱼致其腿受伤，江爱鱼父亲到区署控告张繁所并将其家具等取走，后张繁所之母张赵氏将江爱鱼及其父告到县政府，要求与其子离婚。纠纷的解决过程中区长吴一在对离婚案的证词中写道，"江爱鱼与张繁所素日感情不好，江爱鱼今忽于二月二十三日夜间无故苦行拷打，腿背皆伤……故依婚姻法五章十七条二款规定，虐待压迫或遗弃他方者可离婚，又称'繁所患花柳病年余未愈'，因此查讯属实准予离婚"，但后经李三牛从中协调，江爱鱼与张繁所和解，和解书确定：张繁所与张江氏原系恩爱结发，偶然反目，并无实际离婚条件，现已痛改前非，从此好合，双方情愿，永不争执。此案虽依法律已达离婚条件，但最终以调解方式依据双方当事人和解后的意愿解决，不再离婚。

（二）土地纠纷的解决依据

1. 法律为依据的纠纷解决

与婚姻纠纷的解决相同，在土地纠纷的解决中，法律依然是纠纷解决的主要依据。在20世纪40年代太行地区的20余个土地纠纷案件中，有50%的纠纷得以依据法律解决，采用判决方式的纠纷解决中以法律为依据的达83%之多。如"1941年张纯的诉李有昌回赎土地"案中，张纯的与李有昌就涉县豆庄小东郊白地二亩及地上所有柿树产生纠纷，此地由张纯的祖父从王姓家族继承而来后由其父典给李有昌，价洋75元。后张纯的要求以140元赎回土地与柿树，但柿树典约未曾收回，李有昌留有收条，后反悔。此纠纷最终根据《中华民国民法》中"典权未满六十年，未曾变为死业，概准其回赎"的规定加以解决。据此，李有昌确实有该土地的典权，但不能以任何借口阻止张纯的全部赎回土地。

此外，在"1941年王江氏诉杨小寿买卖土地"案中纠纷解决的依据更是涉及刑法和民法两个部分。在此案件中杨兰廷使用银币、伪造变造文书的行为被认定违反《太行地区禁使银币法》第6条被判处有期徒刑一年，缓刑两年。而民事部分，根据《边区修正典权条例》第9条之规定，"出典人将典所有权卖予他人时，承典人有同一之价格留卖之优先权。"因此，王直潘卖地未向承典人王江氏说明，于法不和，王江氏申请以原价买回土地应照准。

2. 以风俗习惯为依据的纠纷解决

除了以法律为依据解决纠纷以外，风俗习惯也是土地纠纷中纠纷解决的重要依据。在20个土地纠纷案例中有20%的案例采用风俗习惯为纠纷解决之依据。中国传统土地买卖有绝卖与活卖之分，所谓绝卖是指卖主无条件将所有之物的所有权绝对地让与买主，也称为断卖，双方签订的买卖契约为死契，以后不得回赎，而活卖是附买回条件的买卖。在相关案例中，"1941年张李氏诉李业成赎回房地纠葛案"政府最终驳回张李氏的请求，其依据就是，经查明"张李氏丈夫在世时卖给李业成房屋和土地所签订的契约为死契"，不得回赎。

另，"1945年王巨生诉王志秀土地继承纠纷"案中，政府依据风俗习惯进行调解，王志秀不再讨要王巨生从其兄及侄子因拉灵埋丧而继承的三亩土地。我国受宗祧制度的影响，民间对于绝户之门多有过继子嗣的习惯，即在同宗族中过继子嗣由其顶门，顶门者由此享有继承权，王巨生之兄王艮香顶其叔王治元的门为王治元拉灵送葬，继承其土地符合传统风俗习惯。而王艮香及王艮香之子死后均由王巨生埋葬，故取得其土地；作为王治元的堂兄弟，王志秀也不存在与王艮香亲缘关系更近的情况，即使不考虑拉灵埋丧因素，按照旧日继承习惯，王巨生与王治元为亲叔侄，更为亲近，继承其财产亦属正当。因此认为王志秀无理由争执土地，后依此调解，王志秀接受。

3. 参考群众意见的纠纷解决

除法律和风俗习惯外，这一时期的纠纷解决还呈现出一个特点，即政府在解决纠纷的过程中较为注重实地走访，听取群众对案件双方当事人的不同意见与评价，以及就纠纷中的一些争议事实听取当地群众的观点。在土地纠纷案件中以下几个案例较为明显地体现了这一特点，其一是"1944年冯殿英诉王如山抢夺土地"案，冯殿英与王如山就一块土地是双方合伙所有还是由冯殿英单独所有而产生分歧。在走访调查中，有群众反映从冯殿英在村中所为之事看，其人自利自私，经常言而无信。在案件判决中最终依据中人和群众反映认定争议之地为合伙所有，判决原告冯殿英败诉。其二是"1944年李清太诉李如意农村道路纠纷"案与"1945年王立柱诉王三太土地租佃纠纷"案，在对坟边地性质的认定中，也主要以群众意见为依据。应当注意的是，有时几种裁断依据并不是排他性适用，群众意见往往是作为参考与其他依据共同适用的。

（三）其他财物纠纷的解决依据

1. 以法律为依据的纠纷解决

20世纪40年代太行地区断案材料中涉及土地之外财物纠纷的案件共有13例，其中46.2%的案例以法律为依据解决，上述案件涉及树木、借款以及偷盗财产等内容，法律依然是此类案件最为重要的裁断依据。由于时值物质匮乏，政府对于偷盗行为态度严厉，一贯严惩不贷。刑法对偷盗行为进行了规定，如"1944年郝银和偷盗抗战公粮"案中郝银和偷盗村上公粮六十斤，最终依据《边府惩治盗毁空清财物补充办法》第2条、《刑法》第37条判决郝银和死刑并剥夺公权终生。又如，在"1943年冯贵华诉樊平顺碾子纠纷"案中，冯贵华17岁时将房子抵押给冯吉祥，房内碾子不在抵押范围之内。三十年后，冯贵华要强行搬走碾子，而现房主樊平顺说三十多年前其母向冯吉祥买该房时已经买下这碾子。双方争执，但其理据多为空口无证。最终政府根据《民法》第768条之规定"五年间和平公然占有他人动产者，取得其所有权"驳回冯贵华请求，认为房子已卖出三十多年，强行搬走碾子的行为实属犯法。

2. 依据人情、情理的纠纷解决

边区政府在对百姓纠纷的解决中，注重对案件事实的认定以及照顾双方的利益和社会影响。在"1943年王树榛诉杨起元半喂牛"纠纷案中，政府最终根据两造陈述及中人证词，查明案件事实并参照当地习惯，照顾双方利益做出调解，双方约定母牛由王树榛领走，母牛产下小牛一个月后归杨树元赶回使用，杨树元应悉心照顾小牛，待到小牛半岁后再由王树榛领走。"1945年张守义认驴不还"纠纷案中政府认为，"在战争时群众损失的东西很多，如果解决了该民的问题，恐怕引起很多同类的问题"。表明在纠纷的解决中除了依据案件事实外还应充分照顾各方，考虑人情情理和社会影响，将无法纳入现代权利形态的利益也予以应有的保护。

二 纠纷解决依据所呈现的特点

综合来看，太行地区 20 世纪 40 年代 58 个案例的解决依据参见表 3-1。

表 3-1 各纠纷解决所涉及依据

案件名称	法律	风俗习惯	案件事实	当事人意愿	群众意见
刘欧诉王秉公与军人妻子结婚案	√	√			
张赵氏诉江庚玉婚姻纠纷案				√	√
韩珍诉解殿元请求离婚案	√				
任桂英诉张敬元请求离婚案				√	√
侯来义诉杨小娥私自改嫁案	√				
杨玲娥诉程怀顺因吸毒请求离婚案	√				
黄春景诉秦双成因失踪请求离婚案	√				
屈鸟嘴诉杨怀玉请求复婚案	√				
陈苏英诉王年的离婚纠纷案	√			√	
王德纯诉贺慧请求确认离婚	√			√	
潘闰女诉刘其生解除婚约案	√				
赵顺心诉刘振廷请求离婚案	√			√	
刘怀亭诉申狗非法结婚案	√				
郝佩兰诉李梅溪因参军不归请求离婚案	√				
郝金兰诉张中堂要求离婚案	√			√	
刘文兰诉王花亭因失踪请求离婚案	√				
刘金换诉张兰芳因年龄相差太大请求离婚案	√				
张东娥诉任八的因夫妻生活不和谐请求离婚案	√				
王伶俐诉郭兴顺请求离婚案	√				
房林江诉赵保廷归还妻子案	√				
聂兴顺诉张廷的因参军不归请求离婚案	√				
李翠兰诉冯子敬因年龄差距大请求离婚案	√				
赵性善诉刘云地请求复婚案	√				
樊水鱼诉程羊顺请求离婚案	√				
杨松江诉王贵花请求复婚案					

续表

案件名称	法律	风俗习惯	案件事实	当事人意愿	群众意见
1941 年王同方诉任多滋赎地纠葛案				√	
1941 年张李氏诉李业成赎回房地纠葛案		√			
1941 年王江氏诉杨小寿买卖土地案	√				
1941 年张纯诉李有昌回赎土地案	√				
1941 年王德顺诉王国成赎回土地案	√				
1941 年李氏诉李书元霸占地产案			√	√	
1944 年张玉旺诉赵兰桂卖地反悔案	√	√			
1944 年程喜林诉程小赖继承土地案		√			
1944 年岳守方诉申金生赎回土地案	√				
1944 年赵翠明诉赵中明母亲土地继承案		√			
1944 年杨春果诉杨补元出卖土地案			√		
1944 年冯殿英诉王如山抢夺土地案			√		√
1944 年李中央诉李天顺盗卖土地案	√				
1944 年李栋诉李清旺买卖土地案	√		√		
1944 年李清太诉李如意农村道路纠纷案	√	√			√
1945 年王巨生诉王志秀继承土地纠纷案	√				
1945 年张戊辰诉庞和生租种土地案			√		
1945 年王立柱诉王三太土地租佃纠纷案	√				√
1946 年赵运成诉赵广运以米赎地案			√		
申贵礼诉申学亮私卖公树案	√				
郝守田诉程书贵买羊不付钱案	√				
王树榛诉杨起元半喂牛纠纷案		√	√		
段元年诉白菊追还钱款案				√	
张玉诉张玉书借款纠葛案					
张成群诉江昌廷讨要工钱案			√		
王全禄诉刘老玉追讨存粮案			√		
1943 年冯贵华诉樊平顺碾子纠纷案	√				
1944 年郝银和偷盗抗战公粮案	√				
1945 年王庆德诉郝荫溪瞒卖缝衣机器案	√				

案件名称	法律	风俗习惯	案件事实	当事人意愿	群众意见
1945 年李元贞诉李天元变卖家产案			√		
1945 年张守义认驴不还纠纷案			√		√
1946 年武知俭诉王金元死驴纠纷			√		

（一）法律是纠纷解决最重要的依据

如表 3-1 所示，案例中涉及婚姻、土地、其他财产的纠纷共有 58 个，其中 36 个案例主要依据相关法律解决了纠纷，占比高达 62%，其中婚姻纠纷适用法律解决的比例最高，达到 80%；土地纠纷次之，依据法律解决的比例为 50%；其他财产纠纷解决依据法律比例最低，但亦达 46% 之多。婚姻纠纷中"张东娥诉任八的因夫妻生活不和谐请求离婚案"、"聂兴顺诉张廷的因参军不归请求离婚案"、"王伶俐诉郭兴顺请求离婚案"等，土地纠纷中"1944 年李清太诉李如意农村道路纠纷案"、"1944 年李中央诉李天顺盗卖土地案"等，财产纠纷中"申贵礼诉申学亮私卖公树案"、"郝守田诉程书贵买羊不付钱案"等，最终均明确依据法律解决纠纷。这些案件判决所依据的法律主要涉及民事法律，也包括刑事法律，如离婚纠纷的案件小部分涉及刑事法律，而其他财产纠纷中的很多案件则涉及刑事法律。从法律规范的来源看，既包括国民政府颁行的法律如《中华民国民法》、《中华民国刑法》，也包括被赋予特别法地位、优先适用的边区法令如《晋冀鲁豫边区婚姻暂行条例》、《太行地区禁使银币法》等。

（二）纠纷的解决注重事实宣示，让当事人服判

大部分案例在以法律为主要断案依据的同时，对事实的确定和宣示也十分注重。政府在判案时重视实地调查，很多判案人员都会到百姓家中去收集第一手证据和材料，同时在案件审理过程中更注重对当事人及证人的讯问，还通过书信等方式获取相关办事人员所了解的案件事实与意见。而在一些缺乏法律依据的案件中，案件事实则被作为解决纠纷的主要根据，在相关案例

中有19%的案例直接通过案件的事实阐述做出判决，解决纠纷。如土地纠纷中"1944年杨春果诉杨补元出卖土地案"，其他财产纠纷中"张成群诉江昌廷讨要工钱案"均直接依据案件事实导出结论，体现出政府在判案的过程中十分注重以案件事实为根据，让当事人无法辩驳。

（三）风俗习惯仍然是纠纷解决的依据之一

20世纪40年代，政府判案过程中在无法律可适用的情况下多会根据旧时流传下来的风俗习惯来解决纠纷，而这一特点在土地纠纷中体现得最为明显。相关案例中一些纠纷最终的解决都依据旧日关于典卖的习惯，或者旧日继承原则。如"1941年张李氏诉李业成赎回房地纠葛案"中判决所依据的关于旧日买卖中绝卖和活卖的习惯，"1945年王巨生诉王志秀继承土地纠纷案"中所涉及的关于过继顶门继承以及旧日关于继承中的其他习惯。此外，在婚姻类纠纷中虽然风俗习惯没有单独作为解决纠纷的依据，但是政府在断案过程中在法律允许的前提下比较尊重农村的婚嫁习俗。如，虽然边区婚姻条例中规定结婚应根据双方意愿，但是在"1941年刘欧诉王秉公与军人妻子结婚案"中，涉县县政府的判决书中认为"樊稳静与王秉公结婚没有通过娘家与婆家，没有订婚，没有通过他俩的监护人，因此判决他们的婚姻无效"。可以看出旧日婚姻大事须有父母知情的风俗习惯仍然是纠纷解决中要适当考量的因素，尽管进行了一些现代性的转化。

（四）纠纷解决注重调解达成当事人的一致意愿

该时期政府在纠纷的解决中采用了调解和判决两种方式。在采用调解时尤为注重促成双方当事人达成一致意愿的原则，尤其在婚姻纠纷这类涉及人身关系的案件中，政府更多采用调解的方式，尊重双方的意愿来平息纠纷。当然在土地纠纷这类涉及合同关系的案例中，也较为重视双方合意，对于能调解达成合意的案件尽量根据双方当事人达成的一致意见解决纠纷。

（五）群众意见在纠纷解决中也有体现

在纠纷的解决过程中，群众意见虽然不是终决的依据，也并非（如很多人所认为的那样）最主要的依据，但是政府在案件处理过程中多会进行实地调查，一方面查清案件事实，另一方面也为听取百姓意见。例如在"1944 年李清太诉李如意农村道路纠纷"案中，案件的最终解决所依据的是民国《民法》中关于地役权的法律以及相邻关系的习惯，但在案件的处理中，也了解到相关的群众意见，"坟边路不知官私，但大家都在通行。李清太是被压迫者，和个别村干部有成见，因此采取对立打击态度"，据此确认案件事实并做出裁决。

三　判决依据格局的原因分析

（一）边区法制建设与人民司法路线"法治主义"的要求

1937 年至 1945 年抗日战争期间，中国共产党与国民党在西安事变后正式建立起抗日民族统一战线，先后建立了晋察冀、晋冀豫、山东等 18 个革命根据地并在根据地内建立起乡、县、边区各级抗日民主政权。抗日民主政权是新型的政权，它坚持党的领导，因而根据地法律的主体部分不能再照搬适用国民政府的法律。此外，抗日战争时期是特殊时期，根据地法律应该是抗日军民意志的反映，应该能团结各党派、各阶层，争取一切能争取的抗日力量，因此中国共产党在根据地展开法制建设并颁布了一系列法令。而案例所涉及的晋冀鲁豫边区先后颁布了《晋冀鲁豫边区政府施政纲领》、《晋冀鲁豫边区土地使用暂行条例》、《晋冀鲁豫边区婚姻暂行条例》等一系列法律法规。这些法律尽量反映不同阶级的利益诉求，以团结不同阶级抗日，体现出中国共产党建立统一战线，团结一切可以团结的力量的政策需求，因此在根据地得以较好施行。这就使得 20 世纪 40 年代边区的纠纷解决有法可依，为纠纷解决主要依靠法律提供了前提条件。

中国共产党在各边区的治理中，是重视法律的秩序依据作用的。晋冀鲁豫边区在 1943 年总结了司法中存在的因不重视法令而导致的因人而异、因事而异的现象后，提倡"法治主义"，召开司法会议对法治主义做了详细讨论，提出"新民主主义的司法，应是法治主义"。并规定"有法律者从法律，无法律者从法理"的原则，具体化为"有边区单行法，从单行法；无单行法者，从与政策不相抵之旧法，无旧法者从法理"。又明文提出新民主主义法理即抗日政策的精神和原则。① 法律之所以应当重视，是因为抗日民主政权的法律，可以起到保护绝大多数人民民族民主利益的作用，又能起到对于广大人民的团结作用，② 这与党的政策一致，并且是有利于边区稳固的。

（二）人民满意和实质公正的司法理念

在边区纠纷的解决中，政府注重案件事实调查，深入群众了解群众意见的一个重要原因，是人民司法路线下大众化司法明确强调人民满意和实质公正的司法理念。

中国共产党在确立群众路线为党的基本路线后，提出"全心全意为人民服务"的宗旨，这个宗旨涵盖了司法制度以及司法机关，认为司法工作应该是为人民排忧解难，检验司法工作好坏与成败的唯一标准就是人民的满意度。如谢觉哉所说"要在人民对于司法的赞许中，证明司法工作的对与否"③，而董必武则提出"人民司法工作者必须站稳人民的立场，全心全意的来运用人民司法这个武器"。此外，中国共产党还确立了"实事求是"的思想路线和工作目标。在司法工作中强调实事求是，即是强调司法工作必须求真、务实、明断是非。边区司法实践在体现实事求是上的要求是：其一，强调实质公正，反对因为形式公正而影响实质公正，坚持有错必究；其二，深入基层，调查研究，广泛听取群众意见。

人民满意的司法理念、为人民服务的宗旨以及实质公正理念所追求的实质正义，很好地解释了为什么在边区纠纷解决的过程中，会呈现出注重案件事实的调查以及群众意见对纠纷的明显影响这两种现象和特点。

（三）习惯在立法缺失时的补充作用不可替代

柏拉图认为不成文的习惯是"整个社会框架的黏合剂，把一切成文的和

---

① 《晋冀鲁豫边区高等法院 1943 年工作报告》，载北京政法学院审判法教研室编《中华人民共和国审判法参考资料汇编》第 1 辑，北京政法学院，1956，第 215 页。

② 《太行区司法工作概况》，载北京政法学院审判法教研室编《中华人民共和国审判法参考资料汇编》第 1 辑，北京政法学院，1956，第 215 页。

③ 转引自侯欣一《从司法为民到人民司法》，中国政法大学出版社，2007，第 182 页。

制定了的法律同还未通过的法律联系起来，并成为将要颁布的法律的基础"。①他指出，"每种规范永远是相互依存的。所以，看到大量显然是并不重要的习惯或惯例使我们的法典加长，就不必惊讶了"。亚里士多德也认为："积习所成的不成文法比成文法实际上还更有权威，所涉及的事情也更为重要；由此，对一人之治可以这样推想，这个人的智虑虽然可能比成文法为周详，却未必比所有不成文法还更广博。"② 在他看来，习惯是法律运作的基础。

而我国传统的风俗习惯如一田两主习惯、典卖习惯、婚姻及继承领域的大量习惯都由来已久，在传统社会的纠纷解决中发挥了重要作用。在中国古往今来的长久岁月里，习惯都是调整人们行为方式的重要原则。而《中华民国民法》的第1条就规定，"民事，法律所无规定者依习惯；无习惯者，依法理"，这一规定反映了民事规范适用顺序的法理精华，也表明习惯在现代法律体系中的应有地位。③ 所以，在边区的纠纷解决中，在无法适用法律解决纠纷的情况下，习惯是解决纠纷的另一重要依据。

（四）人民调解制度的推行

抗日战争时期，国共两党合作建立起抗日民族统一战线，一方面共同对外抗击日本帝国主义的侵略，另一方面两党之间政治斗争不断，而调解制度的推行就是两党的斗争在法律、司法领域的集中反映之一。1927年国民党推行司法改革，强化党对司法制度的领导，南京国民政府建立以后于1932年前后颁布了《民事调解法》、《民事调解法实施规则》、《乡区镇坊调解委员会权限规程》等一系列法律法规，极为重视调解制度。在此制度竞争背景下，共产党为了尽快解决纠纷、减少诉讼，最大限度地争取民心，也积极在边区推行调解制度。用调解来解决纠纷有群众基础，可以减少群众讼累。而人民调解制度中一个核心要求就是注重当事人的选择，尽量选择一些有一定身份和

---

① 〔古希腊〕柏拉图：《法律篇》，张智仁、何勤华译，孙增霖校，上海人民出版社，2001，第210页。

② 〔古希腊〕亚里士多德：《政治学》，吴寿彭译，商务印书馆，1965，第170页。亚里士多德这里所说的不成文法即习俗，即古时有些或行或禁的日常事例，经若干时代许多人们仿效流传而成的习俗。——笔者注

③ 参见苏永钦《民法第一条的规范意义》，载《跨越自治与管制》，五南图书公司，1998，第297页。

公信力的人参与调解。一方面增强调解的权威性，另一方面对促进双方当事人达成一致意见也有帮助，因为中国人是讲究"面子"与回报的，出于这种因素，很多当事人都会对调解人的调解"买账"。此外调解制度的另一技术要求为"动之以情、晓之以理"，这里的理不仅包括事理也包括法理，通过这种方式能够促进党的意识形态与群众认识的交流。因此在人民调解制度积极推行的情况下，晋冀鲁豫边区有许多案例是通过调解促成双方当事人的和解，根据双方所达成的一致意见最终解决纠纷的。

四　结语

20 世纪 40 年代边区的纠纷解决依据较为多样化，除适用法律、风俗习惯外，当事人意愿、案件事实、群众意见等都是政府在纠纷解决中会重点考虑的依据。这种格局是当时特殊的时代背景和政治背景所决定的，一方面抗日战争时期共产党建立的根据地从法统上隶属于南京国民政府，意味着南京国民政府的法律可适用于边区的纠纷解决；另一方面边区也颁布了许多相关法律法规。当时人民司法路线严格执法的理念促进法律成为纠纷解决最主要的依据，群众路线、实质公正的偏好则要求在纠纷解决中注重群众意见和案件事实。同时，人民调解制度的推行，使得这一时期边区的纠纷解决有很多采用调解方式进行，因此通过调解所形成的当事人意愿是纠纷解决的另一重要依据。而风俗习惯则在立法空缺时提供规则来源，加之这些风俗习惯由来已久，早已成为调节人们行为的重要准则，因此在纠纷解决中注重参考风俗习惯，这也是另一种层面上对"群众意见"的尊重。

第二节　诉讼中的证据问题

在人民司法语境下，由于共产党对"实事求是"的思想路线之遵循，因此极为强调诉讼活动要以证据的发现、提取、鉴别、审查、采信为基础。证据由此贯穿于诉讼活动的全过程。作为司法审判中认定已发生事实的重要依据，司法人员在任何一起案件的审判中，都需要通过证据及证据形成的证明链还原事件的本来面目。毫无疑问，证据问题是诉讼的核心问题，甚至可以说，没有证据就没有诉讼。在革命根据地时期，对于共产党的思想路线和边区治理需要而言，倡导实事求是、"重证据不轻信口供"是彰显人民司法与"旧司法"的区别，同时公平解决纠纷、获得民众信赖的重要途径。因此，无论从理论还是实践上考虑，证据问题都是早期人民司法中一个值得探讨的问题。

从1941—1948年太行地区63件政府断案的材料来看，用以证明案件事实的各类证据如讯问笔录、"证明"、信件和说明文书等大量存在。案件内容涉及土地纠纷20件、婚姻纠纷25件、百姓财产13件、子女抚养5件，基本都是民事纠纷案件。在民事纠纷案件的处理过程中，证据规则也体现了共产党的政策取向，对司法人员和诉讼主体的活动具有导向作用。从早期人民司法的历史背景来看，经过了20世纪初的社会变革后，刑讯逼供的非正义性已成为国人共识。特别是共产党在边区民主建政之后，法制建设在40年代也已初具雏形，司法审判抛弃了以往"衙门式"的纠问判案模式，越来越注重案件当事人的信服，司法人员也由此注重到群众当中去对案件的事实材料进行收集和考察。太行地区案卷文书中大量的"讯问笔录"、信函、情况说明等材料是各方对案件事实的反映，也是政府断案的证据来源所在。本节笔者以太行地区63个案件完整的卷宗材料为基础，从证据类型和证明力角度分析20世纪40年代根据地司法审判的特点。

一 证据材料概述

从20世纪40年代太行地区政府断案材料可以看出，虽然根据地纠纷的类型相对简单，案情也不算复杂，但每个案例的材料及其反映的诉讼过程，可谓内容丰富、过程谨严，由此可窥得根据地法制建设成果之一斑。在对所有案件卷宗统计后发现，大多数案件的证据材料都达到了5份以上，最多的一个卷宗是"杨春果诉杨补元出卖土地案"，证据材料达20份之多。以案件类型分类统计发现，25个婚姻纠纷案件，材料总数达到了195份；20个土地纠纷案件，各类材料达到了200份；百姓财产案件13个，材料有95份；子女抚养案件5个，材料有26份。以证据材料形式分类统计可见，90%以上的案件卷宗当中都有"讯问笔录"① 和"信函文书"（包括介绍信、回信、情况说

---

① 包括证词、供词、问答等。当时对于当事人陈述以及证人询问和嫌疑人讯问的记录，皆归入"讯问笔录"——笔者注。

明等），属于比较集中的反映案件事实的材料。上诉状、判决书、传票、和解书、调解书、处理意见等材料，数量虽然相对较多，但反映案件事实的功能远不如前两者，可以排除于证据材料之外，归为"其他"。三类材料形式在不同案件中的分布情况如表 3-2，其中前两类可统称为"证据材料"：

表 3-2　20 世纪 40 年代太行地区案件 63 例卷宗材料统计

材料（份） 案件及数量		讯问笔录	信函文书	其他	合计
婚姻大事	25	64	54	77	195
土地纠纷	20	65	46	89	200
百姓财产	13	22	24	49	95
子女抚养	5	9	5	12	26

从这些证据材料的分布可以清晰看出，案例中所涉及的"讯问笔录"是司法人员了解案件事实的最主要途径，也成为案件审理的重要证据来源。这些以书面文字形式呈现的证据严格意义上来说都属于言词证据的范畴。言词证据的来源为诉讼参与人的意见表达，显而易见，人的主观能动性会让这种言词类证据本身所具有的证明价值大打折扣。但是对于当时的司法者而言，面对数量庞大的民间纠纷，处在动荡的战争环境中，获取言词证据表明他们深入细致地做了大量调查工作，尽可能听取当事各方的反映和"说法"，从言辞的汪洋大海中去伪存真，践行共产党的司法路线，确实让人感叹"人民司法"绝非唱高调的空头文章，而需要苦心孤诣的实践创造。

二　案件证据的类型化分析

太行根据地时期，人民司法中尚无完整的证据规则，也不可能有深入的学理探讨。不过，我们可以用今日诉讼理论中具有普遍意义的概念作为分析工具，对当时诉讼中的证据进行类型化研究。根据《中华人民共和国民事诉讼法》第 63 条规定，民事诉讼证据分为以下七种：书证、物证、视听资料、证人证言、当事人陈述、鉴定意见、勘验笔录。当事人陈述和证人证言亦可归于言词证据这一范畴内。需要指出，中外对言词证据的称谓和划分存在多种不同的标准。在英美法系国家，英国称为"口头证据"，仅指涉证人证言。美国称为"意见证据"，指称"证人根据其感知的事实做出的意见或推断性证言，意见证据可以由普通证人或者专家证人提供"。而在大陆法系国家，德国将证人证言和鉴定意见归属于言词证据，而将物证、书证、录音资料等归属于实物证据。日本证据法称言词证据为人证，又称口头证据，包括对证人、鉴定人、通译人或翻译人的询问结果。① 在社会主义法系国家，苏联称言词证据为人证，"人证是以意象和概念的形式对事物做出精神上反映而形成的"。人证包括被告人陈述、犯罪嫌疑人陈述、刑事被告人陈述、证人证言、侦查行为笔录、审判行为笔录和鉴定人意见等。② 我国诉讼法学界对言词证据也有不同的界定，相对而言更为关注刑事诉讼领域。一种观点认为言词证据是指以口头上的陈述形式表现事实的各种证据，如证人证言、刑事被害人陈述、刑事被告人供述和辩解，民事、行政诉讼当事人的陈述、鉴定结论等属之。③ 另一种观点认为，凡是以人的言词陈述（包括口头陈述和书面证词）为表现形式的证据，均可称为言词证据，简称人证。刑事诉讼中的言词证据包括证人证言、被害人陈述、被告人供述和辩解以及鉴定结论。至于起着"现场实录"作用的书证和勘验、检查笔录，因不是作为人的陈述和反映意见表现出来的，当然不能归入言词证据，而是固定、保全措施。④ 还有的观点认为，凡是以人的陈述为表现形式的证据就是人证，人证包括证人证言、鉴定人结论、民事当事人陈述等。它是通过能认识能记忆并用一定形式表达的人所反映的情况为证据。人证的最大特征不在于"陈述"而在于"人"，也即主要不在方式而在于主体。⑤ 通过比较可见，社会主义法系中对言词证据也即人证的认定范围显然较广。这与其宗奉的马列主义理论中对人的主观性和人的认知活动存在特殊的看法有关。

笔者之所以胪列关于言词证据的多方观点，原因在于：前述证据分类理论尤其是苏联和我国改革开放早期的理论，所存在的社会背景和太行根据地

① 王以真主编《外国刑事诉讼法学》，北京大学出版社，2004，第413页，第419页。
② 〔苏〕蒂里切夫：《苏维埃刑事诉讼》，张仲麟等译，法律出版社，1984，第140页。
③ 陈一云主编《证据学》，中国人民大学出版社，1991，第179~181页。
④ 朱敏主编《刑事证据理论研究综述》，中国人民公安大学出版社，1990，第164~165页。
⑤ 赵炳寿主编《证据法学》，四川大学出版社，1990，第33页。

时期相对同质性较高，因而可以作为分析 20 世纪 40 年代根据地案件的理论工具。但是，西方各国的证据理论，也对我们的分析具有启示意义。尤其可以在对照中明晰根据地时期的诉讼活动、证据规则与今日的区别之所在。

在对 20 世纪 40 年代太行地区 63 个案例所涉及的案卷材料进行分类对比后发现，言词证据也即"人证"在案件中的地位最为重要，"讯问笔录"是言词证据的主要载体。首先是当事人陈述。当事人陈述是诉讼当事人就案件事实向司法机关所做的陈述。在广义上，当事人陈述还包括当事人关于诉讼请求的陈述、关于与案件有关的其他事实的陈述和关于案件性质和法律问题的陈述。在太行地区 63 个案件中，每个案件中当事人都有相关陈述。值得注意的是，尽管文化程度普遍较低，但面对政府机关时没有当事人放弃自己陈述案件事实的机会和话语权利，这从侧面反映了司法人员深入群众调查的成效。另外，相当数量的基层组织如村政权、妇救会在许多案件中以当事人角色参加诉讼，其陈述中已经能以共产党的政策、法律为经纬来构建事实，也反映出根据地的公共权力深入基层的程度很高。

证人证言也是言词证据的一种，是指证人就自己所知道的案件情况向法院或侦查机关所做的陈述。因为案件都是社会上发生的，一经发生，往往就会被当事人之外的人所感知，这就为依其表述来查清案件事实提供了可能。因此，证人证言在古今中外的司法实践中都具有重要地位，也是各国诉讼中运用最广泛的一种证据形式。从 63 个案例的案件卷宗看，证人证言以"证词"、"证言"、"询（讯）问笔录"、"证明信"的材料形式大量存在于各个案例中。在诉讼中起了关键作用的如："1942 年张氏诉江庚玉婚姻纠纷案"中"区长吴一对离婚案的证词"、"1948 年张东娥诉任八的因夫妻生活不和谐请求离婚案"中"1948 年 9 月 20 日村干部证言"、"1941 年王同方诉任多滋赎地纠葛案"中"1941 年 6 月 27 日对证人冯灵枝的讯问笔录"、"1947 年刘文兰诉王花亭因失踪请求离婚案"中"更乐村村长董庆发给司法科长的证明信"等。总体来看，这种证据在婚姻家庭纠纷中的证明作用较为突出。

在言词证据之外，另一种作用领域相对确定的证据形式是书证，书证在财产纠纷案件中作用显著。根据诉讼理论，凡以文字来记载人的思想和行为以及采用各种符号、图案来表达人的思想，其内容对待证事实具有证明作用的物品都属于书证。书证从形式上来讲取决于它所采用的书面形式，从内容而言取决于它所记载或表达的思想内涵与案情具有关联性，因此是一种确定性更强的事实认定依据。在 20 世纪 40 年代太行地区政府断案中，书证多以"收条"、"保状"、"契约文书"、"担保书"等书面形式呈现。如"1941 年刘欧诉王秉公与军人妻子结婚案"中"1941 年 8 月 20 日樊作信写的收条"和"1941 年 7 月神头村长等人出具的保状"、"1941 年张李氏诉李业成赎回房地纠葛案"中涉县抗日政府民事堂谕："查张李氏之夫死于民国二十九年七月，之前将自有地房顺契李业成作为死契，并经证人订有文书，也有详确地价，当时交清…"①、"1942 年 1 月郝守田诉程书贵买羊不付钱案"中的"担保书"等，都是对案件事实的认定起关键作用的书证。在财产交易中，即使是乡村社会，若标的物为相对大宗的财产如土地、房屋、耕牛等，因其对交易双方的生活意义极为重大，双方一般不会因"熟人"关系而省略立契过程。故在此类纠纷中，相关契约性文字就会成为证明力很强的证据类型。

同时我们发现，在案件卷宗内证据的存在形式方面，当事人陈述和"证人证言"有重合现象。当事人陈述的材料载体为讯问笔录，而在很多时候证人证言也以讯问笔录的形式呈现。比如在"1941 年王同方诉任多滋赎地纠葛案"中，司法人员对原告王同方的讯问笔录如下：

问：姓名、年龄、籍贯、职业、教育？

答：王同方，年三十五岁，住南关，务农，识字。

问：家庭经济状况？

答：家有八口人，种十来亩地，住三间房子。

问：你为什么向任多滋赎地？

答：是我叔叔王玉山地典给任多滋向他赎来。

问：你买下地后就没有向任多滋赎过吗？

答：赎过。

问：在什么时候向他赎地？

答：那年七月。

问：那一年赎回来没有？

---

① 白潮编著《乡村法案——1940 年代太行地区政府断案 63 例》，大象出版社，2011，第 141 页。

答：没有。

问：为什么没有赎回来？

答：不赎给我。

问：你向任多滋赎地有典文书没有？

答：没有，被火焚了。

问：你拿什么向人家赎地？

答：有卖主有地□。

问：你买地文书有没有？

答：被烧了。

问：在什么时候烧的？

答：去年敌人来烧的。

问：你原来买地谁是证人？

答：王庆元。

问：现在这地谁种呢？

答：南关二个租的。

问：这二个叫什么？

答：王福成和其他人合种。

王同方，6.27。

同日，司法人员对证人王庆元也有一次讯问，笔录内容如下：

问：姓名、年龄、籍贯、职业？

答：王庆元，年五十岁，城内南关，务农。

问：家庭经济状况？

答：家有五口人，种三亩二分地，住七间房子。

问：你给王同方是什么？

答：亲戚（一家远了）。

问：你给王玉山是什么？

答：亲戚（一家远了）。

问：王同方在什么时候买下地？

答：民国二十七年。

问：就是王玉山地吗？

答：是的。

问：多少钱买下的？

答：四百二十元。

问：就是你的证人吗？

答：是的。

问：这地名叫什么？多少钱？

答：滩里圈村，四百二十元。

问：王同方种了几亩？

答：不知道。

问：为什么他没有种呢？

答：是王玉山地在外典呢。

问：当时交过多少价呢？

答：一百二十元。

问：典给他亲戚哪里人？

答：不知道。

问：现在谁种地呢？

答：不知道。

问：原来给人家说知道王玉山典多少钱？

答：二百一十元。

问：知道王同方找清原卖主了没有？

答：交清了典地钱二百一十元。

问：现在王玉山老婆还在吗？

答：在的。

问：他家有几口人？

答：有二个媳妇，有二三个儿子。

问：这地确实王玉山卖过你的证人？

答：是的。

问：你知道这地原来多少粮？

答：不知道。

问：你和任多滋认识否？

答：不认识。

问：你有什么意见？

答：没有了。

王庆元。6.27。[①]

这两份材料同样被归为"讯问笔录"，但所涉及的主体并不相同，王同方是原告当事人，而王庆元是证人，也就是说在当时的情况下当事人陈述和证人证言并未做严格的证据类型区分，因此在一部分卷宗中就出现了当事人陈述与证人证言处于同一证据分类项下、相互重合的现象。推测这其中的原因，不排除司法人员素养不够所致，也可能在当时的司法语境中，司法人员更重视言词所反映的客观事实内容，程序上的形式性要求被相对忽略，因此司法人员认为两者没有严格区分的必要。

三　证据的证明力分析

证据的证明力意指证据在证明案件事实方面所起的作用强度。固然，所有证据都具有证明案件事实的作用，但不同证据证明作用力的大小有所不同，即证据证明力的强弱不同。例如，直接证据与间接证据相比，直接证据的证明力往往大于间接证据；传来证据的证明力往往弱于原始证据。证明力的强弱或大小，常常需要通过对立的或矛盾证据之间的比较才得以显现。

证据证明力的有无和大小，其确定的渠道有二：一是根据法律的规定，二是依靠法官的判断。根据法律的明确规定确定证据证明力的有无和大小，在诉讼法理论上被称为"法定证据原则"；证据证明力有无和大小的认定，如果主要依赖于法官的裁量判断，则被称为"自由心证原则"。法定证据原则是一种存在于历史上的原则，它发端于日耳曼法，盛行于中世纪的意大利和德国的普通法时代。根据法定证据原则，证据证明力有无和大小必须预先在法

---

① 白潮编著《乡村法案——1940 年代太行地区政府断案 63 例》，大象出版社，2011，第 136~140 页。

律中加以具体规定，不允许法官在诉讼过程中根据自己的判断加以改变。其典型规则如，法律具体而明确地规定，当三个证人的证言一致时，就能够证明某一事实的存在与否；书证的证明力强于人证，等等。法定证据原则由于否定了法官根据案件的具体情况判断证据证明力的裁量空间，排斥了法官的能动作用，导致证据运用中的教条主义和僵化，因而最终被放弃。19 世纪后，法国民事诉讼法首先抛弃了法定证据原则，以自由心证取而代之，其后大陆法系各国也相继采用了自由心证原则，取消了关于证据证明力的具体法律规定，允许法官在证据运用方面凭自己的"良心"和"理性"自由地做出判断。① 但是，基于某些事项的特殊性和限制法官滥用裁量权的考虑，奉行自由心证原则的国家并没有彻底放弃证据证明力由法律规定的做法，在特定事项中也对某些证据的证明力做出了规定。例如关于有无诉讼代理权的证明，许多国家规定，原则上只能以书面委托或言词笔录内容加以证明，其他证据对此没有证明力。在诸如此类法律有规定的情况下，法官仍然不得违反法律的规定而对证据的证明力自由认定。从前述发展历程可以看出，证据证明力问题其实一直存在强调"主观"还是重视"客观"两种倾向的互相消长。

如前所述，在对 20 世纪 40 年代太行地区政府断案的卷宗材料进行整理后发现，当时诉讼中最普遍存在的三种证据材料分别是当事人陈述、证人证言和书证。这三种证据在明晰案件事实的过程中所展现出来的证明力大小有所不同。书证属于实物证据的范畴，有较强的客观性、稳定性和不可替代性，对案情事实属较为直观的反映，所以它的证明力在三种证据中最强。这在财产纠纷中表现得尤为显著。比如在"1941 年张李氏诉李业成赎回房地纠葛案"中，张李氏的丈夫在世时，因生活所迫将一间房屋和一亩旱地卖给李业成，并通过中人订有文书。在丈夫去世后，张李氏称当时买卖为"活卖"，向李业成要求赎回房屋土地，为此诉至县政府。政府查明事实后认为，房屋土地经张李氏丈夫卖为死契，有文书等证明，张李氏请求赎回没有理由，驳回诉请。在这个案例的卷宗中，有 8 份证据材料，包括当事人陈述和证人证言

---

① 参见沈德咏、宋随军主编《刑事证据制度原理》（上），人民法院出版社，2006，第 338～359 页。

等，但起最关键作用的，是有"死契文书"这一重要书证存在，司法人员根据这份证据很快就确定了案件的实情并做出了判决。其他证据的作用则相对次要。由此可见，在土地等重要财产的纠纷处理中，书证的证明力强度比当事人陈述要大。正因为如此，有些案件当事人不惜伪造书证来谋求于己有利的结果。比如在"1941年李氏诉李书元霸占土地案"中，后池耳村人李书元为人霸道。其堂弟李德元把自己的祖业典给程中善，后来一直在外当兵没有回来，其妻李氏一个人在家。李书元向李氏诡称愿意替李氏出钱将地给赎回来给李氏耕种，但实则想据为己有。李书元私下与他人串谋伪造了一张借款人为李氏的借条，内容如下："立借据人李德元妻今借到：李炳均名下洋三百六十五元，现下无洋奉还，同中人说合，将后沟地一处为净作为借业，日后还洋归地，各出情愿，不许反悔，恐后无凭，立借约为证。上带本地原粮一升五合。同中人：李耕田、李元林，民国三十年三月十六日。立据人李德元妻。"后有批示："李书元供认伪造文书一份，存卷作废。8月8日。"① 很明显，这是一份伪造的书证，伪造的书证从根本上说并非证据，因而没有证明力。但这起案件的处理中随着借条真伪辨明而出现的曲折，却充分说明了书证的重要证据效力；李书元伪造借条本身也说明，正因为书证的强大证明力被诉讼主体认知，所以才产生了冒着风险进行伪造的动力。

与书证相比，言词证据虽然证明力相对较弱，但其作用领域则更加广泛，在除土地等财产纠纷之外的其他案件中普遍发挥了作用。婚姻案件和子女抚养案件中的作用尤其明显。许多案件都是根据当事人陈述和证人证言判决的。婚姻纠纷主要涉及人身关系，婚姻过错与感情状况很大程度上来源于主观感受，即使有些需要客观化的因素（如过错行为），也不大可能有纠纷发生之前的文字记载，因而只能依靠当事人陈述和证人证言来澄清事实。这说明，婚姻家庭案件中证据的客观化程度要弱于财产纠纷。一个重要表现是，在婚姻案件中起主要作用的言词证据充斥着大量道德话语。婚姻纠纷案件共25例，"腐化"、"偷"、"破鞋"等道德词汇出现14次；而在有关财产纠纷的33个案件中，类似道德词汇仅出现5次。②

① 白潮编著《乡村法案——1940年代太行地区政府断案63例》，大象出版社，2011，第166~170页。
② 更详细的阐述，参见本书第四章第二节。

四 从证据问题探析根据地时期司法审判的特性

在共产党领导的根据地政权下，案件审理的许多特点是由当时的实际环境决定的，证据问题也不例外。紧迫的战争环境，专业人员缺乏，民事立法单薄和过于原则化，以及所辖区域经济相对落后和文化封闭，是当时司法的基本背景条件。在这种背景下审理案件，要查明案情解决纠纷，同时让司法动员民众为政治任务服务，精致的、程序化的证据规则显然没有容身之处。相反，能使老百姓亲近司法、亲近共产党政权组织的证据获得方式受到更多重视，这些方式决定了证据的形式。当时边区政府强调，"在我们这里，假如有一个司法人员，仍然是'断官司'、'过堂'，板起面孔，摆起架子，叫人家一看他，是个'官'，是个'老爷'，那就很糟糕"；"司法工作，如果不从团结老百姓、教育老百姓方面着眼，只会'断官司'、'写判决书'的话，即使官司断得清楚，判决书写得漂亮（实际上不可能办到），则这个'断官司'和'判决书'的本身，仍将是失败的，因为他和多数人民的要求相差很远"。① 基于满足"多数人民的要求"这一目标，司法方式上就需要审判人员深入群众、调查研究，因为"千百事件整天发生在人民中，最适当的解决办法，也就在人民中"。② 边区明确规定"对于重大疑难案件，法庭人员应到群众中广泛征求群众和群众团体的意见，并动员他们搜集材料，以达彻底了解案情"；司法干部要"依靠民意，依靠调查研究的材料进行审判，矫正以往法官坐在家里死啃条文的习惯"。这种司法方式，对于证据获取形式和证据本身，都有直接的决定作用。

正是在前述取向之下，革命根据地的司法材料中充满了来源于各种主体的"见证"、"证言"、"证明"等证据形式，对判决发挥着重要影响。从证据证明力的来源而言，前述证据的主观色彩远甚于其客观成分，以之作为主要判决依据，其中的风险显而易见。之所以受到重视，除了言词证据作用领域的特殊性外（涉及人身关系者较多），也与边区司法的目标相关。具体言之，这些证据对于案件事实的证明作用固然重要，但对政府而言更重要的是，它

---

① 习仲勋：《贯彻司法工作正确方向》，《解放日报》1944 年 11 月 5 日。
② 习仲勋：《贯彻司法工作正确方向》，《解放日报》1944 年 11 月 5 日。

们可以反映在老百姓眼中案件事实是什么样的，亦即老百姓对这个案件怎么看。基于争取各方服判和当地百姓认同的需要，即使在数量上占绝对多数地位的言词证据与案件事实有所出入，也不妨以之作为判断的主要依据。这也是"牺牲小我、成就大我"的价值观念在司法中的体现。另外，比照今天的证据理论去理解，共产党的司法人员在整个社会的信用体系尚不存在、社会个体的可信度并不很高之时，顺从多数确定事实，这也是对乡村熟人社会因陋就简的一种利用。虽然不是尽善尽美，但在信息筛选中具有明显的现实合理性，同样不容否认。

但是，我们并不能据此认为，司法者会对普通民众关于案件事实的"众人言说"照单全收。共产党取得政权的目标，始终是和改造社会的宏愿相伴随的。共产党的司法者对百姓看法固然极为重视，但也对这种"群体看法"干扰案件事实的获得有着足够的警惕。比如1945年"王立柱诉王三太土地租佃纠纷案"，基层干部在给县司法科长的回信中就谈到，王三太在群众中间威信不好，没有人愿意帮助他；也因为王三太群众基础不好，所以在区里解决时，可能会有有失公允的情况，需要县里注意。事实本身之外，对于民众的某些"落后"看法和认识，共产党有时候会予以"照顾"和容忍，但不会"迁就落后"。① 如此一来，对于民众的证言和反映，就必须在党的各类组织和公权力机关的监督下予以甄别采信。表现在证据使用中，就是在民众的言词证据之外，各级政权组织和农会、妇救会等团体的"证明材料"大量存在。这些材料在审判中所起的证明作用明显超过一般人的证言。如下表所示：

表 3-3　20 世纪 40 年代太行地区案件 63 例证人情况统计

证人类型	占同类案件比例			所有案件平均比例
	婚姻纠纷类	土地纠纷类	财产纠纷类	
亲属	30%	10%	0%	17.4%

---

① 共产党在陕甘宁边区曾要求司法遵循以下准则：（1）坚持进步的方向，经过教育，逐步提高；（2）照顾落后，但不迁就落后，逐渐达到克服落后；（3）照顾将来的利益，尺度放宽，使多数人归入可引导范围内，依据具体情况，处理具体问题；（4）根治落后，需经过相当一段时间，发展经济、发展文化教育，逐步达到大致法律要求。参见榆林市中级人民法院编《榆林地区审判志》，内部刊印，1997，第 177 页。

证人类型	占同类案件比例			所有案件平均比例
	婚姻纠纷类	土地纠纷类	财产纠纷类	
社会组织	26.7%	10%	23.1%	56.5%
基层机关	83.3%	90%	62%	81%
无利害关系个人	6.7%	40%	30.8%	22.2%

注：本表中证明情况的"基层机关"与普通证人有别，大部分是受托作为调查机关，调查案件情况后向司法机关致信说明。

可见，共产党的政权组织在各类案件中的证明行为较为普遍。这可以说是共产党"先锋队引路"的司法例证。这一过程虽然征询了很多民众的意见，提升了普通民众对公共事务的参与感，但是共产党不会也不可能毫无保留地以群众的看法为准据，而要在听取、辨别、做出处理决定等各个环节中以党的方针政策作为标尺对"群众意见"进行筛选和甄别，也让民众在案件处理中对政策标尺有近距离的感受和领会。同时，在财产纠纷中以确定性很强的书证作为主要准据，相对淡化包括群众意见在内的言词证据的作用，这既昭示了共产党重证据、"实事求是"的思想路线，也是在警策民众珍惜自身的参与机会、如实反映情况和想法；如果信口开河或者有意隐瞒、歪曲，同样会被党的工作所揭露。这也起到了减少机会型诉讼、稳固边区秩序的作用。①

---

① 关于人民司法语境与机会型诉讼的天然联系，参见艾佳慧《司法为民、诉讼费下调与机会型诉讼》，《中国社会科学报》2009 年 12 月 15 日，第 7 版。

第四章　政治、道德与纠纷解决

第一节　成分划分在裁断中的作用

中国是典型的农业大国，农民问题在近代中国社会中居于特别重要的位置。要想团结农民、争取农民支持，就要解决农民最关切的土地问题。而土地问题的解决首先要明确"分谁的田地"的问题，即要先制定标准分清敌我，阶级成分划分由此而生。本节依据20世纪40年代太行地区断案材料，对其中涉及成分划分的案例进行研究，并结合共产党的相关政策分析成分划分在司法实践中的适用问题。

一　共产党法统中的成分划分

近代以来，西方的入侵使传统的小农经济遭遇较大冲击，但在广大农村地区，长久占据统治地位的封建制生产关系依然存在。地主和富农占有大部分生产资料，许多农民只能领租或分租地主的土地。在反帝、反封建的革命斗争中，革命领导人都对农民的土地问题非常重视，孙中山先生就曾提出"平均地权、耕者有其田"的口号。中国共产党在建立政权后带领广大人民群众在各个革命根据地开展了广泛的土地改革运动。但是在分田地之前，首先要解决"分谁的田地"的问题，必须先制定划分阶级成分、分清敌我的工作标准。在1926年发表的《中国农民中各阶级的分析及其对于革命的态度》一文中，毛泽东将农村社会分为大地主、小地主、自耕农、半自耕农、半富农、

— 111 —

贫农、雇农及乡村手工业者和游民八个阶级，[①] 着重强调各阶级对革命的态度。而在 1933 年撰写的《怎么分析农村阶级》一文中，毛泽东开始运用以租佃和雇佣为主线的阶级分析方法，借鉴苏联关于阶级的分类，将农民划分为地主、富农、中农、贫农和工人（包括雇农在内）[②]。同年，毛泽东在《关于土地斗争中几个问题的决定》一文中制定了阶级划分的具体标准。这两篇文章中关于阶级划分的标准成为共产党此后进行阶级划分的最终标准，并一直沿用到解放战争初期。在民主革命时期，阶级成分划分有利于保护农民权益、调动直接生产者的积极性，更有利于保障新政权在革命根据地的合法性。因此，在根据地的司法实践中，研究阶级成分划分的适用问题，对保障政权建设、维护边区稳定起着非常重要的作用。

（一）成分划分的背景及原因

在以农立国的中国，长久以来人们都主要依靠土地进行生产、生活，农民与土地紧密相连，命运与之息息相关。费孝通先生在《乡土中国》一书中曾说，"在数量上占着最高地位的神，无疑的是'土地'"，"直接靠农业来谋生的人是粘着在土地上的"[③]，农民与土地关系之紧密可见一斑。

毛泽东在《国民革命与农民运动》中指出："农民问题乃国民革命的中心问题。农民不起来参加并拥护国民革命，国民革命不会成功，农民运动不赶快做起来，农民问题不会解决"。[④] 20 世纪 20 年代，一篇刊登在《东方杂志》上的文章《农民问题与中国之将来》写道："中国的农民、农业、农村是'一个难以索解的谜'"，"把这个谜猜透了，中国的将来，也就决定一大半了"。[⑤] 近代中国一步步地沦为半殖民地半封建社会，使得中国人民特别是中国农民肩头的负担愈沉重。共产党认为："目前中国农村中最亟待解决的问题，第一是民族解放问题；第二就是土地问题。换句话说，就是怎么打破帝

---

① 毛泽东：《中国农民中各阶级的分析及其对于革命的态度》，《中国农民》1926 年第 1 期。
② 黄宗智：《中国革命中的农村阶级斗争——从土改到文革时期的表达性事实和客观性事实》，《中国乡村研究》第 2 辑，商务印书馆，2002，第 71 页。
③ 费孝通：《乡土中国》，上海人民出版社，2007，第 7 页。
④ 转引自郭德宏《中国近现代农民土地问题研究》，青岛出版社，1993，第 465 页。
⑤ 转引自丁长清、慈鸿飞《中国农业现代化之路——近代中国农业结构、商品经济与农村市场》，商务印书馆，2000，第 3 页。

国主义者的经济束缚和怎样肃清农村中的残余封建势力"。[①] 可见，中国近现代历史上特别是民主革命的中心问题以及农村经济问题的核心就是农民和土地问题。要想团结农民、争取农民支持，就必须解决农民最关切的土地问题。

（二）成分划分的标准

第一次国共合作时期，中国共产党就十分重视农民土地问题的解决，发动并领导群众开展了反对苛捐杂税、打土豪、分田地的革命运动。但由于国民党叛变革命导致了大革命的失败，加之党内对农民群众的作用没有做出正确判断，农民革命力量一度遭到削弱和摧残。但中国共产党人并未就此放弃，在随后领导的斗争中愈加重视农民土地问题的解决。1927 年"八七会议"确定了土地革命和武装斗争的方针，随后各地区革命根据地纷纷建立，土地革命也轰轰烈烈地开展。1927 年 11 月的《中国共产党土地问题党纲草案》中规定了以占有耕地亩数之多寡、水田旱田类田地之肥瘠、每年收获次数等为标准对农民进行阶级划分。

1928 年夏，中共"六大"通过了《土地问题决议案》，决议规定可依照农民的实际经济状况及土地多少，分为富农、中农、小农及最小农这几个小阶级。但是，"六大"决议主要是从理论上论述农村各阶级的状况，并没有专门提出具体划分阶级的标准。1933 年 6 月查田运动开展之后，为了防止运动中弄错成分，制止"左"倾土地政策打到中农、贫农身上，毛泽东撰写了《怎样分析农村阶级》一文，在查田大会上作为查田运动中阶级成分划分的标准分发于各地代表。这个文件将农村阶级主要分为地主、富农、中农、贫农和雇农；地主，拥有大量土地但自己不耕种而是将土地出租，以收租的方式来对其他村民进行剥削；富农，拥有相对较多的土地和生产工具，虽然自己也参加劳动但主要的收入方式还是雇佣劳动以及少量的高利贷和商业盘剥；中农，主要通过雇佣他人耕种土地对村民进行劳动剥削；贫农，一般需要租种他人土地，受地租、债利和小部分雇佣劳动的剥削；雇农则完全地或主要地以出卖劳动力为生。

---

① 薛暮桥：《旧中国的农村经济》，农业出版社，1979，第 6 页。

这种阶级成分划分方法以土地占有量为标准，在以后的土地运动中基本被沿用，但在具体实践过程中，还是出现了一些偏差。如一些地方把是否有剥削作为区分剥削阶级和劳动阶级的标准；一些地方甚至以是否富裕或是否有富余作为区分剥削阶级和劳动阶级的标准；一些地方通过"比生活、比历史、比人格、比政治"[①] 来划分农村的阶级成分；还有的地方提出"多划些地富可以多拿东西给群众"[②]，个别地方"把部分中农的成分提高，想动他们的浮财"，这实际上造成了标准混乱。上述以是否存在剥削、家庭富裕程度以及其自身政治态度为标准对农村阶级成分进行划分的做法，违背了马克思主义关于阶级是特定经济关系产物的基本观点，也与基本国情不符。到1948年初，中国共产党才确定以经济关系来作为划分农村阶级成分的唯一标准，这种经济关系是指对生产资料占有与否、占有多少、占有什么、如何使用等问题进行探讨。这一标准的确立，为中国共产党正确划分农村阶级成分提供了科学依据。

按照上述标准进行进一步划分，地主又可细分为大地主、中小地主和经营地主，中农的划分也极为复杂。在近代中国农村社会中，具有一定经济能力，既无土地出租以剥削他人，也不租佃他人土地而受剥削的农户，就可以称之为中农。中农阶层的实际经济状况差别很大，因而可将其划分为富裕中农、一般中农（提及中农，主要指这部分）和贫下中农（下中农）。这种划分实际上不仅仅是对农村阶级成分的划分，而且是在阶级内进行的进一步阶层划分，也是本节研究主要涉及的对象。

二 成分因素在太行区司法实践中的体现

太行地区20世纪40年代的案件类型大致可以分为四类，其中有三大类共17个案件涉及成分划分的内容，占比27%（图4-1）而在这三大类案件中，每一类案件涉及成分划分内容的案件数量都有不同：子女抚养类案件共有6个，涉及成分划分内容的有3个，占比50%；婚姻纠纷类案件共有25个，涉及成分划分内容的有11个，占比44%；土地纠纷案件共有20个，涉

---

① 《中央局指示太行区党委，检查纠正左倾冒险主义》，《人民日报》1948年5月。
② 杨献珍：《关于划阶级的诸问题》，《战线》1948年第7期。

及成分划分内容的有 3 个，占比 15%；其他财物类案件共有 13 个，没有涉及成分划分（见表 4-1）。这说明，尽管阶级成分划分是土地革命中推行的一项基本政策，但这一政策在各类案件的司法实践中所起的作用是不一样的，需要结合具体的内容进一步分析。

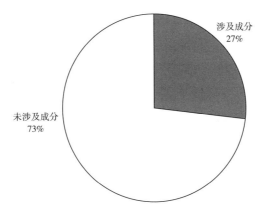

图 4-1　20 世纪 40 年代太行地区政府断案 63 例
涉及成分划分内容的案件分布情况

表 4-1　20 世纪 40 年代太行地区政府断案 63 例各类案件中涉及
成分划分内容的案件数量及占比情况

单位：个，%

案件类别	案件总数量	涉及成分划分内容的案件数量	占比
子女抚养类	5	3	50
婚姻纠纷类	25	11	44
土地纠纷类	20	3	15
百姓财物类	13	—	—

（一）婚姻子女纠纷

在具体实践中，婚姻纠纷与子女抚养纠纷这两类案件往往相互联系，依表 4-1 可知，婚姻纠纷和子女抚养两类共有 30 个案件，而其中涉及成分划分内容的案件多达 14 个，几乎占据了两类案件数量之和的一半。通过对这些案件的进一步分析可以发现（见表 4-2），这 14 个案件里，有 6 个案件的案情与成分划分直接相关，而在这 6 个案件中，5 个案件的判决结果在一定程度上考虑了原被告成分不同这一因素。由此可见，成分划分对婚姻子女纠纷案件的司法实践起着相当重要的作用。例如，在 "1948 年聂兴顺诉张廷的请求离婚" 案中，因为被告张廷的是富农又参军不归，所以判决结果支持了原告的请求，批准离婚；"1948 年杨松江诉王贵花请求复婚" 案中，亦因原告杨松江离婚时为地主，被告王贵花认为与其阶级不对，不愿与他同居，所以判决驳回了原告复婚的请求。这些案例即是当时政府对地主、富农采取打击、限制的政策在司法实践中的具体表现。

表 4-2　20 世纪 40 年代太行地区政府断案 63 例案情与
结果受案件成分影响情况

单位：个

案件类别	涉及成分划分内容的案件数量	案情与成分有关案件数量	判决结果受成分划分影响案件数量
子女抚养类	3	3	2
婚姻纠纷类	11	3	3
土地纠纷类	3	3	1
其他财产纠纷类	—	—	—

（二）土地纠纷

在所分析的 63 个案件中，有关土地纠纷的案件共计 20 个，涉及成分划分内容的案件仅有 3 例，分别发生于 1944 年和 1946 年（见表 4-2）。这三个案件的案情均与成分有关，却与婚姻子女类案件中保护贫农、中农，限制富农不同。这三个案件的判决结果均支持了富农提出的诉讼请求，如在 "1944 年岳守方诉申金生赎回土地" 案中，原告岳守方是富农，其与被告申金生约定以典价十三元将自己家的三分水地典出，典约到期后因申金生出价低，原告岳守方遂将此地典给了其他人，此后被告申金生反悔想要续典，并不准岳守方赎地，因此岳守方向司法机关提起了诉讼。在案件审理过程中，区政府给县政府所写的信中写道："岳守方是一个富农，而申金生是一个贫农……所以决定土地仍归申金生不能让岳守方赎回。"① 但是案件最后的审判结果支持了原告岳守方的诉讼请求,准予岳守方赎回申金生所典的三分水地。可见并非完全以抑富济贫为准则。其原因与当时政府在经济方面对富农采取的政策有关,下文详述。

(三)其他财产纠纷

上述 63 个案件中,属于其他财产纠纷类的案件共计 13 个,但其中并未有案件涉及成分划分的内容(见表 4-2)。尽管在此期间以成分划分等为内容的土地改革依然在不断地深入发展,但是这一时期成分划分在定罪量刑上的作用主要反映在"反革命"等特殊刑事犯罪上,对财产纠纷以及一般的财产性犯罪影响不大,所以司法机关在对案件进行判决、调解过程中都主要以法律为准绳,兼顾善良风俗。因此,在这类案件的诉状、询问笔录、地区政府的证明信件中均未提及原、被告双方的成分问题。

三　成分对司法实践的影响及其原因分析

(一)成分因素起作用的时段性明显

1933 年 6 月 17 日至 21 日,毛泽东在叶坪主持召开了瑞金、会昌等八县苏维埃政府主要负责人查田运动大会,并做了《在八县查田运动大会上的报告》,指出查田运动的策略"是以工人为领导,依靠贫农,联合中农,去削弱富农,消灭地主"② 的运动。1938 年 2 月至 1946 年 6 月,在中共土地政策的指引下各地方政府开展减租减息运动,基本完成了减租、清债、反奸清算、反贪污、反恶霸、除奸等工作,建立了新的政权。然而,在 1947 年的土地复查中,某些地区逐渐偏离了 1933 年制定的阶级划分标准,造成了工作偏差。同年 12 月,中共工委觉察到阶级划分出现的偏差,因此将 1933 年关于阶级划分标准的两个文件发给各地作为参考③。1948 年 1 月,毛泽东和任弼时也

---

① 白潮编著《乡村法案——1940 年代太行地区政府断案 63 例》,大象出版社,2011,第 138 页。
② 《中共党史参考资料》(第 6 册),中国人民解放军政治学院出版社,1974,第 611 页。
③ 《中央工委关于阶级分析问题的指示》,《解放战争时期土地改革文件选编(一九四五——一九四九年)》,中共中央党校出版社,1981,第 97 页。

逐渐认识到土改中的失误所造成的不良影响，遂由任弼时发表了题为《土地改革中的几个问题》的讲话，在此次讲话中重新确立了1933年的两个文件作为阶级划分标准的地位。1948年2月15日，为了有一个更全面的阶级划分标准，中共中央制定了一个名为《土地改革中各社会阶级的划分及其待遇的规定》草案，并将其分发给各地中央局进行讨论。此后各地就阶级划分实施中的具体问题不时地向中央请示；中共中央也认为2月15日制定的关于阶级划分的规定并不完善，还不能在各地普遍执行，因此在1948年5月做出决定，仍旧以1933年的两个文件和1948年1月任弼时报告为划分标准。政策变更后，各地方根据新的政策继续划分阶级成分，使得与此相关的纠纷增多，导致案件频发。这也可以解释，为何占比最高的婚姻子女纠纷案件中与成分相关的集中出现于1948年前后。

（二）婚姻纠纷存在特殊性

在63个案例中，婚姻子女类案件成分因素出现比例较高，这与边区一系列婚姻法规的颁行密不可分。但这并不是说，成分因素对裁断结果影响明显，事实上我们发现，政府裁断此类案件时更重视"男女"而非"敌我"。

抗战期间，根据地政府在婚姻立法方面颁布了一系列相关法律，如1941年颁布的《晋察冀边区婚姻条例》、1942年颁布的《晋冀鲁豫边区婚姻暂行条例》等，这些法规是适应抗战需要并结合根据地的实际情况制定的。它对婚姻的基本原则、订婚、结婚、离婚等各项制度都做了民主化的规定，提倡男女平等和婚姻自由。同时针对离婚后财产安排和子女抚养问题进行了具体说明，在一定程度上保障了女性离婚后的生活，也防止离婚后子女无人抚养或受虐待。有学者指出当时边区婚姻法律的本质就在于"消除婚姻生活中的阶级压迫，建立以男女自愿结合为基础、以感情为纽带、以夫妻权利义务对等、地位平等为特征的新式婚姻关系"。① 新式的婚姻法律制度促进了妇女的心理解放，使她们在面对婚姻子女等纠纷时，勇于利用法律武器保护自己的合法权益，在婚姻纠纷类涉及成分划分内容的11个案件中，妇女作为原

---

① 崔兰萍：《陕甘宁边区婚姻制度改革探析》，《西北大学学报》（哲学社会科学版）2000年第4期。

告请求离婚的有 8 例（见表 4-3），且她们的诉讼请求全部得到了支持，其中 1948 年刘金换诉张兰芳因年龄太大请求离婚一案说明了婚姻纠纷对成分因素的"脱敏性"，尽管作为原告的刘金换成分为中农，而她的丈夫、被告张兰芳为下中农，但是在司法判决中并未主要考虑二者的成分差别，而是出于保护妇女权益的目的判决支持原告刘金换的诉讼请求，准予离婚。

表 4-3　婚姻纠纷中涉及成分划分内容的案件内容统计

案别（以原告为准）	案由（件）	原告性别	被告性别	胜诉方
贫农	归还妻子（1）	男	男	被告
	离婚（1）	女	男	原告
中农	离婚（7）	女	男	原告
	复婚（1）	男	女	被告
富农	—	—	—	—
地主	复婚（1）	男	女	被告

从上表中可看出，在婚姻纠纷类涉及成分划分内容的 11 个案件中，提出离婚的大多数是女性，此外涉及贫农和中农的婚姻纠纷数量最多，共 7 件。仅余 1 例地主为原告的案件，其诉讼请求也是复婚。这说明婚姻问题不仅是妇女问题，也是农民问题，因此如何处理贫苦农民的离婚问题是司法工作人员面临的一项挑战。例如，"1948 年房林江诉赵保廷归还妻子"一案中，原告房林江为贫农，被告赵保廷为新中农；在案件审理过程中，村长和农会主任都因为房林江是贫农，兄弟五人只有其一人成了家，因而建议政府将其妻判回，但是在司法判决中司法人员仍然坚持按照既定事实及法律进行判决，没有因为原告的贫农成分而对他有所偏向。这说明，在纠纷双方成分差距不太明显，不存在"革命的敌人"和"革命的朋友"之分时，司法判决更重视对女性的保护，以事实为根据进行评判，不大受成分政策的影响。不过，形势变化后，如解放战争时期和新中国成立后，随着土地运动的深入开展，成分划分在婚姻子女纠纷中得到了广泛的考量。

（三）救亡压倒革命：打击汉奸、特务与保存地主、富农

从表4-2中可知，土地纠纷类案件与其他财产纠纷类案件共计33例，而其中有关成分划分内容的案件仅有3例且均为土地纠纷类案件。数据表明，在这两类案件的司法实践中，成分划分并未成为司法审判的主要依据，其原因可从以下方面进行分析。

首先是抗战时期政权的专政职能并不是主要指向地主、富农。抗日战争时期出现了大批汉奸、特务，对根据地各种建设以及人民生命财产造成极大威胁。因此，当时法律的矛头首先指向汉奸特务，在其他法律政策方面，各根据地的施政纲领及人权条例中都明确提出要贯彻法律面前人人平等的原则，因此基本上不再采取土地革命时期以阶级出身作为定罪量刑标准之一的做法。本节列举的财产纠纷的案例大多数都涉及财产犯罪，但根据当时的法律，在这类案件的诉状、询问笔录、地区政府的证明信件中均未提及原、被告双方的成分问题。这是出于巩固抗日民族统一战线的考虑。抗战中各根据地政府以新民主主义精神为指导，结合根据地实际情况并借鉴中外立法的一些原则制定了一系列法规。这些法律法规注重保障人民利益、保证根据地抗日人民的生命财产安全、严厉打击敌对分子、维护扩大抗日民族统一战线，这为维护中华民族的独立争取到了更多的热血青年和有志之士；甚至对那些曾经与人民政权为敌的犯罪分子也强调加强改造和教育，促使其改过自新，转投抗日民族统一战线的大旗之下，不断为抗日战争增添有生力量。

在打击汉奸、特务的同时，对于富农和地主，政策则相对缓和。与地主政策长期相对明确不同，土地革命时期中国共产党并未从一开始就提出完整的富农政策，相反，由于革命斗争形势的发展，关于富农的政策一直处于变化发展之中。1928年中共六大会议指出，中国的富农具有"资本主义的与资本主义以前的半封建剥削"的双重属性，但富农经济的资本主义剥削方式在我国农业发展中所占比例还很少，故党在目前阶段中的任务乃在使这种富农中立。从1935年底开始，中共做出一系列改变富农政策的指令，即："自耕及雇人经营之土地不在没收之列，封建性之高度佃租，出租于佃农者，应以地主论而全部没收；动产及牲畜耕具，除以封建性高利贷出借以剥夺农民者外均不应没收；富农在不违反苏维埃法令时各级政府应保障其经营工商业及

雇用劳动之自由。"① 保存富农经济的思想得以再次确立。1946 年 5 月，由于内战迫在眉睫而又尚未全面爆发，中共发出"五四指示"，制定了比较温和的土地改革政策，如在富农问题上提出"一般不变动富农的土地"，"对富农应着重减租而保存其自耕部分"。② 1948 年，中共在党内进行了新民主主义农村政策的再教育。毛泽东指出："我们赞助农民平分土地的要求是为了便于发动广大的农民群众迅速地消灭封建地主阶级的土地所有制度；土地改革的对象，只是和必须是地主阶级和旧式富农的封建剥削制度；不要侵犯富农'所经营的工商业'，特别注意不要侵犯新式富农。"③

　　至此，中共形成了"保存富农经济"政策思想的两个理论基点：第一，富农政策需从属于新民主主义革命的性质和任务，应征收富农半封建性的土地财产，而不动富农资本主义性的其他土地财产。第二，允许富农经济的发展，反对绝对平均主义。受此政策的影响，在涉及土地纠纷的案件中，成分作为案件事实因素出现的次数降低，司法人员在处理富农与中农、地主与佃户等的土地纠纷中大都依据案件事实进行审理，较少考虑成分划分对审判结果的影响。如在"1944 年张戊辰诉庞和生租种土地"案中，原告张戊辰是租种地主土地的佃户，被告庞和生是将土地出租的地主，张戊辰与庞和生约定由张戊辰开种其荒地并免租耕种三年，三年满后可交租继续耕种。张戊辰按约种满所开庞和生荒地三年后仍不愿归还，遂向涉县政府请求继续耕种该地。虽然庞和生是地主，并且懒于管理自己的土地，案件最后的审判结果并未支持原告要求继续耕种土地的诉讼请求，而是仍按村上和解意见执行："张戊辰多得今夏一季麦子丢地，庞和生许他一棵柿子树摘两年了事。"④

---

① 《中央关于改变对富农策略的决定》（1935 年 12 月 6 日），《中央关于目前政治形势与党的任务决议》（1935 年 12 月 25 日），《中华苏维埃共和国中央政府执行委员会命令——关于改变对富农的政策问题》（1936 年 2 月 15 日），中央统战部、中央档案馆编《中共中央抗日民族统一战线文件选编》（中），档案出版社，1985，第 36～40、45～68、104～105 页。
② 《关于土地问题的指示》（1946 年 5 月 4 日），《建党以来重要文献选编（1921—1949）》第 23 册，第 246 页。
③ 《在晋绥干部会议上的讲话》（1948 年 4 月 1 日），《建党以来重要文献选编（1921—1949）》第 25 册，第 250 页。
④ 白潮编著《乡村法案——1940 年代太行地区政府断案 63 例》，大象出版社，2011，第 189 页。

四 小结

在民主革命中，中国共产党坚持主张土地制度的改革是民主革命的主要内容，要想团结农民，就要解决农民最关切的土地问题。而解决这一问题的首要工作就是解决"分谁的田地"的问题，因此中国共产党制定了一系列标准用以划分成分以便分清敌我。尽管在本节所举案例中，成分划分这一重要政策在司法实践中的适用并不占多数，但根据对案例的具体分析可知，本节所列大多数案件发生于抗日战争时期，这一特殊的历史时期要求中国共产党团结一切可以团结的力量，打击敌对分子、抵御外侮，因此在原有土地政策的基础上进行了适当调整，成分因素在司法中的影响并不显著，但是根据地时期的司法实践，为新中国成立后的土改政策及新中国司法中将政治标准具体化积累了宝贵经验，成为新中国早期重要的司法资源。

第二节 诉讼中的道德话语

在革命根据地时期的人民司法实践中，道德话语具有重要功能。当事人以道德话语解释法律事实，力图影响司法人员的判断；审断机关则通过对道德话语选择性的运用，力图实现改造思想、贯彻党的政策之目的。这种状况的出现，与中国社会的泛道德主义传统、共产党的政策目的以及熟人社会的纠纷场域，皆有重要的因果关联。本节以太行地区相关案例为素材，探讨早期人民司法中道德话语的内容、运用以及影响因素等。

一 道德话语与司法

法律与道德相当程度上的分离，是现代法律发展中的明显趋势之一。在工商业发展所催生出的以陌生人为主要关系结构的社会中，道德话语的作用不断被弱化。相应地，道德因素在法律的适用中余地大为减少。除非可以被转化为司法裁判中依法应当考量的因素，否则就只能作为社会事实而存在。正因为此，革命根据地时期人民司法路线凝练过程中，道德话语所起的重要作用就格外值得注意。

费孝通先生在论及语言与社会的关系时曾指出："语言像是个社会定下的筛子，如果我们有一种情意和这筛子的格子不同也就漏不下去。"它使人和人间的情意公式化了。① 以语言为基础的话语，其在纠纷解决中的功能也是如此。它主要是定下讨论的框架、决定哪些内容可以受到关注。按照约翰·康玛罗夫和西蒙·罗伯茨对纠纷的分析，纠纷即双方当事人之间的冲突，可以被看作特定的标准框架内当事人对事件和自身进行诠释的方式，一般是相互对立的。话语是重新诠释和讨论的工具，不同的话语，让冲突和问题产生了不同解释的可能性。当事人一方只要在对问题的解释上获取了优势地位，就控制了整个事件的讨论。② 解释是为了确定事件的意义，而事件的意义往往暗示了它的解决方法，因此进行话语解释，其实是在争夺于己有利的结果。话语由此也成为当事人可以利用的斗争资源。一个人能否在争论中使他的话语居于支配地位，对他的胜诉至关重要。在福柯看来，话语作为对各种社会事物与社会关系的"建构"，是权力的一种表现形式。同样的事件，可以用不同的方式进行命名、解释。因而，以一种话语命名一个行为或事件，从而解释该事件的意义并确定背后的动机，是一个行使权力的过程。③ 当原被告双方带着冲突进入法庭，想要行使自己的权力，就一定会进行争论以建构自己对事件的解释。诉讼中的不同话语由此产生。

诉讼中的话语类型，主要可以分为法律话语、道德话语以及治疗性话语三种。法律话语主要依根据法律的范畴和解决方法，治疗性话语是根据救助职业的范畴和解决方法，比较关注当事人的不利社会处境即"治疗"的需要。限于主题本节主要关注的是第三种话语即道德话语。道德话语是一种关于人际关系的话语，是涉及邻里、父母与子女、兄弟和姐妹之间道德义务的话语。这种话语的语言是与各种社会关系的定义相联系的责任和义务。道德话语对事件的解释均是依据人际关系做出的道德上的判断：谁应当受尊敬？哪些行

---

① 费孝通：《乡土中国 生育制度》，北京大学出版社，1998，第17页。

② 〔美〕萨利·安格尔·梅丽：《诉讼的话语——生活在美国社会底层人的法律意识》，郭星华等译，北京大学出版社，2007，第127页。

③ 〔美〕萨利·安格尔·梅丽：《诉讼的话语——生活在美国社会底层人的法律意识》，郭星华等译，北京大学出版社，2007，第151~152页。

为该被鄙弃或人们是否兑现了自身职责？① 在其语境中，诉讼中的道德话语主要表现为针对当事人以及证人进行道德方面的评价，这种话语最大的特征是关注相关主体的名声和受尊敬程度以及与此相联系的责任和义务。②

诉讼中道德话语的存在，首先是基于诉讼当事人的情感需求，而情感需求往往不能在法律话语中找到应有的地位。正如庞德所言："一个法院能使一个原告重获一方土地，但是他不能重新获得荣誉。法院可以使一个被告归还一件稀有的物品，但是他不能恢复一个妻子已经远走的爱情。法院能强制一个人履行一项转让的土地契约，但是它不能强制恢复一个因个人秘密被严重侵犯的人的精神安宁。"③ 其次是道德性的语词具有很强的话语攻击力。为自己或对方当事人贴上一些标签，以证明对方德行有亏而自己善良正直，隐隐然使自身因道德权利获得了一种"请求报答权"，即主体在一定条件下（如由于善行而遭受困境）要求道德行为受益者对道德行为回报的权利。④ 这可能会影响到法庭如何解释对方的行为或者对他裁决的严厉程度。

二　根据地案件中道德话语的存在情况

在法律系统由传统走向现代时，以道德话语在诉讼中的地位变迁，可以窥得该法律系统变革和发展的路向。革命根据地时期的人民司法实践即为显例。在 20 世纪 40 年代共产党治下的边区，道德话语被广泛运用于人民司法的纠纷解决中。

（一）所涉案件的类型构成

从 20 世纪 40 年代太行地区政府处理的 63 个案件来看，无论是双方当

---

① 关于道德话语，社会学家理查德·马德森给出了一个更具规定性的概念，即"我们总是试图理解道德责任的本质，并根据这些判断评价自己或他人的本质，同时说服别人相信自己的评价和判断是正确的"。Richard Madsen, *Morality and Power in a Chinese Village* (Berkeley: University of California, 1984), p. 8.

② 〔美〕萨利·安格尔·梅丽：《诉讼的话语——生活在美国社会底层人的法律意识》，郭星华等译，北京大学出版社，2007，第 155~156 页。

③ 〔美〕庞德：《通过法律的社会控制——法律的任务》，沈宗灵、董世忠译，商务印书馆，1984，第 31 页。

④ 许钰：《论司法能动的道德风险——道德权利语境下的比较性诠释》，《法律科学》2011 年第 2 期。

事人、其他诉讼参与人，还是相关公权力机关的言说，都有道德话语的存在。在 63 个案例中共有 27 个案例涉及道德话语，其中婚姻纠纷案例最多，达到 16 个，其余涉及土地纠纷、财物纠纷等（见图 4-3）。这说明，在当时的人民司法实践中，道德话语不仅被各主体广泛运用，而且涉及纠纷种类也不少。

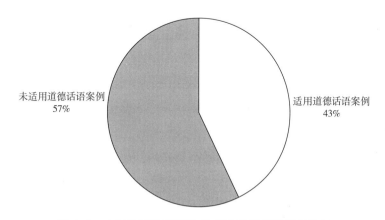

图 4-2　太行地区政府断案 63 例中道德话语适用情况

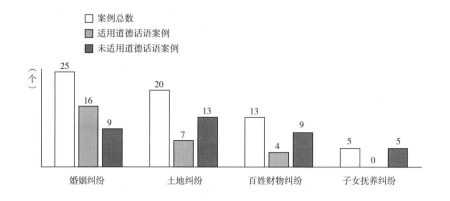

图 4-3　太行地区政府断案 63 例中道德话语具体适用情况

从图 4-2、4-3 中我们可以发现，婚姻纠纷中出现道德话语的比例最高。初步推断，一个可能的原因是婚姻纠纷主要涉及人身关系，尤其是两性话题与道德关系密切，更为关注当事人在道德上的表现。这也为其他相关研究所印证。如萨利·安格尔·梅丽在关于美国底层民众法律意识的研究中指出，美国初等法院在婚姻和父母子女问题的讨论中大多使用道德话语，而法律话语则很少被提及。婚姻案件常常涉及有关婚姻角色关系的讨论，在每 6 个婚姻案件中就有 4 个主要使用道德话语。[①] 不过同时如上图所见，与梅丽的观察结果不同，太行地区子女抚养纠纷中道德话语的运用极少。对此，我们也可以做一个简单推测，就是子女抚养纠纷虽与婚姻纠纷在调整对象上有相似之处，但在当时物质匮乏、战乱频发的现实环境下，抚养权的归属更为关注夫妻双方的抚养能力，道德过错则退居次要地位。对四类案件中各方所使用的道德词汇进行统计，也可以在一定程度上印证笔者的推断。统计结果如表 4-4。

表 4-4　太行地区政府断案 63 例中道德评价词汇使用情况

纠纷类型	道德话语主要评价词汇
婚姻纠纷	腐化（出现 6 次）；偷（出现 6 次）；破鞋（出现 2 次）
土地纠纷	好骗（出现 2 次）；狡赖（出现 2 次）
百姓财物纠纷	偷，狡赖，流氓，不是好人

（二）运用场合

根据笔者观察，道德词汇的运用场合大致有二：其一是对案件情况进行整体命名，包括对当事人的评价和案由的定性；其二是对案件中的争议焦点进行建构。

从第一个方面来说，对涉及道德话语的 27 个案例进行具体分析，会发现在法庭之中，当事人、事件、行动和情况都会被命名。比如，许多婚姻纠纷案件阐述离婚理由时，当事人都会运用具有评价性意义的词汇对对方或自己进行描述。男方常常会为女方贴上"有腐化"、"不安于室"等标签，与之相对应，女方贴于男方的常见标签则是"惯偷"、"好赌或吸毒"等。这说明，双方当事人试图通过运用道德话语描述这些事件，从而让自己的话语权占据

---

① 〔美〕萨利·安格尔·梅丽：《诉讼的话语——生活在美国社会底层人的法律意识》，郭星华等译，北京大学出版社，2007，第 153 页。

支配地位，以影响案件结局。如"1942年张赵氏诉江庚玉婚姻纠纷"案，张逢元给县政府的报告中就指出"张繁所之妻张江氏是个破鞋"。在"1942年任桂英诉张敬元请求离婚"案中，工作队给司法科的信中，就谈到"赵敬元（张敬元）在本村是一个朴实的农民，很忠厚"。在"1944年李中央诉李天顺盗卖土地"案中，涉县县政府处刑命令中就用了"好骗狡赖之徒"这一短语形容被告李天顺。"1944年郝银和偷盗抗战公粮"案，同样使用了词语"标准流氓"对被告人郝银和进行描述。在"1948年樊水鱼诉程羊顺请求离婚"案中，涉县县政府的判决书使用了"作风不好"来描述被告程羊顺。这些词语的使用目的，是通过对当事人道德品质的描述，既说明他们平时表现一贯不好，与公权力所期望的秩序合作程度低，也暗示此次纠纷的过错在他们身上的可能性很大。

除了直接对人物进行评价之外，还有对案由进行道德化处理为事件定性的情形。比如，"1941年刘欧诉王秉公与军人妻子结婚"案的案由，被概括为"奸拐抗战军人妻室"，实际上从案情分析，主要是军人妻子由于听闻丈夫战死因而改嫁，与"奸拐"二字相去甚远。"1943年段元年诉白菊追还钱款"案的案由，也被描述为"通奸坑财"，但从案卷材料分析发现该案并不存在"通奸坑财"，而是原被告之间单纯的债务纠纷。这都反映出运用评价性词汇是道德话语的基础，其目的是首先分出"对"与"错"，获取抗辩中的先机。

第二个方面是对案件争议焦点进行的道德事由化。当事人在争论中借助道德话语，描述案件中的具体事实细节，以便重新建构问题。比如，在1942年张繁所与妻子江爱鱼的婚姻纠纷中，张繁所第一次接受讯问时，将自己与妻子江爱鱼之间的纠纷缘由归结为江爱鱼有通奸行为。江爱鱼则在第一次讯问中攻击丈夫张繁所曾经偷自己衣服，还偷别人家的玉茭。江爱鱼在第二次讯问中又指出丈夫与自己这次打架，主要是由于丈夫生了花柳病，得了大疮。花柳病，是性病的一种，如若属实，则暗示了张繁所作风不正，可能在外胡搞。张繁所在第二次讯问中，则强调自己并没有得花柳病，只是生过痔疮。通常来说，婚姻纠纷的争议点应当围绕双方是否感情不和展开。但是在这个案例中，双方当事人都在不断强调、攻击对方其他道德层面的问题，以便使自己处在有利的位置。在江爱鱼的陈述中，争论点被建构为丈夫自身道德有瑕疵（偷盗）且得了花柳病，还打骂自己。尽管她并未明言丈夫的"花柳病"是因为行为不端而得，但其道德上的攻击力不言自明。也正因为此，在张繁所的陈述中，争论点被重新建构为自己只是得了痔疮，妻子江爱鱼平日和自己感情很好，打骂发生是因为她偷情出轨。显然在这里，与性生活不端相关的花柳病和作为一种常见疾病的痔疮所具有的道德含义截然不同。

三 道德话语、诉讼策略与案件信息来源

从对 27 个案例的道德话语在具体运用中的分析，我们可以看到，一个案件不仅被当事人用道德性话语来表达，它还在被道德话语重新建构。道德话语作为建构这些案例内容的主要话语类型，不仅为双方当事人及其他诉讼参与人定性，还影响了对整个案件判决正当性的评价。在此过程中，由于当事人认识到道德话语的作用，因此对其诉讼策略进行了相应调整；司法者也会因此对案件的信息来源重新进行安排。

作为诉讼策略选择的结果，我们首先看到，案例中除了对当事人与所争议问题相关的道德品行进行评判外，一些与该问题无关或并不直接相关的道德瑕疵也被作为道德攻击的武器进入诉讼。比如，在"1942 年张赵氏诉江庚玉婚姻纠纷案"中，当张繁所指责江爱鱼与区属通讯员通奸时，江爱鱼指出了张繁所偷自己衣服和别人家的玉茭等与夫妻忠实无关的道德瑕疵。在"1948 年王伶俐诉郭兴顺请求离婚"案中，王伶俐指责郭兴顺偷东西，郭兴顺则指出王伶俐与冯文祥之间存在不正当关系。此类情况在案例中大量存在，见表 4-5。

表 4-5 太行地区政府断案 63 例中道德话语与案件关系情况

单位：个，%

总案例数	道德话语存在情况	道德话语与案件存有关联	道德话语与案件无关联
63	27	14 (51.86)	13 (48.14)

如表 4-6 所示，接近一半的道德话语与案件要素本身都是无关的，可谓泛滥成灾。从诉讼策略角度初步推测，双方当事人运用道德话语，一方面因为道德表述无须专业技巧，是从直觉出发的判断，比如，指出某人为惯偷，那么说明此人一贯就是个不务正业的坏人，很可能会在法庭上撒谎。人们参

考的道德标准都是一种直接存在于脑海中的观念，无须专业论证即可发生作用。另一方面则希望通过在道德上贬低对方，把自己伪装成一个因善行而进入困境的人，引起法官共鸣，进而做出对自己有利的裁判。

其次，由于当事人根据道德准则对诉讼策略的调整，在法庭上对"问题"的解释就与案件解释并存。在去法庭解决之前，我们可以将当事人之间发生的冲突视为一个"问题"。生活中人们在谈到这一最终被提交到法庭的问题或冲突时，都是运用日常语言进行讨论和描述。比如，在谈到双方之间的婚姻纠纷时，人们可能会直接说双方的婚姻出现了一些问题。但是，当这一问题进入法庭解决时，这种冲突就解释为了案件。法官谈到案件时往往会重新运用专业用语进行建构。不过我们发现，当事人在将一个问题带入法院后，依照不同的目的，他们也会将此冲突分别解释为问题与案件。① 大体来说，双方当事人对于问题和案件的选择，原告更希望认定为案件，被告则会倾向于解释为问题。比如在"1942 年韩珍诉解殿元请求离婚案"中，原告韩珍（解殿元之妻）一直坚持要求离婚，在讯问中更不断强调自己离婚的决心。显然，在韩珍眼中这是一个值得拿到法院进行判决的案件。但是，被告解殿元则认为两人之间争吵、自己父母虐待韩珍都只是婚姻中的"问题"，是可以通过检讨学习纠正的。所以，第一次司法者也更倾向于认为两者的婚姻是可以继续的。"问题"与案件不同，问题的指向是情感性的、非理性的，它会对愤怒、烦躁、委屈等情绪提供一定的理解，案件则是理性、非情感的，它更看重情绪之外利益争端方面的意义。另外，问题缺少一个可以明确划分的开始和结束，案件则是有的。案件的纠纷通常是一个平滑而随着时间逐渐推移的过程，问题则不然。问题常常长时间处于沉寂状态，在此期间，当事各方都尽力地容忍着问题的存在。到法庭提起诉讼或采取暴力会使问题的意义发生急剧转变并造成冲突的升级。人们通常处理邻里和家庭问题的主要方式似乎是逃避或听之任之，长时间地容忍某种令人不快的状况直至某件小事件引发了某种反应，从而导致一种常常与事件本身不成比例的强烈反应。② 很显然，当问题

---

① 〔美〕萨利·安格尔·梅丽：《诉讼的话语——生活在美国社会底层人的法律意识》，郭星华等译，北京大学出版社，2007，第 178~179 页。

② 〔美〕萨利·安格尔·梅丽：《诉讼的话语——生活在美国社会底层人的法律意识》，郭星华等译，北京大学出版社，2007，第 129 页。

进入法院转化为案件之后，不管从何种角度进行解释，都更为强调其严重性。从当事人的角度讲，一方面，"问题"淡化了冲突的严重性，但另一方面，却因为"问题"往往和谁对谁错的情理道德判断相联系，反而可能因为需要区分是非而加重双方的对立，从而激化冲突。

按一般情形而论，法官倾向于对问题进行案件化解释，这是由法院的职能和法官作为法律专业人士的身份决定的。但是在早期人民司法中，我们发现法官对问题化解释的容忍度非常高。他们常常会顺着当事人的话语路径一路走下去，并不着力用专业性的法律语言和范畴加以规范。因此，道德话语的作用就更加明显。这反过来增强了当事人在诉讼策略中选择道德话语的动力。当案件来临，法官在法庭上需要获得客观解释，并在此基础上进行判断。这种情况下，如果双方当事人一方在品行上的问题化解释以令人信服的方式提供给了法官，这种解释对法官处理案件势必有所影响。比如在"1946年刘怀亭诉申狗非法结婚"案中，在对被告申狗（刘怀亭之妻）的讯问中，申狗就在回答"结婚后两人感情如何"这个问题时攻击了原告的品行问题，"他（刘怀亭）是一个惯盗犯，经常偷人家南瓜、豆角、谷草、柿子、核桃等田禾"，妇救会在给区长的信中也谈到了刘怀亭的偷窃问题。所以，在最后的判决书中，司法人员在事实与理由部分就直接指出原告刘怀亭过去是个不务正业的人，还偷过荣退军人的米。这说明申狗关于刘怀亭品行的解释对处理案件产生了一定影响。司法者不但进入了道德话语的语境中，甚至也对与案件无关的道德因素加以关注。但是，道德话语并不都是负面的。从相关案例来看，这主要体现在案件有第三方参与的情形中。比如在"1948年张东娥诉任八的因夫妻生活不和谐请求离婚案"中，二区区公所给县民政科的信中，就指出"她男人说不清话，此妇女（张东娥）也很正当"。这是对当事人张东娥的品行予以肯定，在区公所运用道德话语的建构下，排除了"问题"，表示这两个人要离婚确实是因感情不和而非其他理由。显然，区公所的建构对最终判决肯定也会产生影响。本案判决就认为双方不存在其他问题，确属感情破裂，最终判决双方离婚。

其次，侧重于道德因素的问题解释，也会影响到案件事实的信息来源，这在早期人民司法中突出体现为当事人之外的第三方对裁判结果的影响。当人们与他人谈论某一"问题"时，大多时候会将其归结于对方本身是有错误的，而法官也认为这些问题通常会与品行不端的人挂钩。比如，邻里之间发生争执，在讲述这一问题的时候，往往会提到争执的一方平日脾气不好、得罪了很多邻居等。由于双方的建构往往对立，对于品行不端的判断如果缺乏一个明确的独立的信息佐证，通常就只能在原被告陈述所形成的这种相互对立的解释中进行选择。因此，法官必须允许一些来自第三方的零碎信息成为一种佐证，以增强结论的可靠性。

来自第三方的零碎信息成为佐证，在相关案例中十分常见。这主要是由于在当时的人民司法背景之下，对于"调查研究"极为强调造成的。比如在"1945年潘闺女诉刘其生解除婚约案"中，双方当事人的讯问笔录中并不存在关于对方的道德性评价。但是，在李宪明给当时司法科赵科长的信中，他就谈到潘闺女虽然在旁人眼中似乎是一个很好的女人，但其实其不安于室，与一伙青年胡搞。在土地纠纷中同样存在这样的情况，比如"1944年杨春果诉杨补元出卖土地案"中，司法科蒋孚民与台村村长的谈话中，村长就指出杨补元平日不学好，不仅快要卖完自己家的土地，还时常偷盗别人家的财物。这些谈话，最后成为涉县县政府做出判决的佐证，判决书中直接采纳了谈话内容，写到当事人杨补元在父母死后好吃懒做，还喜偷盗。

这一情况不仅出现在当事人本人身上，其他诉讼参与人也可能受到诸如"品行不端"这类来自第三方的道德评价的影响。比如在"1942年侯来义诉杨小娥私自改嫁"案中，侯来义为杨小娥丈夫的兄长，杨小娥因丈夫长时间失去音讯提出离婚，侯以上年三月证人杨黄孩曾与杨小娥丈夫有过交谈来反驳"失去音讯"的说法。但是经调查发现，杨黄孩是一个居无定所也无财产的人。他不仅生活贫困，还喜欢偷盗别人的东西。因此，法官在原被告陈述相互对立的解释之中，依据第三方关于证人的信息，否定了杨黄孩的证言。判决书直接指出杨黄孩以乞讨为生，居无定所还喜偷窃。他的证言由于他在道德品行上的缺失而显得不足为信。所以，司法人员认为，所谓的杨黄孩与杨小娥丈夫曾经交谈过完全是原告捏造的。从这个案例中我们可以清楚地看到，对其他诉讼参与人如证人的道德评价，对裁断也是有影响的。而由谁做出、评价的内容如何很重要，这就是双方当事人以及第三方在争论中的解释与建构。

四 道德话语适用的原因探析

从人类社会的惯常情形来看，道德性语言构建的文本是具有某种真理性的。"人类历史地赋予它们（道德标准或原则）以既定的事实性意义，仿佛它们确实无疑，因而也就使它们获得了某种表示事实的真理性"，这种真理性就是福柯讨论的话语权力，即使它并不像法律一样具有国家强制性，但是仍然得到了大多数人的普遍认同，可以借此对普罗大众进行约束，同时谴责那些不符合道德约束的行为。① 根据这一前提，以下三个要素可以被认为发挥了作用，使我们可以从中观层面来解释道德话语在人民司法中得到广泛运用的现象。

1. 传统社会文化与道德话语存在较高的适应度

道德话语频繁出现在这些案例中，不仅是因为道德话语有着作为斗争力量和工具的功能，还受我国社会文化传统的影响。"道德、文化与传播交织在文化的拼图中，它们既不可分割，又是社会的显著因素。"② 因此，在案例中出现的道德话语不仅仅是语言学与法学的问题，它还折射出一个社会的深层文化。道德话语之所以被当事人以及其他诉讼参与人广泛运用，中国文化传统中的两个重要方面——耻感文化和泛道德主义的作用不可忽视。

耻感文化是美国学者鲁思·本尼迪克特观察日本文化时所提出的，主要与西方文化中的罪感文化相对应讨论。她在其名著《菊与刀》中提出，真正的耻感文化依靠外部的强制力来做善行，所以耻感文化是外控型的，与旁观者效应紧密相连。③ 这就意味着，在耻感文化中生活的人，希望自己是个社会评价相当好的人。一旦发现自己有些瑕疵就要遮掩。生活在耻感文化中的人最不希望被人揭穿自己道德上存在的问题，正如案例中那些有"偷窃"恶习或有"腐化"的当事人，即使被揭穿，也要极力否认是自身的道德问题导致了纠纷的产生。

另外，在中国文化传统中，儒家文化长期处于主流文化地位，儒家文化

---

① 〔英〕理查德·麦尔文·黑尔：《道德语言》，万俊人译，商务印书馆，2005，第6页。

② 〔美〕罗伯特·舒特：《道德、文化和传播：一种跨文化视角》，见拉里·A. 萨默瓦、E. 波特编《文化模式与传播方式——跨文化交流文集》，麻争旗译，北京广播学院出版社，2003，第493页。

③ 〔美〕鲁思·本尼迪克特：《菊与刀》，吕万和等译，商务印书馆，2012，第154页。

的核心正是根植于道德主义文化之上，潜移默化地影响了上百代人。以德入法的倾向不断被论述与建构，形成了传统儒家文化中鲜明的"泛道德主义"。泛道德主义，关键就在于"泛"，它意味着一切都需要用道德标准去衡量、处理，道德标准的地位是至高无上且无所不包的。

在这种文化环境下，自秦汉开始，审案官员就十分关注当事人的道德品行问题，如西汉时期的"春秋决狱"即为显例。同时，司法案件中的双方当事人、司法机关以及相关调查者，在对主体的行为进行评价时，大多是从自身的直觉出发，直觉比较符合中国人的思维习惯。韦政通先生评价儒家道德思想的特点是"先验的道德原理"、"道德判断诉诸直觉"、"道德理性与本能相对反"。[①] 在偏好直觉思维的影响下，道德虽然没有国家强制力，却成为人们心中具有普遍约束力的行为规范。"在道德文化中，表达的语言，以'规约'语句为主。"所谓规约语句，主要是"教诲人一种固定的行为方式，或促使人去实现一种人格价值。在这里，只讲善恶（或好坏），不讲真假"[②]。这会导致当事人在法庭上运用时不免会强化道德话语的价值判断性以及武断性，为了争夺话语的权力而忽视了争论事实本身。但是不可否认，充满判断性以及情感性的道德语言，也能建构每个人心中的事实。同时可能引起法官的关注和共鸣，从而让自己占据更有利的法庭位置。

2. 人民司法的目的与形式适合道德话语

人民司法是中国共产党挽救近代中国社会总体性危机的所有工作中的一环。近代中国社会的总体性危机中，很重要的一个方面就是由于传统道统失序，人心难以安顿的问题。针对这一问题，共产党的策略是重建道德统绪，铸造新人，这可以被称为"新德治"。"新德治"之"新"，一方面表现在内容上，不但继续利用传统德治的某些方面促使个人道德完善，而且增加了强调国家民族利益、注重集体主义的"公德"；另一方面，"新德治"的治理技术也与传统德治不同：传统德治首先针对士大夫，要求其修行君子人格，而新德治要普及所有人民。[③] 作为一种治理技术，新德治要求人们抑制自我、接

---

① 韦政通：《中国文化概论》，吉林人民出版社，2008，第55~58页。
② 〔英〕理查德·麦尔文·黑尔：《道德语言》，万俊人译，商务印书馆，2005，第6页。
③ 关于"新德治"的系统论述，参见应星《村庄审判史中的道德与政治：1951—1976年》，知识产权出版社，2009，第1~2、157~159页。

受改造自我。强调责任和义务的道德话语远比强调权利的法律话语更为契合共产党治理的需要。但作为维持秩序、推行新德治的保障，法律话语不可能完全被抛弃。如此一来，在法律系统中注入较多的道德因素、允许道德话语的广泛存在，便成为人民司法服务于治理技术的可取之途。

人民司法作为共产党人治理边区的法律选择，强调在实践中改造社会，尤其是从主观世界对个人进行改造。因此，对个体"一贯表现"和实地调查的重视，让道德话语有了发挥空间。一方面，"一贯表现"包括当事人的思想作风以及道德品行。另一方面，在乡村社会中，对于普通老百姓而言，讲"好"与"坏"，用道德标准评价双方当事人及其他诉讼参与人是最简便的方式，因此法庭上或法庭外有相当多的交往以道德话语推动。

3. 乡土社会的民众惯于使用道德话语

太行地区案例中的纠纷基本都发生在基层农村，而且以本村人之间发生的纠纷居多，这些地区的人口流动性是很低的。人们在一个较小的空间内生于斯、死于斯，彼此之间甚为熟悉，这是一个没有陌生人的社会即熟人社会。① 熟人社会主要依靠血缘、亲缘关系以及姻缘关系维系，人与人之间的联系十分紧密。在这种环境下，每个人的行为都可能直接或间接地处于别人的注视之下，更会通过口耳相传的方式变得人人皆知。这种传播是无成本的，而且速度是普通传播方式的很多倍。每个人都会因为自己的行为方式而被放在熟人社会群体中讨论或评价。在乡土社会中，一个人的名誉尤为重要。因为名声是他与其他乡民之间交往的重要考量标准，如果一个人被认为德行有失、品行败坏，那么他的婚姻问题、亲戚关系甚至经济交往都会备受考验。乡土社会的这一特性与道德话语关注名声和尊重的特点可以说十分契合。更有甚者，在熟人社会中，个体的名声还与整个家庭有牵连。人们会出于简单遗传的考量，认为某一个体道德有亏，那他的子女可能也有同样的道德问题。可以说是一荣俱荣，一损俱损。

比如"1945年王立柱诉王三太土地租佃纠纷"案，当地村委会干部在给涉县司法科长蒋孚民的回信中就谈到王三太在群众中间威信不好，因此没有人愿意帮助他。而且这不仅仅是他个人不好的问题，他"那一家没好人"。并

---

① 参见费孝通《乡土中国 生育制度》，北京大学出版社，1998，第9页。

且值得注意的是，该干部也谈到因为王三太群众基础不好，所以担心在解决问题时可能会出现有失偏颇的状况。这反映出在熟人社会背景下，人们相互了解的程度很深。不仅对个体有所评判，对整个家庭也会进行相关评价。这种评价还可能会影响到当时公权力机关的判断。

在"1944年李清太诉李如意农村道路纠纷"案中，也反映出了熟人社会的环境特性。在县政府民事科派人调查李清太、李如意地道纠葛问题时就提到对于两人所争之路，多数老百姓都谈到从未有人干涉过这条路准不准通行这一问题。并且，原告李清太在村子里属于被压迫者，而被告李如意与村干部关系好，所以被包庇袒护，有些霸道，群众对其是有意见的。这反映出在熟人社会中，个体行为的一举一动都处于大众的视线之下。人们通过道德标准进行考量、评价，关注个体的名声好坏，并很容易被其他人的观点所印证。因此，太行地区这些基层农村熟人之间的纠纷，道德话语自然成了使用最为频繁也最有力的话语。

五　关于道德话语诉讼功能的初步思考

法庭交际主要是话语交际的过程，道德话语作为一种话语，具有信息传递和表达思维的作用。运用道德话语，能向法官传递出当事人的相关品格信息，同时表达自己意欲如何解决纠纷的思维过程。道德话语也是一种用于评价的工具，这个工具由谁掌握，谁就拥有了相对其他人的优势，就可以从自身的理解或者利益出发进行建构，掌握法庭上的话语权力。因此，在司法裁判中运用道德话语是司法运行的实际需要。另外，正如庞德所说，"在我们生活的地上世界里，如果法律在今天是社会控制的主要手段，那么它就需要宗教、道德和教育的支持；而如果它不能再得到有组织的宗教和家庭的支持的话，那么它就更加需要这些方面（道德、教育——笔者注）的支持了"。[1] 整个法庭或者法律的有效运行，都离不开道德的支持。法院在司法裁判中运用道德话语，也是通过道德基础获得法律正当性的努力之一。道德话语的运用，从某种程度上拉近了法律系统和社会生活之间的距离，有利于缓解专业和常识之间的矛盾，使裁断结果得到大众的认同。

---

[1] 〔美〕罗斯科·庞德：《通过法律的社会控制》，沈宗灵译，商务印书馆，2008，第37页。

比如在"1942年任桂英诉张敬元请求离婚"案中，城关老百姓以及当地群众都认为任桂英是不对的。工作队也运用道德话语评价了任桂英及其母亲的品格问题（不正经、吸鸦片），而张敬元是个好人，判决这两人离婚的影响可能不太好。显而易见，如果法院判决两者离婚，很可能就会动摇案件的道德基础，不能得到大众的认同。

从技术角度看，这种习惯性的话语方式也可以被现代法律系统接纳，主要是因为案例中的一部分道德话语可起到类似品格证据的作用。品格证据源于英美法系的证据规则。所谓品格"第一，指的是一个人在其熟悉的社区环境中所享有的声誉。第二，指一个人以特定方式行为的倾向性。第三，指一个人历史上所发生的特定事件，如犯罪前科等等"。① 显然，前述案例中的道德话语在以上三种含义中都有涉及。

在品格证据的运用中，根据主体主要分为被告人、被害人以及证人品格证据规则。证人品格证据规则，通常可以佐证证人证言的真实性。在1942年"侯来义诉杨小娥私自改嫁案"中，涉县司法科就因证人杨黄孩居无定所，专好偷人家东西否定了其证言的真实性。在此案例中，裁判者将证人的品格视为不良的品格证据，从而其证言的真实性遭到否定。

关于被告人品质，根据美国联邦证据法品格证据规则，被告可以提出自己的良好品格证据，而他一旦提出，控方就有提出其不良品格证据予以反驳的权利。② 大陆法系中也存在类似的"人格调查"制度。根据法国《刑事诉讼法》第81条，在审前程序中，预审法官依法进行其认为有益于查明事实真相的一切侦查活动。为达此目的，预审法官会展开对当事人的人格以及家庭情况等的调查。③ 显然，这与人民司法环境下常见的各种调查报告、证明材料具有共通性和相似性。这种共通性的基础仍在于法庭交际是一种话语交际，一个人的品格不是客观的存在，其需要在话语中建构，而道德话语正是建构一个人品格的核心所在。所以，在案例中不少当事人都希望运用道德话语构建出对自己有利的品格证据。相应地，对方也同样会运用道德话语建构不良品格证据进行反驳。

---

① 卞建林主编《证据法学》，中国政法大学出版社，2000，第64~75页。
② 黄士元、吴丹红：《品格证据规则研究》，《国家检察官学院学报》2002年第4期。
③ 宋泫沙：《英美法系与大陆法系品格证据之比较研究》，《政治与法律》2012年第5期。

　　我们也可以发现，道德话语在人民司法中存在广阔生存空间的同时，其作用也受到了有意识的抑制。在涉及道德话语的 27 个案件中，道德话语所涉的道德因素对判决结果影响明显、使言说者争取到了自己想要的判决结果的有 15 个，占比 55.56%，有 12 个案件言说者并没有达到自己的目的，占近一半。这说明，中国共产党在各边区的治理中，并非放任"民众话语"左右裁判。基于党的政策目的，一方面，共产党以"新德治"中的"公德"大量代替民众在传统社会生活中秉持的"私德"，挤压其生存空间；另一方面，则提倡"法治主义"，宣称"新民主主义的司法，应是法治主义"。[①] 法治主义的提倡，是共产党展示自身先进性和现代性的重要途径，在获取法律治理社会的实际功用之外，通过提高民众所不熟悉的话语之地位，更有利于自身宣教者角色的巩固。

　　道德话语与法律话语和治疗性话语在司法实践中会长期并存，在当今法律专业人士不断倡导的理性标准与民众亲身感受的感性标准之间冲突频发的状况下，本书所讨论的问题可以提醒我们注意"法条主义"面临困境的必然性。当然，本节仅仅是一个重在归纳现象、解释原因的初步讨论，至于该如何调整几种话语的地位格局才更有利于司法功能的发挥，尚待更进一步的研究。

---

① 《晋冀鲁豫边区高等法院 1943 年工作报告》，载北京政法学院审判法教研室编《中华人民共和国审判法参考资料汇编》第 1 辑，北京政法学院，1956，第 215 页。

第五章　人民司法模式的历史文化基础

中国共产党的创新实践，是在"从孔夫子到孙中山"的历史遗产滋养下进行的，法律实践也不例外。尤其在根据地，乡村社会的场域使共产党必须注意司法的历史起点。从根据地司法实践的整体精神来看，共产党已经在着力以新民主主义的意识形态来改造乡村社会的生活方式。不过，由于受争取民众支持的现实目标制约，共产党还不可能彻底倾覆行之已久的传统规则。同时，共产党的意识形态要求尊重群众的意愿，一些传统的规则意识和法律观念正是在这一语境下得到了共产党人的认可，从而使根据地时期的司法乃至于新中国成立后的司法，都表现出与传统中国司法的某些"家族类似"。本节正是在前述考虑下来探究人民司法的历史文化基础。

关于以文化来解释法律（包括历史上的法律），梁治平教授曾指出："在被用来解释历史和社会现象时，文化不但经常被理解为一种支配性甚至决定性因素，而且被想象成一种静止不变的东西。这使所谓文化解释变得无所不包，同时也失去了它应有的解释力。"① 这种告诫对于试图进行古今勾连的工作具有重要警示意义。基于此，本书在这一部分想要揭示的，并非中国历史上的司法与当代司法的某些皮相式联系，而是试图通过对古代中国司法精神内涵的研究，分析某种司法行为的制约环境及其因素，体察某些组织内外的环境因素是否发生了本质变化从而判断某些司法要素是否具有跨时空的生命力，这就是寻求历史文化基础的初衷。根据学者研究，人类历史上曾存在三种司法理念，除了为人们所熟知的个人权利本位司法理念与继之而起的社会

---

① 梁治平：《法治：社会转型时期的制度建构》，载梁治平《在边缘处思考》，法律出版社，2002，第 131 页。

本位司法理念之外，在时间顺序上，更早时期存在的是国家本位的司法理念。传统法中国的司法，基于义务本位的立法而存在，表现为集权制社会结构下的实质正义，社会主体结构被高度抽象为国家，司法权作为国家统治者控制社会的工具而存在。① 这种司法理念遵循由家族首领或统治者按照某种政治、经济或道德的实质原则制定的法理念，追求一种理性化而非形式化的正义。如韦伯所说："它追求的不是形式上的精确的对于机会的可预测性，以及法和诉讼程序中合理的系统性的最佳鲜明性，而是在内容上最符合那些权威实际的一切功利主义的和伦理的要求的明显特征。"② 这种司法理念，在反对形式化和追求实质正义方面与人民司法理念存在较大的相似性，考虑到以上因素，从传统法中寻求人民司法理念的历史文化基础，对于探讨人民司法模式的民族性，以及探寻传统司法理念现代化的可能性，皆有重要意义。

第一节　中国司法传统的实质正义追求

一　司法活动的道德关注

古代中国法律，泛道德化为其最主要的特征，法律之所以惩处失范、违法的行为，着眼点不仅是打击非法，也不仅为保护私产，更是为了道德上的目的，即让儒家宣扬的人情伦理得以维护，人们的行为合于名教纲常。然而，即使法律按照道德的原则和规条来设立，由于立法固有的普遍化特征与稳定性要求，无论制定之时多么完备，在与道德相关的具体情境中都会不敷使用，必定有赖于司法的补足。更何况，古代中国立法本身就为司法官发挥主观能动留下了充足空间。一方面，侧重具体列举、"一个萝卜一个坑"式的罪刑对应，使得许多未被列举的行为必须由司法官"酌情"处断；另一方面，明清律当中"不应为"之类的规定，给司法官以道德关注来处理案件提供了一件合法的外衣。对于"不应为"，立法者界定为"律令无条，理不可为者"。其中的"理"是一个核心概念，清代学者戴震将其解为"在己与人皆谓之情，

---

① 参见曹燕、吴亚琳《试论社会本位的司法理念》，《政法论丛》2004 年第 5 期。
② 〔德〕马克斯·韦伯：《经济与社会》（下卷），林荣远译，商务印书馆，1997，第 74 页。

无过情无不及情之谓理"①，可见，理的内容基于人情，理就是评判人情的尺度。这一尺度立法并无规定，而是交由司法官掌握，其原因是"律于重大罪犯，莫不详备，而细小事理，不能穷尽人情，各立一法"（沈之奇语）。这样的立法意在避免技术上的复杂性，简化万千案情中的疑难细节，而在大众之中造成一种司法官员万能的印象。即司法官有足够见识决断所有的案件。② 立法不能及之时，司法官员就必须自己判断人情事理的是非与尺度。在此前提下，司法中适用的许多具体规则就可以由（也必须由）司法官员道德上的自觉来补足。对道德原则的领会和掌握是最重要的智识资源。这种理念推向极致，就会得出法律对于司法官而言远远不如代表道德的"礼"重要，甚至对法律过于精纯会产生负面后果的结论。如宋代司马光曾说："夫礼之所去，刑之所取，为士者果能知道，又自与法律冥合；若其不知，但日诵徒流绞斩之书，习锻炼文致之事，为士已成刻薄，从政岂有循良，非所以长育人材、敦厚风俗也！"③ 道德性的准则即"情"和"理"的结合，为司法活动提供了最为重要的裁判依据。与法不同，"情"和"理"并非对所有人适用的客观规范，更多的是司法官在权威性地解决纠纷时，根据社会文化条件给自己提出的一般要求或带有规范性的心理感受。这种主观性的规范要求细致入微地根据特定时空中案件的个别情况，理解并同情普通人认为是自然的、不勉强的行为，努力做出有助于在当事者之间维持或恢复良好关系的判断。正因为此，清代循吏汪辉祖强调官员必须了解地域社会风俗人情，从而做到"情法兼到"：④

> 人情俗尚，各处不同，入国问禁，为吏亦然。初到官时，不可师心判事，盖所判不协，舆情即滋，议论持之，于后用力较难。每听一事，须于堂下稠人广众中择传老成数人，体问风俗，然后折中剖析，自然情法兼到。

---

① （清）戴震：《孟子字义疏证》，中华书局，1982，第2页。
② 黄仁宇：《万历十五年》，三联书店，2006，第179页。
③ （元）马端临：《文献通考》卷一百六十七"刑考六"，中华书局，2011。
④ （清）汪辉祖：《学治臆说》卷上，辽宁教育出版社，1998，第49~50页。

　　可见，正如滋贺秀三所言，情理是自然的价值判断标准，而且这一概念中含有充分注意和尊重各地不同风俗习惯的要求。所谓司法活动赖以准据的"法"并不是与个别主义的"情理"不同的东西，"法"不过是得到了明确化和被赋予了强制性的"情理"的核心部分而已。①

　　在这一背景下，古代司法官在判词中强调"挽回颓俗"，主张"情、理、法"的相互允协，这不仅是出于立论说服的需要，也是熟知经义的司法官作为道德宣教者内心感慨的自然抒发。与此相关，司法活动的一个必然结果是适用法律和判决的弹性较为明显。除了在法律未能提供详尽的规范细则、需要法官加以补足的场合如此，即使在法律条文存在、具体规则明确的情况下，司法官自身有意识的道德关注也会导致上述情况出现。一个有责任感（同时也被认为有水平）的司法官员，应该自觉地执行道德规则，使道德规则和道德情境相符。为此在司法活动中，他就必须以自身的经验和智慧，体察人心的细微之处，细心区分此事和彼事、此时和彼时的细小差别具体剖断，而不是将同一法律条文不加区别地适用于所有同类案件。如果有一条法律条文阻碍了合乎道德情理的结果实现，法官就会重新体会"法意"，直至达到法意与人情的两不相碍。②

　　其次，司法理念包含法律适用与价值权衡两个组成部分。由于古代司法活动与行政事务并无明显区分，二者逻辑大部分混同，这使法律适用与价值权衡也没有明显的分野，常常是将案件的事实认定、法律适用与价值判断混为一体，且三者之间没有固定明确的步骤先后与阶段划分。如前所述，古代司法官员有强烈的道德关注，司法活动更重视法律的价值与目的。但这并不表示如许多学者所言，古代司法对法律条文并不措意；虽然存在弹性，但判决的依据往往是明确的，③ 对道德价值的重视和追求往往通过司法过程中对事实性质的认定来实现。可以说，案件中的事实在认定之时，已经主要根据价值、其次顾及法律做了裁剪，而事实的认定是最重要的。

---

① 参见〔日〕滋贺秀三《中国法文化的考察——以诉讼的形态为素材》，载王亚新、梁治平编《明清时期的民事审判与民间契约》，法律出版社，1998，第13~15页。

② 参见梁治平《寻求自然秩序中的和谐：中国传统法律文化研究》，中国政法大学出版社，2002，第316页。

③ 参见徐忠明《明清时期的依法裁判：一个伪问题?》，《法律科学》2010年第1期。

对此，明代官员佘自强曾有精妙的表述，他说："不但审不离情，而尤妙于移情就律。若情不移，则律不合，圜土皆死囚矣。至于移情，最妙之处，又不但移犯人之情，而且移阅者之情，就我作者之情。"① 可见，案件审理的核心是"情"，"移情就律"说明在"断罪引律令"和审转制度的压力下官员对法律并非可以弃之不顾，同时也说明经过裁剪事实满足制度要求并非难事。其中一个重要原因在于司法和诉讼中所呈现的并最终为法官所认定的事实，并非客观现象的原封不动，它是经法律调整过的、重塑了的新事实。"这种事实因为不可避免地渗透了人的主观意志，因此可以称之为主观事实；又由于它是在诉讼活动中形成并成立于诉讼上的，仅具有诉讼意义的事实，因此可以称之为诉讼事实或法律真实。"② 司法官调整和重塑事实的过程，是司法技术的重要载体，也是价值判断的重要实现途径。需要说明的是，尽管中国古代的司法理论中从来没有关于"法律真实"的表达，司法实践也似乎总在追求"明察秋毫"的客观真实，但由于各方面现实条件的限制，案件的真实只能在法律活动中确定。由此，古人对于在审判案件时如何调整和重塑相关事实形成了自己独特的观点。③ 在案情事实认定中，人情伦理和道德观念的要求是极为重要的判断标准。明代著名官员海瑞曾对疑难案件的判定进行过这样的说明：④

> 凡讼之可疑者，与其屈兄，宁屈其弟；与其屈叔伯，宁屈其侄；与其屈贫民，宁屈富民；与其屈愚直，宁屈刁顽。事在争产业，与其屈小民，宁屈乡宦，以救弊也。事在争言貌，与其屈乡宦，宁屈小民，以存体也。

所谓的"救弊"，海瑞解释为"乡宦计夺小民田产债轴，假契侵界威逼，无所不为。为富不仁，比比有之。故曰救弊"。所谓"存体"，海瑞解释为"乡宦小民有贵贱之别，故曰存体"。在保全乡宦体面、维持体统的同时，海

---

① （明）佘自强：《治谱》卷四，《官箴书集成》第二册，黄山书社，1997，第113页。
② 参见江伟《证据学》，法律出版社，1999，第117页。
③ 参见蒋铁初《伦理与真实之间：清代证据规则的选择》，《中外法学》2008年第5期。
④ （明）海瑞：《海瑞集》，陈义钟编校，中华书局，1962，第117页。

瑞加了一个限制性的条件："若乡宦擅作威福，打缚小民，又不可以存体论。"可见，海瑞在司法活动中的价值取向首先是维护社会上的伦理等级、尊卑格局；但同时，一种强烈的济弱思想贯穿其中，富民乡宦等强者侵夺小民赖以为生的产业，或者是无端擅作威福，都为司法官员所不许。有的官员甚至以保护弱者为司法活动的唯一取向，如清代的施世纶，"民与诸生讼，彼必袒民；诸生与缙绅讼，彼必袒诸生"（康熙皇帝语）。关于此点，日本法学家寺田浩明教授也有深刻的观察。根据寺田浩明的观点，中国传统社会的许多人都生活在一种接近最低生存线的极限状态之中，无论理由是什么，把他人逼得无路可走是不被社会观念认可的。司法官员处理纠纷的最终目的是共存本身。禁止强者的威逼是保留弱者最低限度的生存权利，共存的价值和互助互让的道德义务是受社会主流价值推崇的，是人人应当保持和履行的伦理义务。① 由上可见，维护伦理秩序与济弱（也是维稳）是司法官做出事实认定的前提性价值标准。在古代司法实践中，司法官据此进行事实的认定、裁剪和重塑。

二 重塑事实的技术

在本部分，笔者将通过案例来论述古代司法官基于道德关注重塑案件事实的过程，所选取的案例涉及民众知识构成中的一个重要内容——鬼神观。之所以选取此一方面的案例，是因为这些案例显示官员可以用自己都不相信的事实作为裁判的案件事实。以自己都明知为非的"事实"作为案件认定的事实，这可以更加清晰地揭示出：事实在很大程度上是官员基于道德关注的需要"制造"出来的。在古代中国，尽管儒家学说才是中华法系"大传统"的精神内核，"以儒士为代表的精英阶层不断弘扬着君子理想人格的理性主义传统"，"但从几千年的社会实践来看，它亦不能从根本上阻止中国古代鬼神信仰势力的潜滋暗长，彻底阻碍形成民间特有的鬼神信仰体系的方式"。② 鬼神观念和信仰始终是古代法律文化"小传统"的重要内容，其对属于"大传统"的国家法律实施也发挥着影响。

---

① 参见〔日〕寺田浩明《权利与冤抑——清代听讼和民众的民事法秩序》，载王亚新、梁治平编《明清时期的民事审判与民间契约》，法律出版社，1998，第205、240页。
② 郝铁川：《中华法系研究》，复旦大学出版社，1997，第87页。

在古代司法中，鬼神观念使当时的人对许多被今天的自然科学证明不可能、今人看来荒诞不经的事实信以为真，从而为官员按自己的目的重塑事实、影响当事人在诉讼中的行为选择提供了绝佳的途径。这主要存在于一些由反常现象引起的争讼中。在这些诉讼中，司法官员利用人们存在的鬼神观念，用一些荒诞不经却能使当事人信服的"事实"做出判决，从而使纠纷得以平息。《折狱龟鉴补》记载了几个夫妻争讼的案例，多是因为妻子怀孕时间不正常、被丈夫怀疑不贞而引起的。这几个妇女有的结婚仅五个月就生子，有的在丈夫离开两年后生子，丈夫认为妻子与他人有奸情而诉至官府。官员在判决时引经据典，说明妇女怀孕数十年到五个月生孩子都是正常的。"怀妊二年"一案中官府的批词最具代表性：

> 人妊十月、九月而生者，常也。妊七月而生，生而寿考者，世间多有。阚泽在母胞八月，叱声震外，见《会稽先贤传》。其不及七月者，黄牛羌种。妊六月生，见《魏略》。其逾十月者，苟氏允十二月生符坚，呼延氏十三月生刘渊，张夫人十五月生刘聪，见《晋书》载纪。庆都孕十四月生尧，见《帝王世纪》。钩弋夫人怀昭帝十四月乃生，见《汉书》。附宝孕二十月生黄帝，见《搜神记》。阳翟有妇人妊身三十月乃生子，见《嵩高山纪》。太康温盘母怀身三年然后生，见《异苑》。长人国妊六年乃生，生而白首，见《外国图》。大人国其民孕三十六年乃生，见《括地国图》。老子托于李母胞中七十二年，见《濑乡记》。老子母怀之七十岁乃生，生而白首，见《神仙传》，载籍极博。妊逾十月者，悉数难终。甲在外二十八年而归，其子年二十六，盖其妊二年，无足为异。……①

结果妇人的丈夫疑云顿消，一家和好如初。

《清稗类钞》中也记载了一个类似案件。江宁一位韩姓女子许嫁给同城李秀才的儿子，有一天她被风吹到九十里以外的一个地方后被人送回，李秀才

---

① 参见（清）胡文炳《折狱龟鉴补》，第117"怀妊二年"，陈重业主编《折狱龟鉴补译注》，北京大学出版社，2006，第137页。

不相信风能把人吹到那么远，怀疑韩女与他人有奸情。于是诉至官府要求退婚。江宁知县袁枚说："古代还有风把人吹到六千里之外的，你知道吗？"秀才不信。袁枚于是拿出元代郝经的《陵川集》给秀才看，说："郝公一代名臣，宁作诳语？第当年风吹吴门女，竟嫁宰相，恐汝子无福耳。"结果"秀才读诗大喜，姻好如初"。① 袁枚不仅利用了当事人的鬼神观念，还针对其秀才身份示之以忠臣文集的记载，并抓住了人们都希望子孙富贵的心理进行劝说，所以使当事人很乐意地撤诉。

上述几个案件中，司法官员引经据典说明怀孕五个月到两年都属正常的同时，还批评妇人的夫家不读书以致孤陋寡闻，把正常当作反常轻起讼端，而当事人也心悦诚服地接受。但值得注意的是，细细品味记述这些案件的文字（古代判案文集）——比如做出这些批词、判决的官员被称为"才吏"、"能吏"而非循吏，我们完全有理由产生一种怀疑，即做出此种事实认定的司法官员，他们自身未必会笃信这些荒诞不稽的灵异之事，而只是在践行儒家"神道设教"的思想教育传统。② 其目的是通过以鬼神怪诞之事为佐证来打消丈夫的疑惑、说明妇人没有失贞，从而使讼争得以平息，恢复当事人夫妻关系和家庭关系的和谐。

司法官员之所以能够重塑案件事实，首先肇因于司法权运行的一般规律。诉讼中的事实认定在更大程度上其实是一个对事实的信仰问题，是否真实取决于主体是否相信。就认识的一般原理来说，主体认识的素材不是理性的对象或抽象理智的对象，而只是现成的感性直观、感性的主观确信以及相应的陈述和保证，人的主观意志因素是无法消除的。③ 具体到司法活动中，"诉讼上的认识不包含任何绝对客观的规定在自身之中，所能达到的真理只是经验意义上的真理，而不能达到更高意义上的如同几何定理一样的完全永恒的真理。此处所谓经验意义上的真理，换言之即是经验意义上的真实。经验意义上的真实只是主观的内心确信的真实，并不是理论上的确定性，不排除结论

---

① 参见（清）徐珂《清稗类钞·袁子才有折狱才》，中华书局，1984，第1058页。
② 传统迷信在儒士精英阶层中的市场自魏晋以后一直在衰落。到北宋，宋真宗借鬼神之道伪造祥瑞，举行封禅，大臣"退而腹非窃笑者比比皆是"，可见真实信奉者几乎没有。参见郭春梅、张庆捷《世俗迷信与中国社会》，宗教文化出版社，2001，第178页。
③ 参见〔德〕黑格尔《法哲学原理》，范扬、张企泰译，商务印书馆，1961，第234页。

的盖然性"。① 受主体的经验、知识、观念、习惯的制约，人们对同一事物是否真实的认识可能相差很大，由此做出的行为选择也各不相同；但是，司法权运作的制度设计就是将法官的信仰确定为权威性的、最终发挥效力的，其他人的信仰不论是否与法官一致，也只能遵从法官的信仰，因此法官的事实认定在司法中具有决定意义。这是司法权运作的一般规律之体现。

　　同时更值得注意的问题在于，古代司法官员在认定事实时所表现出的超乎寻常的主动而为。鬼神怪诞之事与儒士精英阶层的理性传统不符，但为了使审判结果有利于主流价值观的发扬，他们不惜使此类因素在法律实施中发挥作用，利用这些来使当事人接受自己做出的事实认定。此即所谓"神道设教"。用自己都明知为非的"事实"作为判决依据，求得自己期望的结果，充分体现出法官的"实质性思维"，即法官注重法律的内容、目的和结果，而轻视法律的形式、手段和过程，也表现为注重法律活动的意识形态，而轻视法律活动的技术形式，注重法律外的事实，而轻视法律内的逻辑。② 在传统中国，法律实施活动只不过是"政事之一端"，终极目的不是分清是非曲直和维护个人权利，因此法官对当事人的行为与律典的契合度以及违法时应该承受的相应法律后果进行关注的意义不大，在审案时没有探明事实真相的强烈动力，而是注重裁判结果是否符合社会民俗、合乎情理习惯，是否有利于恢复或维系一种和谐的社会秩序和人际关系。在前文所述的几个夫妻相诉案件中，假如司法官不利用鬼神观念来使丈夫接受"孩子是自己的"这一事实，并且着眼于维护丈夫权利来审理本案，尽管由于古代侦查手段落后（比如没有亲子鉴定技术），孩子和妇人丈夫之间是否具有亲子关系的事实很难得到查明③；但若以一般人的常识为判断依据的话，必然的结果就是认定妇人的孩子不是其丈夫的。④ 而这样的判决所引起的后果如何呢？丈夫会以"淫"为理由出妻，夫妻关系破裂；妇人会落下一个不贞之妇的名声，被全社会所唾弃，而

---

① 宋振武：《非此非彼的"客观真实说"与"法律真实说"》，《烟台大学学报》（哲社版）2007年第1期。

② 参见孙笑侠《中国传统法官的实质性思维》，《浙江大学学报》（人文社会科学版）2005年第4期。

③ 民间广为流传的滴血认亲被有责任感的法官认为是不可靠的，在司法中的适用并不普遍。

④ 这可以从丈夫告到官府和受到别人嘲笑得到证明。

且其后若是再嫁，更是与礼教大相违碍；他们的孩子就成了"奸生子"，在中国传统社会环境中，其以后的抚养和成长会遇到巨大困难。① 这些显然是对家庭关系与社会和谐的破坏。于是司法官员在考量了"是或不是"两种判决何种更有利于维护社会和谐之后做出了选择——引经据典找出种种神怪故事来为妇人洗脱，使丈夫相信孩子是自己的骨肉而撤诉。这种做法虽然牺牲了丈夫的权利，② 却恢复了当事人家庭关系的和谐，有利于社会共同体的稳定和主流价值观的发扬。③ 可见，无论使用怎样的技术手段，重要的是达到了法律的道德目的，司法官员就更倾向于维护主流价值观而放低手段正当性。这种思维方式使得法官在司法中（尤其是民事案件）可以不去努力寻求事件的真实认定，在遇到事实难以判断或者虽可以判断但不合乎法官的预期时，法官常常以"情理"反推出一个能使裁判结果合乎主流价值观的"事实"，并据此进行裁断来求得（他们眼中）结果的公正性。

第二节　实质正义观与社会文化土壤

就类型学的角度来说，可以把古代中国的司法活动作为一个整体对象来处理，而且可以假定其与同期其他法律文化中的司法存在不同的模式。如果这一假定成立，传统中国司法的特质在于实质正义的追求，且实质正义的标准是儒家所提倡的人情伦理。笔者认为，探寻这种追求的社会文化土壤，泛泛而论诸如经济、家族结构的意义较为有限，且前辈学者对此多有论述；因此，笔者更倾向于从中观层面进行解释，以发掘传统司法的一般性要素。

---

① 中国历代法典中都有歧视奸生子的条款。如唐律规定奸生子无继承权，宋代规定奸生子的继承份额为嫡子的四分之一、庶子的三分之一。直到清末法制变革时颁行的《大清现行刑律》还规定奸生子不得继承宗祧，在财产分析上仅得其他诸子一半。除了制度上的歧视之外，社会对这一群体的"放逐"恐怕会令他们更加痛苦。
② 如果考虑到丈夫知道真相后所遭受的精神痛苦和随后休妻所引起的物质、精神成本，本案的结果对他绝非只是有害无益的。
③ 在古人的主流价值观中，"和谐"就主要体现在秩序稳定的实现与社会争端的减少，而不是追求是非的分明和个人权利的保护。参见朱勇《权利换和谐：中国传统法律的秩序路径》，《中国法学》2008年第1期。

一　以法律约束人心的偏好

就法律作为一种社会规范的本性而言，它所作用的对象只能是行为，而不可能是人心。但古代中国的法律恰恰更重视人心。比如，对于不适法行为引发的纠纷增多，常常被认为是"民风浇漓"、"人心不古"的表现。明代著名官员海瑞曾说："淳安县词讼繁多，大抵皆因风俗日薄、人心不古，惟己是私，见利则竞。以行诈得利者为豪雄，而不知欺心之害；以健讼得胜者为壮士，而不顾终讼之凶。而又伦理不惇，弟不逊兄，侄不逊叔，小有芥蒂，不能相事，则执为终身之憾，而媒孽悍告不止。不知讲信修睦，不能推己及人，此讼之所以日繁而莫可止也。"① 清代名吏汪辉祖也认为："使两造皆明义理，安得有讼？讼之起，必有一闇于事者，持之不得不受成于官。"②

既然对秩序有碍的行为源自人心不良、昧于义理，那么解决的办法就要着眼于人心的重整，在司法活动中以道德进行教化，使民风归于淳朴敦厚。这种对人心的要求远远超出了法律实际上能够奏效的范围。不能为而强为之的追求，必定产生手段与目标之间的严重脱节。更何况，立法者虽在法律制定过程中注入自身的道德关注，力图使法律完全体现道德原则，但法律一经制定，就免不了形式化、机械化甚至僵化。有效的补救办法，就是有深明义理且洞悉人性的司法官，能够在实际的司法过程中审度人情、参酌义理，使司法行为符合法律的目的和精神，③ 使每一个当事者能够经过案件的审断涤荡内心；为此，法律的空白可以由司法官着意填补自不必说，甚至法律的条文也可被工具性地利用。因为想对人心做出约束，官员在审断案件时，就不能以着眼于普遍、一般情形的成文律令作为唯一准据，而要具体考虑一时一地的特定条件与社会关系状况，设身处地地体会当事人的处境，理解他们的行为选择，以不强求一般人的心理——"情"和"理"来判断当事人行为的可谴责性，从而做出最后的裁断。同时，因为人情是相通的，理也是特定地域的人们所公认的，司法官以"情理"来理解当事人的行为，那么当事人也应当通情达理，理解司法官员的苦心和难处，接受司法官员的审断（这其中当

---

① （明）海瑞：《兴革条例》，《海瑞集》（上编），陈义钟编校，中华书局，1962，第114页。
② （清）汪辉祖：《学治臆说》卷上，辽宁教育出版社，1998，第51页。
③ 参见梁治平《寻求自然秩序中的和谐》，中国政法大学出版社，2002，第284页。

然包含了某些利益诉求的放弃），并且在以后的纠纷中也理解官员的处境，不再轻起讼端。这样一来，通过某件纠纷的审断，可使当事人及其周围的社会成员从内心认可官员的德行和权威，从而约束自己的行为。这也是古代官员所谓"亲民在听讼"的意蕴所在。

二　司法官的组织场域约束

从组织场域约束的角度讨论传统司法特质的社会土壤，意在揭示，古代官员的职责重心并非理讼。为了减少讼事牵绊以及在其他事务中得到百姓的配合，他必须通过多种方式使当事人服判，为了达到这一目的，就不能只按照法律以强制性的判断处理，而必须顾及情理与地域社会的共识。对此，明代官员余自强指出："事情重大者，自有理法在；事情若小，又须少顺人情。若概以理法行之，则刁薄之乡或至告县不已，非所以省事也。"① 可见，以情理及主流价值处断案件，其意在于减少讼争。只有以吸纳了社会共识的"情"作为裁断依据（至少是必须顾及），才能更好地获得当事人的认可而使其服判。其中的原因在于，古代的法官只是地方官的兼职角色，他的权力涵盖了地方政务的各个方面，如行政、民政、安全、教化、词讼等。

这种权力分配一方面使得司法活动与其他政务极难分开，从而为官员实现道德关注下的实质正义提供了足够的途径和腾挪空间。官员可以综合运用行政、司法、教化等权力来源达到目的。② 另一方面，多种权力意味着多种职责的负担，在诸多职责领域，处理诉讼的多少和效率、质量，并不是国家考量官员政绩的主要因素，更为重要的是征收钱粮赋税的多少、户口增减以及教化推行是否得力。由纠纷引起诉讼恰恰是和这个标准相背的；③ 同时，官员的多重身份使其与民众之间存在多次博弈的机会。比如，理讼时是司法官和

---

① （明）余自强：《治谱》卷四，《官箴书集成》第二册，黄山书社，1997，第112页。
② 如清代樊增祥任陕西按察使和布政使审案时，多次罚当事人出钱为学堂经费。其中一案樊增祥批曰："凡天下钱奴无不视钱如命……本司以人治人，屡试屡验，今为学堂添设经费，为李姓少雪沉冤。"见（清）樊增祥《樊山政书》，那思陆、孙家红点校，中华书局，2007，第532、540页。
③ 如康熙皇帝就认为做官"以安静不生事为贵"，为此他甚至斥责清官"好收受词讼"，"苟于地方生事虽清亦无益也"。他多次赞许"不生事"的官员"未闻清名，亦无贪迹，而地方安静，年岁丰稔。此等便是好官"。参见《清圣祖实录》卷二六五，中华书局，1985；《康熙起居注》第三册，中华书局，1984，第2217页。

当事人；涉及钱粮赋税之事，则是地方官与编户齐民；涉及教化，则是父母官与被教育的子民。这种重复博弈使地方官在其他事务上有必要得到百姓的配合与服从，那么为民父母的声誉就是需要考虑的重要方面。如果不关心自己在当事者心中是否受到欢迎，根据律法造就一个高兴的赢家和一个不高兴的输家，[①] 官员在其他事务领域就会遭遇莫大困难。清代名吏汪辉祖曾言："长者不患民之不尊，而患民之不亲。尊由畏法，亲则感恩，欲民之服教，非亲不可。亲民之道，全在体恤民隐……民有求于官，官无不应，官有劳于民，民自乐承。"[②] 故此，设身处地、具体细微地考虑案件当事人的各种情况、综合权衡才是可取的。再加上官员一身数任，政事纷繁芜杂，理讼难免力不从心。对于地方官而言，纷争越少越好。因此他们会采取诸多方式，不但要平息当下的诉讼，而且要尽力杜绝在以后重新发生的可能。要取得这样的效果，在断案时就不能仅凭疾言厉色以势威逼，必须说服当事人，得到当事人对自己处断的同意（至少是相当程度上），从而心甘情愿地平息告诉。如此一来，司法官就承担了举出事实让当事人信服的职能，变成了他向证明主体。

所谓他向证明是诉讼中的证明形式之一。按照诉讼法学理论，诉讼中的事实证明有两种基本形式：自向证明和他向证明。自向证明是向自己证明，就是主体寻找证据证明自己预先设定的结论是正确的；他向证明是向他人证明，证明者在证明时已经知道或者认为自己已经知道了证明的结论，但是他人不知道或不相信，所以要用证据向他人证明。按照诉讼原理，法官不能成为诉讼活动中他向证明的主体。因为他向证明的主体都应该根据一定的原则承担相应的证明责任，在案件事实不清、证据不足的情况下，必须承担败诉或不利的诉讼后果。"如果法官属于他向证明的主体，那么他们就必须承担相应的证明责任乃至不利的诉讼后果，而这显然违背诉讼的基本原理。"[③] 但是在古代司法中我们看到，为了使当事人服判，司法官在诉讼中不但是自向证明者，而且也承担了他向证明职能。如上文所述几个夫诉妻案件，法官为了平息讼争，煞费苦心、引经据典向丈夫表明妻子怀孕时间纯属正常，不值得大惊小怪。这种违背今日诉讼原理的情形，说明了正是司法官同时作为地方

---

① 〔美〕理查德·波斯纳：《超越法律》，苏力译，中国政法大学出版社，2001，第136页。

② （清）汪辉祖：《学治臆说》卷上，辽宁教育出版社，1998，第50页。

③ 何家弘：《论司法证明的目的和标准》，《法学研究》2001年第6期，第43页。

官所受到的组织场域制约，使他们看重审断对当事人的说服力和可接受性，才有了"词讼作四六分问，谓与原告以六分理，亦必与被告以四分。与原告以六分罪，亦必与被告以四分"的审断行为模式，为的是"二人曲直不甚相远，可免愤激再讼"。这也有助于我们体会，将司法逻辑与行政逻辑混同实是我国行之已久的传统。对于传统中国的司法官员在组织场域制约下的行为特征，日本法学家滋贺秀三曾以官员之"判"的作用为例进行说明。滋贺秀三认为，"判"与其说是最终性的确定性的判决，不如说是为防止以后产生问题之场合的记录、确认接受裁决、遇到其他相关问题加以援引的文书。高见泽磨也认为，知县的裁决最后仍是取决于当事人的意思的记录，因此，必须具结遵守服从裁决的誓约。这是一种"说理—心服"模式的体现，故而至少在形式上可以看到当事人的自愿是很重要的。①

三 官民地位格局

那么在古代司法中，官员如何保证当事人对自己"裁剪"出的事实有足够的接受度呢？尤其是那些与常识有一定距离的事实，比如鬼神之事。当事人何以就会接受这种荒诞的事实认定呢？除了前述当事人自己信仰鬼神怪诞之事的主观因素和司法权力的作用外，古代官民之间地位格局的特点又为其提供了外在保障。

司法官相对于平民的优势地位起着决定性作用。古代官员的优势地位体现在两个方面：其一是古代司法官多为读书取仕，由于科举制度具有向所有阶层开放的平等性以及以人文知识水准为选拔依据的规范性，这两种特性的结合可靠地保障了其优胜者也就是当政者的权威和合法性，使传统中国形成了一种得到社会成员普遍认可的"以有知治理无知"的"知识统治"格局。②作为科举制度的优胜者，古代官员在老百姓眼里应该是明德亲民的社会精英，无论是在智识上还是在道德上都是值得服从的。如果再具有"清官循吏"的

---

① 参见〔日〕高见泽磨《现代中国的纠纷与法》，何勤华、李秀清、曲阳译，法律出版社，2004，第48页。

② 参见贺卫方《中国的司法传统及其近代化》，载苏力、贺卫方主编《20世纪的中国：学术与社会》（法学卷），山东人民出版社，2001，第178~179页。

良好官声，这种优势就更加明显。① 正因为司法官承载着这样的社会预期，所以他们做出的裁断哪怕带有不合理甚至荒诞的成分，也易于为老百姓信服和接受。司法官的道德品格与司法判决的正当性几乎成了同义词。孔子称赞他的弟子子路可以"片言折狱"，朱熹对此解释说："一言而折狱者，信在言前，人自信之故也"，"子路忠信明决，故言出而人信服之，不待其辞之毕也"。②可见司法官的品质如果被信服，他们的判决就更易为老百姓所接受，而判决自身的合理性则退居次要地位。这与韦伯所称的"魅力型统治"颇相符合。

其二是中国古代司法官拥有的权力堪称异乎寻常，从理论上说，他在审判中不用详细论证便可独断立辞，并可以利用自己的权力强制当事人接受自己的裁断，无论当事人是否心悦诚服。这既有司法权力的一般特性因素，中国古代的权力划分体制又使这种特性表现得尤为突出。一地官长在辖区内，对包括政务和狱讼在内的所有事宜都有主管之权责，除命盗重案之外的所有纠纷皆有权做最终处理，这使其审断活动缺乏来自同级的制衡和上级的实质性监督，在这种全能型父母官的角色下，即使官员会基于重复博弈的考虑和一劳永逸息讼的目的进行说服，但这种说服是以生杀予夺的权力为后盾的。孔飞力分析了乾隆朝的"叫魂案"后认为，知县可以在自己的公堂上为所欲为，而几乎没有被绳之以法的危险。③ 孟德斯鸠在探讨专制国家的司法时也指出，专制国家无所谓法律可言，法官本身就是法律。④ 因此司法官做出的认定在大多数情况下当事人不得不认同。

上述两种优势的结合使官员在利用智识优势达到目的时，可以使他的裁断在很大程度上避免甚至消除民众的质疑而得到遵从。在司法中，官员大都是发挥自己的这两种优势两手并用的。清代袁枚审断的一个案件可以典型地说明其运用过程。他任上元县令时，有一男子结婚，婚后五个月他的妻子就生了孩子，受到乡里邻居的嘲笑，这个男子认为妻子是先孕后嫁，就告上公

---

① 黄仁宇先生指出，中国古代的法律在大众之中造成一种清官万能的印象，"即在有识见的司法官之前，无不能决断的案件"。参见黄仁宇《万历十五年》，北京三联书店，2006，第179页。

② （宋）朱熹：《四书集注》，岳麓书社，2004，第155页。

③ 〔美〕孔飞力：《叫魂：1768年中国妖术大恐慌》，陈兼、刘昶译，上海三联书店，1999，第306页。

④ 〔法〕孟德斯鸠：《论法的精神》，孙立坚等译，陕西人民出版社，2001，第89页。此外，《樊山政书》、《鹿洲公案》等古代判案文集中同样展示出了上述情形。

堂。袁枚先是引经据典，说明怀孕生子时间从五个月到数年长短不一，史册上多有记载。妊娠时间长的，感受了醇厚之气，孩子一定长命高寿，如尧舜；怀孕时间短的，感受了清淡之气，孩子一定大富大贵，并说自己就是一个五个月的早产儿，还让自己的母亲认这个孩子为孙子，又对当事人说："若儿即我儿，幸善事之。他日功名，勿使出我下可耳。"同时告诫百姓众人："你们要明白事理，体谅我的用心，不要再多嘴多舌生出不合实际的事情来。"大家齐声答应，于是这个案子圆满了结。① 从这个案例我们来看，袁枚用尧舜等先古圣王为例说明怀孕时间长短不一，这是利用人们的鬼神观念来使其信服，虽然是摆事实讲道理的方式，但父母官的训示不容小民百姓有任何置疑；后来采取的一系列动作——说自己就是一个五个月的早产儿；让自己的母亲认这个孩子为孙子；对当事人说"若儿即我儿"以及告诫百姓众人不要再生是非则都是利用父母官的权威庇护这个孩子，说服（其实也是压服）当事人和众人认可事实。由于大家都信服先古圣王事迹（主观因素），对袁枚的才德也十分崇敬（服从清官），再加上这个孩子从此和父母官有了密不可分的联系，那么谁也不敢再生是非（畏惧权力），此案的判决结果也就很好地得到了遵守。② 当然，笔者的上述论证并非否认古代存在着大量民众不服官判的事实，而只是说，官员的优势地位在很大程度上增加了民众服从官判的可能性。

第三节　历史文化传统的承续与嬗变

一　一以贯之的传统

毫无疑问的是，人民司法理念在相当程度上受到其历史文化基础的影响，不唯如此，从传统中国以迄 20 世纪上半叶，长时段历史中的司法行为表现出诸多共通性。换言之，不仅人民司法与传统司法理念表现出诸多核心相似性，处于二者之间的民国司法也未能摆脱这种民族文化基因的影响。从司法理念的核心要素来观察，主要存在于以下两方面。

---

① （清）胡文炳：《折狱龟鉴补》，陈重业等译注，北京大学出版社，2006，第 140 页。

② 顺便说一句，该案的后续是这个孩子后来中学成为廪生，其家奉袁枚的长生牌位，供养不倦。

其一，从司法活动的技术表征来看，无论是传统中国的司法活动，还是属于近现代话语系统的人民司法，司法活动的目的都表现出对个案正义结果的不懈追求。为了达到这个目的，在司法官的权力、成文法及其他法源的地位方面都有相似的体制安排。就司法官的权力而言，传统中国的司法官作为地方行政官的兼官，对于许多案件拥有最终决定权，尤其是审断了大多数社会纠纷的州县官员，司法官对案件的结果起着决定作用。① 民国与根据地时期，在现代化话语的规训下，虽然形式上按照西方（欧美与苏联）模式建立了司法系统，行政与司法在事务上的分工得到一定程度的肯认，但是司法官员在案件审判中的地位和权力仍然非常重要，并不是根据相应事实严守成文法做出裁判的"自动售货机"。民国时期的法官，不但有根据立法目的对法律进行组织体解释的权力，在法源的选择中自由发挥的余地也相当大。根据民国民法，无法律者依习惯，法官在适用习惯时有权利认定该习惯是否为良习，如若不是，则有权排除适用而选择法理；作为重要法源的法理则对司法官本人的依赖性更大，因为它有待法官去采择、整理而形成。② 共产党法统中的法官，则不仅是纠纷的裁断者，也是"无法司法"状态下某种意义上的立法者；同时，在改造社会的国家整体目标下，他还有教育、改造诉讼当事人的权力。就成文法与其他法源在审判中的地位而言，成文法的权威相对有限。如前所述，在传统中国司法中，成文法的严格适用并非司法活动的目的，法官的宣教职能以及作道德上安排的随意性格外突出。对于司法活动来说，过程是无关紧要的，要紧的是结果，是社会的和道德上的效果。③ 这就是司法判决中"情理"等其他规范大量出现的原因。南京国民政府时期，由于社会的急速转型与形式法制的快速发展同步持续，作为外向型法律发展结果的正式法典与社会事实之间存在较大距离，立法与社会之间的协调势所必须。既须协调，就不能刚性地墨守成文法，司法官必须顾及社会实际情况，以主流价值观或作为主流价值观表现的"党义"来指导法律适用。根据司法院长居正的看法，

---

① 正如孟德斯鸠所言，在专制国家里无所谓法律可言，法官本身就是法律。〔法〕孟德斯鸠：《论法的精神》，孙立坚等译，陕西人民出版社，2001，第89页。此外，《樊山政书》、《鹿洲公案》等古代判案文集中同样展示出了上述情形。

② 苏永钦：《民法第一条的规范意义》，台湾五南图书公司，1998，第297页。

③ 参见梁治平《寻求自然秩序中的和谐》，中国政法大学出版社，2002，第333页。

"革命民权"、"国家自由"、"平均地权"、"节制资本"等理论，"就是适合于殖民地革命客观的环境而由国民党扶植生长之主观的法理"，"一切法律、一切裁判都应该拿它做根据，才能与客观的环境相适应而合于人民生活之要求"。党义不但可以用来补充法律、赋予法律具体含义，并且"法律与实际社会生活明显地表现矛盾，而又没有别的法律可据用时，可以根据一定之党义宣布该法律无效"。① 在此前提下，成文法的适用是根据发扬主流价值观的需要而定的。居正甚至明确批评了一味谨守成文法的人，认为不能仅仅用功于文字纸片，探求于法条之内，而须深入民间，洞察社会情状，"吾人之办案，不宜一味求诸法，苟能推本求原，寓礼于法，是亦挽救颓风之一良策也"。② 共产党法统中成文法地位低下的状况更为明显。首先是审判案件中重要的依据并非国家法律，而是要求无产阶级的立场、观点和唯物辩证的方法贯穿整个审理过程。为此，需要用到的知识就主要不是法律，而是毛泽东的《实践论》、《矛盾论》等关于正确处理矛盾的理论、党的政策和方针、《人民日报》的社论等。其次，根据当时确定的"正确、合法、及时"的司法工作要求，正确排在合法之前，是首位的要求。所谓正确，除了事实方面准确之外，就是要遵照党的政策，符合工农劳动人民的阶级情感。而作为成文法权威之表现的"合法"，仅仅是在正确前提下的合法。

其二，从司法活动的价值取向来看，传统时期与民国及新中国时期在重视团体（集体）价值，注重社会整体安定以及注重对弱者的保护方面一脉相承，尽管不同时期存在一些细微的差别。传统中国的法律着重使个体意志和个体利益对群体——家族和王权国家绝对服从。在群己问题、公私问题和义利问题三个方面形成了一种整体主义的价值观。③ 为了贯彻这种价值观，司法活动中的首要任务便不是在分清是非曲直的基础上维护个人权利，而是从有利于社会关系、人情伦理的修复出发。前述海瑞在审断疑难案件时"与其屈兄，宁屈其弟；与其屈叔伯，宁屈其侄"就充分体现了这一点。在注重整体利益和社会安定的语境下，弱者的生存利益受到关注，得到了司法官员的格

---

① 居正：《司法党化问题》，载居正《为什么要重建中国法系——居正法政文选》，中国政法大学出版社，2009，第 175 页。
② 居正：《三年来之最高法院》，南京最高法院，1934，第 132~136 页。
③ 参见李文军《传统中国的整体主义及其近代赓续》，《中华文化论坛》2013 年第 5 期。

外重视。正如寺田浩明的研究指出的那样，古代中国人大多生活在一种接近最低生存线的极限状态之中，为了谋得生存，一直像在拥挤的列车上一样，相互不作声地挤来挤去、推来推去、暗暗较劲。但不能允许有人被挤下去。① "共存"是纠纷处理的最终目标，如果为了保卫自己的利益而危及他人的生业或生存，即使这种主张是有道理的，也必须让位于共存的价值。利益主张是"私"，必须让位于共存的道德义务这种"公"的价值。把他人逼得无路可走是不被认可的，弱者保卫自己生业的行为即使只是根据一种赤裸裸的生存权主张，也能获得社会的承认与司法官的支持。② 正因为如此，海瑞等司法官员强调权衡涉及财产的争端时应支持小民，"事在争产业，与其屈小民，宁屈乡宦，以救弊也"；因为"乡宦计夺小民田产债轴，假契侵界威逼，无所不为。为富不仁，比比有之"。③ 南京国民政府时期，胡汉民等立法者多次强调法律在制定和适用时应当体现"王道"精神，也即我国传统的济弱精神，而不能支持弱肉强食的"霸道"。这种"王道"精神与国民党意在抑强扶弱的男女平等、扶助农工、平均地权和节制资本等政策主张相合。在司法活动中，较为注重对弱者利益的维护，尤其是在事关他的基本生存时更是如此。当时的最高法院1306号判决是一个保护债务人的典型。出借人借1200元予借款人，约定八折扣算，即交付960元，240元作为利息先扣下来。最高法院为了打击超过限度谋取利息的行为，保护处于弱势地位的债务人，不但将超过法律规定的部分不予保护，甚至连法定限度内的部分也一笔勾销。使得债权人原想多取，结果非但未能多取，反再遭受反击，连应得的也失去。"欲多取之，反更失之"，从而变成了一种处罚，带有了"民刑不分"的原始色彩。④ 法律的适用、当事人的意思全被抛在一边。共产党法统则将相应的价值取向做了明确宣示，在《陕甘宁边区民事诉讼条例（草案）》中，关于民事案件的裁判原则明确规定："民事案件，法庭应照下列各项原则处理之：（一）私益服从公益；（二）局部利益服从全部利益；（三）少数人利益服从多数人利益；

---

① 参见〔日〕寺田浩明《拥挤列车模式——明清时期的社会认识和秩序建构》，《清华法学》2011年第2期。

② 参见〔日〕寺田浩明《权利与冤抑——清代听讼和民众的民事法秩序》，载王亚新、梁治平编《明清时期的民事审判与民间契约》，法律出版社，1998，第205、240页。

③ （明）海瑞：《海瑞集》，陈义钟编校，中华书局，1962，第117页。

④ 参见王伯琦《近代法律思潮与中国固有文化》，清华大学出版社，2004，第169页。

（四）一时利益服从永久利益；（五）富裕者提携贫苦者；（六）有文化知识者帮助文盲无知者。"[①]其中，包括群体本位的价值取向、扶弱抑强的济弱思想都得到了明确表达，并在司法中得到实践。

综上所述，根据地及其所处的民国法统内的司法理念，无论在技术表征还是价值内涵上，都表现出与传统中国司法较强的承续性。理念是事实的外壳，司法赖以存在的社会、政治及制度土壤的连续性造就了司法理念上的相似。在笔者看来，这些具有连续性的土壤成分可分为两个方面：民族文化传统和政府目的与司法关系的体制安排。具体就第一个方面来说，中国人存在一以贯之的道德观念——均衡与济弱，此点前已详述。这种道德观念造就了一种独特的思维方式。正如滋贺秀三指出的那样，与西洋人相比，中国人的观念更顾及人的全部与整体。"中国人具有不把争议的标的孤立起来看而将对立的双方——有时进而涉及周围的人们——的社会关系加以全面和总体考察的倾向；而且中国人还喜欢相对的思维方式，倾向于从对立双方的任何一侧都多少分配和承受一点损失或痛苦中找出均衡点来。"[②]济弱与均衡的道德观念既造就了这种思维方式，这种相对性思维方式也使道德观念日渐强化。两者的结合在民国和新中国时期仍然延续。

除了受民族文化传统的影响外，决定司法理念相似性较直接的方面还在于政府目的与司法的关系极为相似。具体来说，笔者认为，传统中国、民国与新中国早期的司法皆属于典型的能动型政府之下的政策实施型司法。能动型政府与政策实施型司法是美国学者达马斯卡在进行国家权力和司法的类型学研究时所提出的极富启发意义的概念。[③]能动型政府不认可"有限政府"和"最少干预"的理念，试图以自己所欲的某种理想图景实现对社会的改造，这种理想图景往往是根据被他们发现的关于社会发展的"规律"或"真理"设计出来的。在这样的政府职能取向下，个人自治、市民社会与国家的分离

---

① 艾绍润、高海深等编《陕甘宁边区法律法规汇编》，三秦出版社，2010，第334页。
② 〔日〕滋贺秀三：《中国法文化的考察》，载王亚新、梁治平编《明清时期的民事审判与民间契约》，法律出版社，1998，第13页。
③ 根据达马斯卡的分类，以政府职能而论，可将政府分为能动型政府和回应型政府；相应的法律程序为政策实施型和纠纷解决型。参见〔美〕达马什卡《国家和司法权力的多种面孔》，郑戈译，中国政法大学出版社，2004。对达马斯卡理论的深入解析与反思，参见左卫民《认真对待达马斯卡》，《读书》2011年第9期。

不被承认，一切政府权力都基于实现国家目的、维护国家所欲保护的利益而运转，法律也表现出浓厚的计划色彩和统一分配的气息。法律所表达的不是权利，而是政策所欲保护的利益。司法活动与行政事务一样都是国家借以实现政策的工具，纠纷和冲突所起的作用不是引发权利的权威性确认，而是被政府部门作为寻求某种社会问题之最佳解决方案的契机。能动型的政府职能孕育出的法律程序为政策实施型。① 在政策实施型的司法过程中，程序与形式上的规制是次要的，重要的是决策要得到一个正确的结果。正如达马斯卡所言，"在能动型国家，要想使程序保障变得更加稳固，就应当使之适宜于维持一个能够使获得实体性正确结果的可能性最大化的程序"。② 换言之，司法程序的"形式"要符合正确结果的"实质"。这些特征在古代中国、民国直至新中国早期都有充分的体现。在古代中国，政府意欲使儒家所推崇的伦理纲常能够内化为普通民众内心的信仰，从而约束自己的行为合于国家统治者的期望，这也是古代官员的首要职责被认定为"敦厚民俗"的原因。康熙皇帝曾发布著名的《圣谕十六条》，对政府权力关涉的方面和目的做了全面阐述：

> 敦孝悌以重人伦，笃宗族以昭雍睦，和乡党以息争讼，重农桑以足衣食，尚节俭以惜财用，隆学校以端士习，黜异端以崇正学，讲法律以儆愚顽，明礼让以厚风俗，务本业以定民志，训子弟以禁非为，完钱粮以省催科，息诬告以全良善，戒匿逃以免株连，联保甲以弭盗贼，解仇忿以重身命。③

在南京国民政府时期和新中国早期，政府和执政党以"革命"相标榜，试图以执政党的意识形态来促成社会改造的意图更加明显。正因为此，在司法理念方面，作为政府权力代表的司法官的主导地位得到了无以复加的强调，程序的启动与终结，在很大程度上取决于他的意志；政府将解决由某一纠纷

---

① 其实在达马斯卡看来，政府职能和国家权力、司法体制的几种形态可以进行不同的排列组合，但从具有自然亲缘关系的角度讲，还是有一些相对常见的搭配。
② 〔美〕米尔伊安·R.达马斯卡：《司法和国家权力的多种面孔——比较法视野中的法律程序》，郑戈译，中国政法大学出版社，2004，第223页。
③ 《清通典》卷三四，商务印书馆，1937，第2211页。

引出的更大的国家和社会问题作为目的，因此诉讼的内容也并不限于当事人提起的事由和诉求。同时，由于事实真相是实现司法目的的前提，因此事实发现和事实认定的主导权被政府官员牢牢掌握并予以较大空间的运用。在政策实施型司法中，决策者的能动性是其核心特征。无论程序的发起与介入还是诉讼中知识的适用，决策者都会基于国家目的与整体利益的需要行动。基于同样的原因，裁判终局性的缺损或至少判决的稳定性较低成为必然结果。

为了赢得社会成员对司法的信任，对被认为实体上存在问题或不正确的判决结果，政府部门会毫不犹豫地以有错必纠的态度加以改正。在传统中国，由于司法官是地方官的兼官，上下级地方官员是明确的隶属关系，理论上不存在某种纠纷到哪一级处理为止的问题。正如滋贺秀三教授所指出的，不惮改判是当时官员们履行职务的一般准则或精神，改判的时间、审级以及要件等都没有制度化因而毫无限制。① 南京国民政府时期，虽然在形式上存在审级制度，从而使判决的稳定性得到一定保障；然而，政策实施的需要使得最高法院的地位超乎寻常。对此，居正曾解释说："我国现在因第一二审法院人才缺乏，与环境上各种设备之不完善，所以事实审法院，往往不能尽其职责。如果第三审法院（最高法院）不为之纠正，显难得到审判公平之效果，所以向来最高法院对于程序法上之实质的审判，也须负起责任，这是因为时势之需要，不得不把法律审之意义扩大了……现在事实审法院之训练未纯，依现在最高法院之统计，其所裁判案件，废弃原判者大率达百分之三十，一旦第三审实行狭义的法律审，又恐有碍人民利益。"② 简言之，两方面的因素减损了裁判的稳定性：其一是各审级法院的分工模糊化，事实审和法律审并未严格区分，不同级的法院兼有其责；其二是最高审级法院是基于"人民利益"、"实质公平"等标准作为案件最终结果的依据，因此出现明显过高的原判废弃率。共产党法统中虽与南京国民政府一样有形式上的审级制，但基于"实事求是"、"有错必改"的思想路线与工作作风，包括人民民主意识形态下毛泽

---

① 〔日〕滋贺秀三：《清代司法中判决的性质——关于判决确定这一观念的不存在》，这里的观点是笔者根据王亚新教授对该文的介绍得出的。参见王亚新《关于滋贺秀三教授论文的解说》，载王亚新、梁治平编《明清时期的民事审判与民间契约》，法律出版社，1998，第103页。

② 居正：《最高法院厉行法律审之步骤》，《中华法学杂志》1935年第6卷第3号，第103~107页。

东关于"重视人民来信与人民来访"的指示，除了上级法院外，同级、上级党政机关及其领导都可以干预案件的启动与终结，根据政策或"中心工作"的需要改变案件的结果，这导致判决的稳定性受"形势"的影响极大。

二 现代性的嬗变

同样不能忽视的是，古代中国至 20 世纪上半叶的司法理念，虽然表现出很强的"家族类似"，但仍然有嬗变的一面。首先，从古至今的中国人尽管都重视整体利益和群体价值，但整体和群体的载体、公共利益之"公共"的内涵在不同时期判然有别。传统中国将忠君孝父、敦睦亲族作为"公"的内核，近代以来对国家民族利益予以关注的"公"恰是在批判家族主义的基础上得到倡扬的。打破家族藩篱，使国家权力直接深入基层社会，让民众感受到国家权力的存在与作用，从而逐渐培育"国民之德"，这是近代中国司法体制的使命之一。由这一使命决定，国共两党法统中的司法运行样态，也发生了较为明显的变化。

这种变化首先在于事权上的分工。近代以来的司法运行中，司法权的分工至少在形式上得以确立。机构和事权上的区分，会给司法权的运行方式带来不同于以往的变化，哪怕权力中枢极端强调权力运行的一体化也不能抹杀这种差别。古代中国，由于实行地方官兼理司法，司法事务向来只是"政事之一端"。司法与行政的分野，既没有实现的可能，也没有分工的必要。正如黄仁宇所指出的，传统中国的农业社会中，两兄弟隔年轮流使用一个养鱼池或者水沟上一块用以过路的石板，都可以成为涉讼的内容。如果纯以司法的观点，则确定权利所需的详尽审查和参考成例，必致使用众多的人力和消耗大量的费用。这不仅为县令一人所不能胜任，也为收入有限的地方政府所不能负担。在制度供给存在严重不足的情况下，"本朝的法律就不外是行政的一种工具，而不是被统治者的保障。作为行政长官而兼司法长官的地方官，其注意力也只是集中在使乡民安分守己，对于他们职责范围外没有多大影响的争端则拒不受理"。[①] 而在民国和新中国时期，由于国家已经进入不可逆转的现代化潮流之中，不管是仿效欧美还是以俄为师，都遵从具有现代色彩的国

---

① 参见黄仁宇《万历十五年》，三联书店，2006，第 178 页。

家机构和权力框架，司法机关作为一个相对独立、具有明确分管职能的部门，至少在形式上得以建立。这种机构上的区分会直接造成权力运行方式的某些变化。南京国民政府时期，由于基本秉持"三权分立"学说（五权分立实为三权分立之变种），司法权被定位为一种独立的权力自不必言；即使在强调司法与行政同为人民权力的组成部分、司法部门是政府组成部门的共产党法统中，司法也表现出不同于行政权力的某些特征。1942年，晋察冀边区回顾几年来的司法工作时，曾对司法部门进行批评，认为司法部门相较于其他部门继承了更多的"旧传统"，司法老想自成系统，形成司法与政治任务脱节的倾向；审讯案件喜欢引用法条，不顾及客观情况；司法干部较为"保守"，因而形成司法部门的孤立甚至与其他部门的对立。① 这样的情况一直到新中国成立以后仍然是司法部门受到批评的主要原因。可见，机构和事务的区分对权力运行方式的影响是直接的，由固定的机构办理特定的事务，必然会形成具有一定独特性的行为模式和逻辑。

　　同时，司法事务运行方式的变化还来源于意识形态，这主要是近代以来"法治"话语的规训所致。虽然在追求结果符合实质正义这一点上，三个时期表现出较强的延续性；但是，实现结果正义过程中对法律形式与程序的背离还存在程度上的差别。概括而言，南京国民政府时期和新中国对法律形式的重视超过传统中国。一方面，由于司法机关与行政机关的相对分离，司法机关调剂其他资源实现结果正义的能力受到限制，他们通过司法以外的途径实现裁判目的的余地大为缩小，更多只能在司法过程中实现。另一方面，"法治"话语与法律的形式性存在天然亲缘关系，使得司法活动表现出更多的形式主义特征。南京国民政府时期，诸多法律人为阐扬社会本位司法理念对法律形式主义提出了批评，然而大量的批评本身即说明法律形式主义还是有相当的实践与体现的。② 根据地时期对"法治"的宣扬，除了司法中关于"正确、合法、及时"三原则的明确宣示外，更多是通过表明人民司法路线相对于封建司法的优越性实现的。晋冀鲁豫边区提出"新民主主义的司法，应该

---

① 《晋察冀边区行政委员会工作报告》，载北京政法学院审判法教研室编《中华人民共和国审判法参考资料汇编》第1辑，北京政法学院，1956，第105页。

② 关于民国法律人对社会本位司法理念的阐扬和对法律形式主义的批评，参见李文军《民国时期的社会本位司法理念研究》，《法律方法》2013年第1期。

是法治主义"。虽然也反对脱离政策的法条主义，但也反对"因人而异、因事而异"的人治主义。① 王明在新中国成立初期阐发人民司法路线时曾用宋代寇准的"夜审潘洪"作为反例，对于寇准通过"阴阳审"获得供词，因证据不足被迫宣布潘洪无罪开释后又要杨延昭刺死潘洪这一符合实质正义的做法进行了批判，认为是"可耻、可憎、尴尬、可笑"，并且认为人民司法路线与之绝对不同。② 通过对传统所谓"青天"断案的否定，人民司法工作的"合法"这一特征得到了阐发，并被认为是人民司法比封建司法具有更高合法性的表现。就其效果而言，由于对"法治"话语的肯认，无法摆脱法律形式理性化的影响，法律适用的确定性必然高于"官断十条路，九条人不知"的全能县官时代。

关于传统中国与新中国权力格局的类似，美国学者王国斌曾指出："如果与西方传统进行比较，儒家的理想与共产党的理想之间的相似性就清楚地出现了。儒家的治国思想反复地宣扬一种消除不平等的信念，例如土地分配方案、号召限制私有地产等，都出现在每一个朝代。从儒家的立场来看，共产党土地改革可以说是中国历史上土地重新分配最伟大的胜利。儒家的目标是调节人民生活和教化人民的心智，而1949年以后的共产党也有相似的目标。尽管这些目标的实质与形式均已改变，但是国家对人民的基本责任，即塑造人民的个性、创立社会的和经济的保障等，仍旧是中国悠久传统的一个部分。无论帝国时代还是当代，人民都有权利为了自己的利益而要求国家介入。"③ 这不但可以解释共产党法统中的司法路线与传统司法的"家族类似"，也昭示着今日要克服人民司法的巨大制度惯性，并非那么轻而易举。

---

① 《晋冀鲁豫边区高等法院1943年工作报告》，载北京政法学院审判法教研室编《中华人民共和国审判法参考资料汇编》第1辑，北京政法学院，1956，第215页。

② 王明：《关于目前司法工作的几个问题》，载北京政法学院审判法教研室编《中华人民共和国审判法参考资料汇编》第2辑，北京政法学院，1956，第64页。

③ 参见〔美〕王国斌《转变中的中国：历史变迁与欧洲经验的局限》，李伯重、连玲玲译，江苏人民出版社，2008年，第139~140页。

第六章　结论

　　黄宗智先生在论及近现代中国的民事司法实践时曾指出："近百年来中国虽然在法律理论和条文层面上缺失主体意识，但在法律实践层面上，却一直显示了相当程度的主体性。"[1] 本书的研究，从这一百年的前半期乡村社会场域观察，很大程度上印证了这种论断。共产党在根据地时期，将挽救民族危亡、改造传统社会、夺取全国政权这些艰巨的任务通盘进行，以毕其功于一役的精神状态来加以实施。不但与传统中国和近代西方的治理方式不同，也开创了国民党实践之外的一条新路，人民司法路线就是其中一项重要内容。从太行地区的司法实践结果来看，应当说这种探索是卓有成效的。我们对比当时国人对国民党司法反映强烈的重要方面——案件的处理效率可见一斑。根据统计，太行地区相关案件的处理期限如图 6-1 和表 6-1 所示：

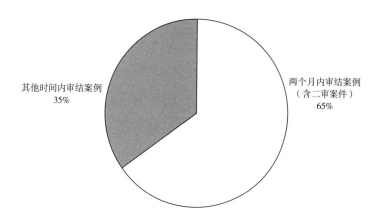

其他时间内审结案例
35%

两个月内审结案例
（含二审案件）
65%

图 6-1　20 世纪 40 年代太行地区政府断案 63 例民事案件（除和解存档）审理期限占比

---

　　① 黄宗智：《过去和现在：中国民事法律实践的探索》，法律出版社，2009，第 258 页。

表 6-1　20 世纪 40 年代太行地区政府断案 63 例具体纠纷案件审理期限情况

单位：个，%

纠纷种类	案例总数	一个月内审结案件（不含二审案件）	所占比例	特殊审理期限（当天审结）	所占比例
婚姻纠纷	25	12	48	1	4
土地纠纷	15（不含和解）	3	20	0	0
百姓财物纠纷	6（不含和解暂存）	5	83.3	0	0
子女抚养纠纷	3（不含和解暂存）	3	100	0	0

国民党所建立的形式完善的现代司法体制，其繁琐和拖沓使许多民众将诉讼视为畏途。而像太行地区这样的处理效率，让尤其恐惧讼累的乡村群众看到了实实在在的好处，使他们将共产党政权机关认定为有效的仲裁者，从而增加了对革命政权的向心力。

同时从本书的研究可见，人民司法体现出的实践主体性是非常鲜明的。尽管在形式上，共产党的政权机关（包括司法处和司法科）都在很大程度上受西方式治理框架影响而设立；但就其实践运作而言，它并未像西方法律一样要求规范与事实在逻辑上的绝对合洽，而是对法律的适用条件给予了足够注意，追求法律实施的实效性。同时，相比于西方的法律实用主义，它又表现出明显的道德理想性，即它始终是在实现一定道德目的的前提下对法律进行实用主义的运用，这是由共产党重塑中国社会的宏愿所生的必然要求。从人民司法中处理的各种纠纷来看，离婚纠纷中既以离婚自由、保护妇女为原则，又考虑到作为相对方的贫农之利益，在对这两种革命依靠力量的利益进行权衡后，相应地做出"保护妇女权利、保障婚姻自由"的裁断或"维持家庭完整、保护农村经济基础"的训示。这使当时作为"先锋队"成员的司法人员在面对法律受众时有足够的回旋余地，以结果可能截然不同的裁断来实现共产党法律的道德目的。每一具体案例中受到最大重视的价值或有不同，但总不出共产党道德理想的范畴。与此相应，诉讼中参与主体的泛化，村政权、妇救会、农会等各种由"积极分子"组成的外围组织在纠纷裁断中的活跃表现，也是"现代性"被工具化运用的例证。以案例中的证人类型为例，见表 6-2。

表 6-2　"证人"类型统计

单位：%

证人类型	占同类案件比例			占所有案件比例
	婚姻纠纷类	土地纠纷类	财产纠纷类	
亲属	30	10	0	17.4
社会组织	26.7	10	23.1	56.5
基层机关	83.3	90	62	81
无利害关系人	6.7	40	30.8	22.2

注：本表中证人类型占比是按照种类进行统计，不是按照人数进行统计。且本表中"基层机关"并不完全作为"证人"支持原、被告的诉求，大部分是单独作为调查机关调查案件情况，并向司法机关致信说明。

可见，共产党的基层政权组织和外围组织在各种纠纷中参与程度都较高，以此来保证共产党的政策及其道德理想能够在纠纷解决的多个环节起作用，使纠纷解决成为国家权力改造社会的绝好契机。

同时我们还可以发现，由于司法场域主要在乡村社会，人民司法早期对于乡土传统的"照顾"或"迁就"也较为明显。这不但表现为对某些相对中性的习惯在规范适用中加以采纳，更在诉讼中道德话语的泛化以及群众"反映"的重要地位中显现。民众以朴素的正义观念甚至是"三从四德"等"封建道德"出发的诉求，有时也会得到司法人员的认可，让人仿佛重睹"民之所好者好之，民之所恶者恶之"的遗风。这既是争取民众支持的现实需要使然，又通过共产党代表劳动人民意志的宣示而具有了现代性的外壳。

但是需要指出，无论是共产党法律活动的主体性还是对乡土传统的迁就，都是在西方现代法治的框架下存在的。如果低估了西方法治模式对共产党法律的影响，则不免偏离了事实。身处近代中国法律变革的历史情境中，中国共产党既在清末北洋时期法律遗产的基础上开展自己的法律实践，又在一个不短的时期中存在于国民政府的法统内，这三者都使西方形式法治对共产党法律发挥了影响。就连共产党所宗奉的马克思列宁主义政权组织原则，也是一个西方式现代性思想系统。在这多重因素作用下，中国共产党的政权机构设置、职能划分、组织原则、运行逻辑，从整体上都是与源自西方的现代工业文明相适应的，思维方式也受到形式逻辑的重要影响。虽然共产党并不将形式逻辑自洽作为判断的首要标准，但考虑到一般人的思维习惯，作为一种方法（而不是直接导出答案的真理渠道），形式逻辑在推进司法判断的精确性和集中性、抗拒带有玄想性的众说纷纭方面依然有不可替代的作用，这也使人民司法可以保持应有的确定性。从太行地区的人民司法实践来看，司法处（科）的设立本身，审断中对法律条文的援引，对传统土地利用形式中事实状态的权利化解释，都体现了西方式法治外壳及其思维习惯的影响。另外，在面对乡土社会的民众时，西方式法治话语作为不能在中国乡村社会自然孕育出的"奢侈品"，也为共产党展现自身先进性、将自己与改造对象区分开来提供了武器。考虑到这一点，共产党在根据地时期对依法办事、"加强法制观念"的强调也不应该让人感到意外。

行文及此，笔者似乎该做一个总结了。在前人探索的基础上，今日对根据地司法或早期人民司法的研究，首先必须承认它是三种法律传统交互作用的产物，而且作为其运行框架的西方式法治模式的影响，尤其不应当被低估。共产党卓有成效的法律实践诚然超越了许多普适化概念的规定，但在迈向成熟的发展中，也必须有系统化的概念体系来提供前瞻性以避免混乱和不确定，只是不要将概念体系看作不可稍违的神谕。另外，今日对人民司法的研究应当超越简单的经验肯定，推进更精细的规范分析，这样才能使其获得持续创新发展的可能。作个形象的比喻，我们需要将西方法律、传统中国法和共产党法律的规范体系中各种要素"拆散检修"，在找到三大传统的逻辑结合部的基础上，具体确定哪一种传统中何种要素在今日中国法治中有其功用和价值，以及该如何恰当地组装、安放才能更好地发挥效用。这一工作的路途虽然刚刚起步，但前景是可以期待的。

附录　案件信息汇编

附表 1　太行地区 20 世纪 40 年代婚姻案例中的纠纷解决方式汇总

序号	案件名称	案由	裁断理由	解决方式与案件结果
1	张赵氏诉江庚玉婚姻纠纷案	起诉离婚	原系恩爱，偶然反目，并无实际离婚条件	和解
2	赵顺心诉刘振庭请求离婚案	请求离婚	夫妻关系恶化	调解，自愿脱离夫妻关系
3	任桂英诉张敬元请求离婚案	请求离婚	女方受母亲挑拨，夫妻感情尚可	调解，不离婚
4	刘文兰诉王花亭因失踪请求离婚案	请求离婚	双方感情恶劣，不能同居	调解，同意离婚
5	李翠兰诉冯子敬因年龄差距大请求离婚案	请求离婚	夫妇因婚姻生嫌不可挽救	先调解无效，后民事诉讼判决离婚
6	侯来义诉杨小娥私自改嫁案	起诉离婚	侯杨氏（杨小娥）之前夫行军九年未有音信，准予离异	民事诉讼，确认婚姻有效
7	韩珍诉解殿元请求离婚案	请求离婚	夫妻感情恶劣，女方参加抗日工作翁姑反对并长期虐待	民事诉讼，准予离婚
8	杨玲娥诉程怀顺因吸毒请求离婚案	请求离婚	男方吸毒，变卖家产不养子女，夫妻感情恶劣	民事诉讼，准予离婚
9	黄春景诉秦双成因失踪请求离婚案	请求离婚	男方婚后二年外出，至今近十年无音讯，女方生活困难，无人照料	民事诉讼，准许离婚
10	樊水鱼诉程羊顺请求离婚案	请求离婚	男方经常殴打妻子，二人感情不好	民事诉讼，准予离婚

续表

序号	案件名称	案由	裁断理由	解决方式与案件结果
11	陈苏英诉王年离婚纠纷案	请求离婚	双方均愿离婚	民事诉讼，准予离婚
12	王德纯诉贺慧请求离婚案	请求离婚	双方情愿离婚	民事诉讼，准予离婚
13	郝佩兰诉李梅溪因参军不归请求离婚案	请求离婚	男方参军无音讯，后得知其已与他人结婚	民事诉讼，准予离婚
14	郝金兰诉张中堂要求离婚案	请求离婚	双方感情不和，且均同意离婚	民事诉讼，准予离婚
15	刘金换诉张兰芳因年龄相差太大请求离婚案	请求离婚	年岁差距太大感情不好	民事诉讼，准予离婚
16	张东娥诉任八的因夫妻生活不和谐请求离婚案	请求离婚	夫妻生活不和谐，感情不和，不堪同居	民事诉讼，准予离婚
17	王伶俐诉郭兴顺请求离婚案	请求离婚	双方感情不和	民事诉讼，准予离婚
18	赵性善诉刘云地请求复婚案	请求复婚	女方离婚符合法律规定，再婚手续合法	民事诉讼，驳回复婚请求
19	杨松江诉王贵花请求复婚案	请求复婚	男方经常殴打妻子，感情恶劣	民事诉讼，驳回请求
20	屈鸟嘴诉杨怀玉请求复婚案	请求复婚	夫妻不合，感情恶劣，男方经常虐待女方	民事诉讼，驳回请求
21	潘闺女诉刘其生解除婚约案	解除婚姻	婚姻自由不能勉强	民事诉讼，解除婚姻
22	刘怀亭诉申狗非法结婚案	起诉离婚	原告遗弃妻子	民事诉讼，准予离婚
23	房林江诉赵保廷归还妻子案	起诉离婚	原告多次打骂并卖掉妻子，情节恶劣	民事诉讼，驳回请求
24	聂兴顺诉张廷的因参军不归请求离婚案	请求离婚	夫妻感情不和；但军属离婚影响不好	政府批准离婚，区署加以阻挠，不办离婚手续
25	刘欧诉王秉公与军人妻子结婚案	奸拐抗战军人妻室	王秉公利诱有偶之人脱离家庭婚姻；樊稳静与人通奸	刑事处分

附表 2　太行地区 20 世纪 40 年代子女抚养案例中的纠纷解决方式汇总

序号	案件名称	案由	裁断理由	解决方式与案件结果
1	韩洪诉孟修德争夺子女案	小孩抚养	被告夫妻年老，生育较难	和解，随父
2	赵景诉李振华卖子反悔案	争子	双方当初自愿买卖小孩	调解，成为奶亲
3	杨林贵诉杨金喜讨要养子案	争子	被告系自愿将儿子给原告	先调解，后民事诉讼
4	张长亭诉高端贵争夺子女案	争子	母亲身有残疾，恐将来无依靠	民事诉讼，随母
5	姚建业诉何考才归还继女案	继女之姨夫何考才将其继女带走，不让返回	被告不到案，原告无充足理由	存卷（无结果）

附表 3　太行地区 20 世纪 40 年代百姓财物纠纷案例中的纠纷解决方式汇总

序号	案件名称	案由	裁断理由	解决方式与案件结果
1	王全禄诉刘老玉追讨存粮案	存粮损失纠纷	根据客观情况，双方均负责任	和解
2	段元年诉白菊追还钱款案	财产纠纷	中人交好，不忍坐视，以免讼累	中人调解后和解，撤销原案
3	王树榛诉杨起元半喂牛纠纷案	半喂牛纠纷	按当地习惯和客观具体事由	调解无效后和解
4	武知俭诉王金元死驴纠纷案	损害赔偿纠纷	照顾各方影响	调解，被告赔偿三千元
5	张成群诉江昌廷讨要工钱案	追索乳养婴儿工资	经讯问，被告无反驳	民事诉讼，拍卖被告家产以付工钱
6	张玉诉张玉书借款纠葛案	借款纠葛	无	民事诉讼，无结果
7	冯贵华诉樊平顺碾子纠纷案	所有权归属争议	原告无足够证据	民事诉讼，申请不予支持
8	王庆德诉郝荫溪瞒卖缝衣机器案	租赁物被第三人出卖	原告受物价高影响	民事诉讼，原告诉追被告赔偿机器无理由
9	李元贞诉李天元变卖家产案	家庭共有财产分割	原告证据不足	民事诉讼，不支持

续表

序号	案件名称	案由	裁断理由	解决方式与案件结果
10	张守义认驴不还纠纷案	所有权归属争议	时间过长	民事诉讼，不支持
11	郝银和偷盗抗战公粮案	偷盗	此人为标准流氓，所偷无数	刑事诉讼，死刑并剥夺政治权利终身
12	申贵礼诉申学亮私卖公树案	争夺公树	申学亮公树私卖触犯刑法	调解无效后刑事诉讼，罚金
13	郝守田诉程书贵买羊不付钱案	买羊后拒不付剩余价款	意图不法侵占他人财物	刑事处罚，处以罚款

附表4　太行地区20世纪40年代土地纠纷案例中的纠纷解决方式汇总

序号	案件名称	案由	裁断理由	解决方式与案件结果
1	王同方诉任多滋赎地纠葛案	赎回水田	中人系好友，不忍坐视，以免讼累	和解，被告还地，原告照原典价回赎
2	岳守方诉申金生赎回土地案	赎回土地	根据客观事实和照顾各方情绪	调解，原告现回赎水地，秋后回赎脚滩地
3	李氏诉李书元霸占土地案	地权归属	李书元私捏假约	经村公所调解不成，后经政府和中人调解，地归李氏
4	李栋诉李清旺买卖土地案	土地纠纷	照顾双方利益	区、县调解达成和解
5	王巨生诉王志秀继承土地纠纷案	继承土地纠纷	被告争执无理由	调解后达成和解，被告不讨要土地
6	张李氏诉李业成赎回房地纠葛案	赎回房屋和旱地	房屋土地经张李氏丈夫卖为死契	民事诉讼，驳回申请
7	张玉旺诉赵兰桂卖地反悔案	地权归属	先前五亩已办理手续，后一亩没办手续	民事诉讼，先前五亩归被告，后一亩归原告
8	程喜林诉程小赖继承土地案	土地继承	原告主张无理由	民事诉讼，不支持
9	张纯的诉李有昌回赎土地案	土地和柿树回赎	典权未满六十年不变为死业	民事诉讼，原告回赎所有土地和柿树
10	崔六成诉崔仁红霸占土地案	归还土地	原告无证据证明地为自己所有	民事诉讼，地归被告
11	杨春果诉杨补元出卖土地案	土地纠纷	被告年幼无知，卖地为受人愚弄	民事诉讼，地归被告耕种

续表

序号	案件名称	案由	裁断理由	解决方式与案件结果
12	冯殿英诉王如山抢夺土地案	地权纠纷	根据客观事实	民事诉讼，两家各一亩
13	王立柱诉王三太土地租佃纠纷案	土地租佃纠纷	根据客观事实	民事诉讼，驳回上诉
14	赵翠明诉赵中明母亲土地继承案	土地继承	以完家庭，和好而息诉端	和解，后原告上诉
15	李清太诉李如意农村道路纠纷案	地役权纠纷	违反抗战生产原则	先经区调解，后民事诉讼，被告无权在原告地中开路
16	王德顺诉王国成赎回土地案	赎回土地	依据习惯和客观事实	先调解，后民事诉讼，原告回赎全部土地
17	张戊辰诉庞和生租种土地案	租佃纠纷	根据客观事实	先调解，后民事诉讼，原告多种一季
18	赵运成诉赵广运以米赎地案	土地典当回赎纠纷	根据案情，被告思想作怪	先调解无效，后民事诉讼，原告以典价赎回
19	李中央诉李天顺盗卖土地案	土地纠纷	被告侵卖土地触犯刑法	先调解，后刑事诉讼，判被告有期徒刑并科罚金
20	王江氏诉杨小寿买卖土地案	买地	杨兰庭伪造文书	先调解，后刑事诉讼

附表5　太行地区20世纪40年代案例不同纠纷解决方式总计

纠纷种类	案例总数	和解/调解案例	所占比例	其中上诉案例	所占比例	民事诉讼案例	所占比例	刑事诉讼案例	所占比例	其他案例	所占比例
婚姻纠纷	25	5	20%	1	20%	18	72%	1	4%	1	4%
子女抚养纠纷	5	3	60%	1	33%	1	20%	0	0	1	20%
财物纠纷	13	5	38.5%	11	20%	6	46.1%	2	15.4%	0	0
土地纠纷	20	12	60%	72	58%	8	40%	0	0	0	0

注：表中"其中上诉案例"一列中内的数字表示案件上诉后转为刑事诉讼的案件数。

附表6　太行地区20世纪40年代案件的纠纷解决方式统计

总案例	民事诉讼	所占比例	刑事诉讼	所占比例	非诉讼纠纷方式	所占比例	其他	所占比例
63	33	52.2%	3	4.8%	25	40%	2	3%

附表7　太行地区20世纪40年代案例中的婚姻纠纷状况汇总

编号	案件名称	案由	诉讼请求	判决	判决参照条文	备注
1	刘欧诉王秉公与军人妻子结婚案	刘樊氏为刘五生老婆，军属，名樊稳静，被王秉公"串通奸拐"	惩治王秉公	1. 民事部分：结婚撤销作为无效；赔偿樊稳静名誉损失费420元；包赔刘一与樊作智之词讼路宿费55元。2. 刑事部分：王秉公判处有期徒刑八个月，褫夺公权八个月。樊稳静量刑上减除有期徒刑六个月，缓刑一年具保回去执行	刑法第240条第2项；第298条；第237条；第239条	男方是军人
			撤销非法成婚，赔偿樊稳静名誉损失价1000元			
2	张赵氏诉江庚玉婚姻纠纷案	张赵氏、张繁所诉江庚玉、江爱鱼带子离婚不合理	不离婚，恳钧府传案训究，察查良莠	和解和好		调查报告：离婚是因江爱鱼家人挑拨，江爱鱼无离婚意思，张繁所曾痛打江爱鱼
3	韩珍诉解殿元请求离婚案	韩珍因受虐及男方不务正业、家庭落后请求离婚	政府批准离婚	1. 第一次主审：和解；2. 判决离婚	晋冀鲁豫边区婚姻暂行条例17条第3款；第16条	
4	任桂英诉张敬元请求离婚案	虐待殴打请求离婚	请求离婚	和解和好		
5	侯来义诉杨小娥私自改嫁案	女方因男方无音信私自改嫁婚姻纠纷	请求确认侯杨氏与李二牛婚姻无效并撤销，与侯福贵婚姻关系仍存续	1. 李二牛与侯杨氏婚姻有效；2. 与前夫所生十三岁子女由侯杨氏教养	晋冀鲁豫边区婚姻暂行条例第18条；第19条	调查报告：侯福贵自抗战未回家，无书信证明，侯来义告状是因为其想通过侯杨氏（杨小娥）改嫁得钱
6	杨玲娥诉程怀顺因吸毒请求离婚案	因男方吸毒婚姻纠纷	要求离婚	1. 杨玲娥请求离婚应予照准；2. 女儿归男方，暂由女方抚养，许其自由婚配	晋冀鲁豫边区婚姻暂行条例第16条；第17条第8款；第21条	妇救会调查：男方虐待妻子，并多次典卖妻子。清凉村保书：杨玲娥为离婚捏造诬告

编号	案件名称	案由	诉讼请求	判决	判决参照条文	备注
7	黄春景诉秦双成因失踪请求离婚案	因男方失踪的婚姻纠纷	要求离婚	准予离婚	晋冀鲁豫边区婚姻暂行条例第19条	
8	屈鸟嘴诉杨怀玉请求复婚案	因男方虐待后离婚,男方请求复婚	请求复婚	仍准予离婚	晋冀鲁豫边区婚姻暂行条例第16条;第17条	公署报告:夫妻感情恶劣,男方多次打骂,县政府意见:男方态度含糊,捕风捉影
9	陈苏英诉王年的离婚纠纷案	感情不好,离婚	包两个月吃喝,带儿子三年	离婚,男方给女方三斗粮食作为未改嫁前生活之用		
10	王德纯诉贺慧请求确认离婚	情意不合离婚	离婚,给女方五石小米,女方嫁妆带走	离婚,给女方五石小米,女方嫁妆带走		
11	潘闺女诉刘其生解除婚约案	解除婚约	解除婚约	解除婚约,女方退男方彩礼	依边区婚姻条例第7条、第9条	
12	赵顺心诉刘振廷请求离婚案	因男方打骂女方,女方请求离婚	离婚	达成离婚协议,女方偿还男方婚姻损失费		
13	刘怀亭诉申狗非法结婚案	打骂女方,不给妻子饭吃,男方外出打工后女方嫁他人,女方请求离婚	被告非法结婚,原告要求被告回家,被告要求离婚	批准离婚,被告与同居人判处拘役两个月		
14	郝佩兰诉李梅溪因参军不归请求离婚案	感情不好,请求离婚,男方无回音	离婚	脱离夫妻关系		
15	郝金兰诉张中堂要求离婚案	感情不和,请求离婚	离婚	双方自愿登记离婚		
16	刘文兰诉王花亭因失踪请求离婚案	男方参军,多年无音信请求离婚	离婚	准予离婚,但要等三个月才离婚,原告要求的离婚供给其公公不答应		男方参军

编号	案件名称	案由	诉讼请求	判决	判决参照条文	备注
17	刘金换诉张兰芳因年龄相差太大请求离婚案	感情不好，请求离婚，男方无回音	离婚	准予离婚，女方带走私人财物，小孩归男方		
18	张东娥诉任八的因夫妻生活不和谐请求离婚案	男方原因无交流、无夫妻生活，感情不和请求离婚	离婚	同意女方请求离婚，女方私人财物可以带走	男方不服，可在 20 日内亲来，经讯问后正式下判	
19	王伶俐诉郭兴顺请求离婚案	男方家暴，不给吃穿，不管不问，请求离婚	离婚，女儿归女方	准予离婚	男方不服可于 20 日内至六专署上诉	男方打女方原因：偷捣麦子，与夫兄弟有染，出轨
20	房林江诉赵保廷归还妻子案	男方卖妻后，妻子另与他人结婚，现男方诉请归还妻子	归还妻子	驳回房林江请求，要求杨梅则和赵保廷补办婚姻手续	男方不服可于一个月内到六专署上诉	
21	聂兴顺诉张廷的因参军不归请求离婚案	男方参军，五年无音信，请求离婚	离婚	县政府经多调查，批准离婚但区署不予办理离婚手续	后续：离婚后，多次请求结婚，未被准许	男方参军
22	李翠兰诉冯子敬因年龄差距大请求离婚案	男方大女方 20 岁，感情不和，且男方常家暴	离婚	判决离婚，孩子归男方抚养，女方可带走自己的财产	男方不服可至太行六专署上诉；后女方又请求复婚。十区区公所认为其将婚姻条令当儿戏	女方出轨十几年
23	赵性善诉刘云地请求复婚案	男方结婚后不久即外出学手艺，5 年未归，女方遂改嫁，男方回来后诉请复婚	复婚	认为刘云地与郝喜元结婚手续合法，驳回原告复婚请求	边区婚姻条例第五章第 17 条第 4 项；如有异议，可于 20 日内至太行六专署上诉	更乐村村长、民教主任说女方愿意复婚；群众反映女方愿意复婚有良心；女方不承认愿意复婚

续表

编号	案件名称	案由	诉讼请求	判决	判决参照条文	备注
24	樊水鱼诉程羊顺请求离婚案	男方婚后即参军,退伍后经常打骂女方,遂诉请离婚	离婚	县政府准予离婚被告不服,上诉,第六专署审理后,准予两人离婚	边区婚姻条例第16条;后续:男方不服上诉,维持原判	男方打女方原因:扣布,偷吃柿吊子,脚大
25	杨松江诉王贵花请求复婚案	女方以男方家暴为由诉请离婚,男方父亲代为办理离婚,男方本人诉请复婚	复婚	驳回上诉请求,支持王贵花离婚		去区公所6次才得以办成离婚

附表8　太行地区20世纪40年代的土地纠纷类型和解决方式汇总

编号	案件民称	纠纷类型	纠纷解决方式	编号	案件民称	纠纷类型	纠纷解决方式
1	王同方诉任多滋赎地纠葛案	典权回赎纠纷	和解	9	岳守方诉申金生赎回土地案	典权回赎纠纷	调解不成后判决
2	张李氏诉李业成赎回房地纠葛案	典权回赎纠纷	判决	10	崔六成诉崔仁红霸占土地案	所有权纠纷	判决
3	王江氏诉杨小寿买卖土地案	所有权纠纷	判决	11	赵翠明诉赵中明母亲土地继承案	继承纠纷	和解
4	张纯的诉李有昌回赎土地案	典权回赎纠纷	判决	12	杨春果诉杨补元出卖土地案	所有权纠纷	判决
5	王德顺诉王国成赎回土地案	典权回赎纠纷		13	冯殿英诉王如山抢夺土地案	所有权纠纷	判决
6	李氏诉李书元霸占土地案	所有权纠纷	说和	14	李中央诉李天顺盗卖土地案	所有权纠纷	判决
7	张玉旺诉赵兰桂卖地反悔案	所有权纠纷	判决	15	李栋诉李清旺买卖土地案	所有权纠纷	和解
8	程喜林诉程小赖继承土地案	继承纠纷	判决	16	李清太诉李如意农村道路纠纷案	所有权纠纷	判决

175

续表

编号	案件民称	纠纷类型	纠纷解决方式	编号	案件民称	纠纷类型	纠纷解决方式
17	王巨生诉王志秀继承土地纠纷案	继承纠纷		19	王立柱诉王三太土地租佃纠纷案	租佃纠纷	判决
18	张戊辰诉庞和生租种土地案	租佃纠纷	判决和解	20	赵运成诉赵广运以米赎地案	典权回赎纠纷	判决

附表9　太行地区20世纪40年代断案材料的百姓财物纠纷状况汇总

编号	案件名称	案由	诉讼请求	原告主张	被告主张	诉讼标的及价金	判决	政府批示
1	冯贵华诉樊平顺碾子纠纷案	所有权归属争议	冯贵华请求樊平顺归还碾子	原告19岁时赌博向万顺德冯吉祥借钱，后以自有房屋抵押，碾子不在抵押之内	碾子在抵押之内，由冯吉祥卖给其母，其合法继承	碾子，9000元	碾子归樊平顺所有	年代久远，无可考证
2	郝银和偷盗抗战公粮案	偷盗			经讯问之罪均供认不讳		枪毙，剥夺公权终身	
3	王庆德诉郝梦溪瞒卖缝衣机器案	租赁物被第三人出卖	王庆德、刘立勋、王金元请求依约定包偿机器	1939年经郝玉先将机器借给西井工厂，约定零件如有损坏负包赔责任，约定租金30元；1940年郝梦溪、武其德拿回机器并出卖240元，过两年后，原告主张权利	由于西井工厂长时间未还，村里已经按约定赔偿150元。其中租金30元，机器120元，县代购所领取，后取回机器损坏，原告不愿退回120元，遂出卖	缝衣机两挂120元，机器120元，租金两个月30元	原告诉讼请求无理由，不准	希望尽快调查处理
4	李元贞诉李天元变卖家产案	家庭共有财产分割，赡养义务	原告请求被告尽其应尽之赡养义务	被告私卖后凹坡地一处3000元并独吞；与李天顺换地5000元，自己3000元，被告2000元	后凹坡地为私卖，自己拿了1000元；与李天顺换地自己拿了1000元	后凹坡地一处3000元，与李天顺换地5000元，水窖5000元等	原告所言证据不足，案件暂缓	

续表

编号	案件名称	案由	诉讼请求	原告主张	被告主张	诉讼标的及价金	判决	政府批示
5	张守义认驴不还纠纷案	所有权归属争议	原告请求被告归还其从原曲村购买的驴	1.不知原曲村曾发认驴通知 2.即使知道,好驴也被藏匿 3.灾荒年没有发现,不是从中取巧	1.全县发出认领通知 2.被告抓阄购买且在时效内无人认领 3.驴价增长才来认领 4.民兵用血肉夺回 5.连累战争损失等问题	驴两头,一头700元,一头600元,三年草料费每头900元	时期过长,不准原告追认	
6	武知俭诉王金元死驴纠纷案	损害赔偿纠纷	原告请求被告赔偿驴死亡所受损失	被告用其驴运回重物后死亡,要求被告赔偿	接受调解,愿意赔偿3000元	驴一头,5000元	先调解,原告不服起诉,后县政府按原调解内容调解	

附表 10　太行地区 20 世纪 40 年代案例中的百姓财产保护类型及其价值取向汇总

编号	案件名称	案由	财产权保护类型	价值取向
1	申贵礼诉申学亮私卖公树案	争坟茔财产	共同共有物	维护当事人之间的约定,保护共同共有人对共有物享有的所有权,禁止其他共有人非法侵害
2	郝守田诉程书贵买羊不付钱案	买羊后拒不付剩余价款	动产物权买卖债权人支付价款请求权	维护交易安全,保护债权请求权
3	王树榛诉杨起元半喂牛纠纷案	伙喂牲畜	用益物权	维护用益物权人及债权人合法权益
4	段元年诉白菊追还钱款案	财产纠纷	财产归属	保护财产所有权人合法权益
5	张玉诉张玉书借款纠葛案	借款纠葛	债的相对性	维护债权债务的相对性

续表

编号	案件名称	案由	财产权保护类型	价值取向
6	张成群诉江昌廷讨要工钱案	追索乳养婴儿工资	受托人报酬请求权	保护受托人报酬请求权
7	王全禄诉刘老玉追讨存粮案	存粮损失纠纷	代为保管物灭失风险负担	代为保管物灭失风险由双方当事人分担
8	1943年冯贵华诉樊平顺碾子纠纷案	所有权归属争议	所有权归属及取得时效	对长久形成的事实秩序的承认和尊重，维护交易安全
9	1944年郝银和偷盗抗战公粮案	偷盗	动产所有权	物资匮乏，盗窃发生率较高；不能影响抗战
10	1945年王庆德诉郝荫溪瞒卖缝衣机器案	租赁物被第三人出卖	所有权保护及时效问题	保护百姓私有财产；对百姓财产损害预先垫付；维护交易安全；坚持公平原则、平等保护原则
11	1945年李元贞诉李天元变卖家产案	家庭共有财产分割，赡养义务	共同共有物分割	村组织共同共有财产分割，保护百姓合法取得的财产，维护交易安全
12	1945年张守义认驴不还纠纷案	所有权归属争议	动产所有权	着力保护新形成的法律关系，村政府着力保护本村村民财产，据理力争
13	1946年武知俭诉王金元死驴纠纷案	损害赔偿纠纷	侵权损害赔偿	保状人制度为债务履行提供了保证，损害赔偿照顾善良风俗及各方影响，财物损害平等协商

附表11　太行地区20世纪40年代断案材料的婚姻纠纷解决依据统计

编号	案件名称	纠纷解决方式	纠纷解决依据
1	刘欧诉王秉公与军人妻子结婚案	判决	《刑法》第240条第2项、第298条、第237条、第239条
2	张赵氏诉江庚玉婚姻纠纷案	调解	当事人意愿
3	韩珍诉解殿元请求离婚案	判决	《晋冀鲁豫边区婚姻暂行条例》17条第3款、第16条
4	任桂英诉张敬元请求离婚案	调解	群众反映

编号	案件名称	纠纷解决方式	纠纷解决依据
5	侯来义诉杨小娥私自改嫁案	判决	《晋冀鲁豫边区婚姻暂行条例》第18条、第19条
6	杨玲娥诉程怀顺因吸毒请求离婚案	判决	《晋冀鲁豫边区婚姻暂行条例》第16条、第17条第8款、第21条
7	黄春景诉秦双成因失踪请求离婚案	判决	《晋冀鲁豫边区婚姻暂行条例》第19条
8	屈鸟嘴诉杨怀玉请求复婚案	判决	《晋冀鲁豫边区婚姻暂行条例》第16条、第17条
9	陈苏英诉王年的离婚纠纷案	调解	《边区婚姻条例》第13条
10	王德纯诉贺慧请求确认离婚	确认离婚	《边区婚姻条例》第13条
11	潘闺女诉刘其生解除婚约案	判决	《边区婚姻条例》第7条、第9条
12	赵顺心诉刘振廷请求离婚案	调解	《边区婚姻条例》第14条
13	刘怀亭诉申狗非法结婚案	判决	《边区婚姻条例》第17条第2项
14	郝佩兰诉李梅溪因参军不归请求离婚案	判决	《边区婚姻条例》第3条
5	郝金兰诉张中堂要求离婚案	确认离婚	《边区婚姻条例》第13条
16	刘文兰诉王花亭因失踪请求离婚案	调解	达成一致意见
17	刘金换诉张兰芳因年龄相差太大请求离婚案	判决	未表明
18	张东娥诉任八的因夫妻生活不和谐请求离婚案	判决	《边区婚姻条例》第11条第2款
19	王伶俐诉郭兴顺请求离婚案	判决	《边区婚姻条例》第17条
20	房林江诉赵保廷归还妻子案	判决	《边区婚姻条例》第17条
21	聂兴顺诉张廷的因参军不归请求离婚案	批准离婚	《晋冀鲁豫边区婚姻暂行条例》第7条

续表

编号	案件名称	纠纷解决方式	纠纷解决依据
22	李翠兰诉冯子敬因年龄差距大请求离婚案	判决	未表明
23	赵性善诉刘云地请求复婚案	判决	《边区婚姻条例》第5章第17条第4项
24	樊水鱼诉程羊顺请求离婚案	判决	《边区婚姻条例》第16条
25	杨松江诉王贵花请求复婚案	判决	未表明

注：表中纠纷解决依据栏下"民法"指南京国民政府1929年开始公布施行的《中华民国民法》，"刑法"指南京国民政府1935年公布施行的《中华民国刑法》。

附表 12　太行地区 20 世纪 40 年代的土地纠纷解决依据统计

编号	案件名称	纠纷解决方式与结果	纠纷解决依据
1	1941年王同方诉任多滋赎地纠葛案	和解	双和解达成一致
2	1941年张李氏诉李业成赎回房地纠葛案	判决	习惯
3	1941年王江氏诉杨小寿买卖土地案	判决	刑事部分：根据《太行地区禁使银币法》第6条，杨兰廷行使银币不法买卖土地处有期徒刑1年缓刑2年，杨兰廷伪造变造文书犯《刑法》第210条之罪，但依同法第59条予以缓刑。民事部分：王直潘卖地犯《太行地区修正典权条例》第9条
4	1941年张纯诉李有昌回赎土地案	判决	查边区人民之财产所有权，典权未满六十年，未曾变为死业，概准其回赎。李有昌确实有该土地的占用权，但不能以任何借口阻止张纯的全部赎回土地
5	1941年王德顺诉王国成赎回土地案	判决	典权未满六十年，未曾变为死业，概准其回赎。李有昌确实有该土地的占用权，但不能以任何借口阻止张纯的全部赎回土地

续表

编号	案件名称	纠纷解决方式与结果	纠纷解决依据
6	1941年李氏诉李书元霸占地产案	和解	事实与双方意见
7	1944年张玉旺诉赵兰桂卖地反悔案	判决	法律与习惯
8	1944年程喜林诉程小赖继承土地案		风俗习惯
9	1944年岳守方诉申金生赎回土地案	调解	《中华民国民法》第924条典权未定期限者出典人得随时以原典价回赎典物。出典人之回赎，如典物为耕作地者，应于收益季节后次期作业开始前为之
10	1944年赵翠明诉赵中明母亲土地继承案	调解	风俗习惯
11	1944年杨春果诉杨补元出卖土地案	判决	案件情况
12	1944年冯殿英诉王如山抢夺土地案	判决	群众反映，中人意见
13	1944年李中央诉李天顺盗卖土地案	判决	李天顺侵卖土地触犯《刑法》第335条与第305条之规定
14	1944年李栋诉李清旺买卖土地案	和解	法律与案件事实
15	1944年李清太诉李如意农村道路纠纷案	判决	《中华民国民法》第787条与习惯
16	1945年王巨生诉王志秀继承土地纠纷案	和解	风俗习惯与旧继承法
17	1945年张戊辰诉庞和生租种土地案	调解上诉后又判决	案件事实
18	1945年王立柱诉王三太土地租佃纠纷案	判决	《边区土地问题处理办法》丙项乙款及《民事诉讼法》第381条
19	1946年赵运成诉赵广运以米赎地案	判决	案件事实

　　注：表中纠纷解决依据栏下"民法"指南京国民政府1929年开始公布施行的《中华民国民法》，"刑法"指南京国民政府1935年公布施行的《中华民国刑法》。

附表 13　太行地区 20 世纪 40 年代的百姓财物纠纷解决依据统计

编号	案件名称	纠纷解决方式	解决依据
1	申贵礼诉申学亮私卖公树案	判决	实犯《刑法》第 320 条、第 342 条，均应科以 500 元以下罚金。依《刑事诉讼法》第 291 条前段之规定
2	郝守田诉程书贵买羊不付钱案	判决	实犯《刑法》第 35 条 3 款
3	王树榛诉杨起元半喂牛纠纷案	调解	两造及中人供词，当地习惯与客观事由
4	段元年诉白菊追还钱款案	调解	无
5	张玉诉张玉书借款纠葛案	无结果	无
6	张成群诉江昌廷讨要工钱案	判令	案件事实
7	王全禄诉刘老玉追讨存粮案	调解	双方供词，客观事实
8	1943 年冯贵华诉樊平顺碾子纠纷案	政府批示	《民法》物权第 768 条，五年间和平公然占有他人动产者取得其所有权
9	1944 年郝银和偷盗抗战公粮案	判决	《边府惩治盗毁空清财务补充办法》第 2 条、《刑法》第 37 条
10	1945 年王庆德诉郝荫溪瞒卖缝衣机器案	判决	1.《民事诉讼法》第 381 条；2. 依照当时汇率，被告卖价 240 元约等于当时赔偿价 120 元，没有少作价
11	1945 年李元贞诉李天元变卖家产案	案件暂存	证据不足
12	1945 年张守义认驴不还纠纷案	判决	时期过长，原告没有在合理期限内认领
13	1946 年武知俭诉王金元死驴纠纷	调解	照顾各方

　　注：表中纠纷解决依据栏下"民法"指南京国民政府 1929 年开始公布施行的《中华民国民法》，"刑法"指南京国民政府 1935 年公布施行的《中华民国刑法》。

附表 14　太行地区 20 世纪 40 年代案例中原被告成分关系汇总

编号	案件名称	原告及诉讼双方关系、成分	被告及诉讼双方之关系、成分	与成分有关表述	胜诉、败诉	处理结果	判决结果与该因素关系
1	赵顺心诉刘振廷请求离婚案	赵顺心：妻；中农	刘振廷：夫；农民出身		协议离婚；成分相同	达成离婚协议，女方偿还男方婚姻损失费	与成分无关
2	郝金兰诉张中堂要求离婚案	郝金兰：妻；中农	张中堂：夫；中农		登记离婚；成分相同		与成分无关
3	刘金换诉张兰芳因年龄大大请求离婚案	刘金换：妻；中农	张兰芳：夫；下中农		原告胜诉；中农	准予离婚，女方带走私人财物，小孩归男方	与成分无关
4	张东娥诉任八的因夫妻生活不和谐请求离婚案	张东娥：妻；中农，村妇会副主任	任八的：夫；中农		原告胜诉；成分相同	男方不到，缺席处理，离婚后女方可带走私人财物	与成分无关
5	王伶俐诉郭兴顺请求离婚案	王伶俐：妻；童养媳	郭兴顺：夫；童农；退伍		原告胜诉	判决离婚，女方由女方抚养	与成分无关
6	房林江诉赵保廷廷归还妻子案	房林江：杨梅则现在丈夫；贫农	赵保廷：杨梅则先前丈夫；新中农	村长李茂春、农会主任董士堂：房林江为贫农，兄弟五人只有他成了家，政府最好将其妻判回	被告胜诉；新中农	判决驳回房林江诉讼请求，令赵保廷与杨梅则补办正式结婚手续	未受原告成分影响
7	聂兴顺诉张廷的因参军不归请求离婚案	聂兴顺：妻；中农；童养媳，即至张家	张廷的：夫；富农	区公所刘维山给司法科的信：张礼从（公公）也不敢负责，谈他家是富农成分	原告胜诉；中农	判决批准离婚，但区署不执行	考虑了成分问题，批准离婚，有轻微影响

续表

编号	案件名称	原告及诉讼双方关系、成分	被告及诉讼双方之关系、成分	与成分有关表述	胜诉、败诉	处理结果	判决结果与该因素关系
8	李翠兰诉冯子敬因年龄差距大请求离婚案	李翠兰：妻	冯子敬：夫；中农		原告胜诉；被告未提	判决离婚，男孩归男方抚养，女方可带走自己财产	与成分无关
9	赵性善诉刘云地请求复婚案	赵性善：前夫；中农	刘云地：前妻；中农		被告胜诉；成分相同	判决驳回诉讼请求，不予复婚	与成分无关
10	1948年樊水鱼诉程羊顺请求离婚案	樊水鱼：妻；贫农	程羊顺：夫；贫农		原告胜诉；成分相同	判决离婚，女方带走私人财物	与成分无关
11	杨松江诉王贵花请求复婚案	杨松江：前夫；现在中农，离婚时为地主	王贵花：前妻	北方大学艺术学院原告所在单位给黎城县政府司法科的信：现他家女人，妄告伊系地主出身，逃外已四年无信，经黎城三区公所已批准离婚——黎城县司法科范科长的回信：他女人谈（他的）阶级不对，不愿与他本人同居	被告胜诉；未提成分	驳回上诉	考虑了成分问题，驳回上诉
12	赵景诉李振华麦子反悔案	赵景；小孩生母，大儿子军属，军人参军	李振华；小孩养父；中农	更乐村村长江贵林，副村长李福明，农代会主任李振华元给涉县秦县长的信：李振华成分在土改时确定为中农，是一个本阶级的人	达成协议	双方成为奶亲	考虑了成分问题

续表

编号	案件名称	原告及诉讼双方关系、成分	被告及诉讼双方之关系、成分	与成分有关表述	胜诉、败诉	处理结果	判决结果与该因素关系
13	张长亭诉高端贵争夺子女案	张长亭：前夫，现经是地主，曾经是中农	高端贵；前妻；娘家为下中农，双手残疾	司法科出具的意见：张长亭被斗，成分本质不好，到最后反诬赖女方	被告胜诉；下中农	孩子归女方且随母姓改名	考虑了成分问题
14	1948年韩洪诉孟修德夺子女案	韩洪：郭佳妮前夫，后又恢复婚关系；贫农	孟修德；郭佳妮灾荒年份与其结婚；中农		和解	小孩由孟修德领回，并给韩洪抚养费七万五千余元	与成分无关
15	1944年岳守方诉申金生赎回土地案	岳守方、出典人、富农	申金生、典权人、贫农	区政府给县政府蒋予民的信：岳守方是一个富农，而申金生是一个贫农……所以决定土地仍归申金生，不能让岳守方赎回	原告（富农）胜诉	准予岳守方赎回申金所所典戏楼后典水地、脚滩地二亩后回赎	准予赎回，未考虑成分，仅以事实裁判
16	赵翠明诉赵中明母亲土地继承案	赵翠明，二股之女，贫农赵彦明长股之子，赤农	赵中明母亲，五股之妻，富农	王廷璋给胡县长介绍信：赵中明系富农，赵翠明系贫农，生活无法维持	达成和解		与成分无关
17	赵运成诉赵广运以米赎地案	赵运成、出典人、贫农工人	赵广运、典权人、中农	四区区长赵耀康给县里赵科长的信：赵运成是个贫农工人，赵广云是个中农	原告胜诉	仍依其原得价赎回	与成分无关

附表 15　太行地区 20 世纪 40 年代案例中诉讼参与人及相关信息汇总

编号	案件名称	案由	原告	被告	利害关系人	证人	保人	公共组织	政权机关	备注
1	1941 年刘欧诉王秉公奸拐抗战军人之妻子结婚案	奸拐抗战军人之妻案	刘鸥（刘五生哥），响堂铺（刘五生所任村）	王秉公（男，神头村）	刘五生、樊稳静（夫妻）	刘一等（刘鸥家），刘福生家，樊作智，樊作信（樊稳静叔）	樊作信、神头村等人，锦记医院、北关源顺店经理任景芳	妇救会代表要求王秉公赔偿樊稳静名誉损失费 420 元	响堂铺村（按本刑加重处分，以挽预风而利抗战）	刘鸥等：系非法成婚，应即撤销，王秉公应赔偿樊稳静名誉损失价 1000 元
2	1942 年张赵氏诉江庚玉婚姻纠葛案	婚姻纠葛	张赵氏（张爱鱼所母亲，江爱鱼女），张璞（男）	江庚玉（江爱鱼父亲，男），江爱鱼（女）		江爱鱼之弟			张连元给政府报告（张江氏是破鞋，更乐村群众多数反对），政府准子和解；区长吴一（准子离婚）	
3	1942 年韩珍诉解殿元请求离婚案	离婚	韩珍（女，妇救会成员）	解殿元（男，交通局工作）				1. 妇救会张风（韩珍）参加工作，家中反而起了反感；男方看不起女方；男方作风不正。2. 青救会（同上）	1. 民政科同同志（婚姻不能维持有结果）；2. 董同志（婚姻不能维持）；3. 张井石（可以离婚……）；4. 主审（婚姻有可能继续）；5. 康士金（虐待是事实，此案错断，恐招村众不满）；6. 妇救会张峰（按婚姻条例处理）；7. 民政科杨某（打架与否不应作为决定条件……）	

续表

编号	案件名称	案由	原告	被告	利害关系人	证人	保人	公共组织	政权机关	备注
4	1942年任桂英诉张敬元请求离婚案	虐待殴打请求离婚	任桂英（女，城里人）	张敬元（男，招岗村）					镇长刘鸿江（离婚条件不够）；袁福（根据工作队同志的了解反映及招岗群众的反映都认为任桂英关系不对，不能提出离婚……和解这个问题，好）	
5	1942年侯来义诉杨小娥私自改嫁案	婚姻纠葛	侯来义（男，侯之兄）	杨小娥（女，侯之妻）；杨仁豫（杨小娥之父）；李二牛（李荣耀）	侯富贵（没有音讯）；未又是母程氏上诉	李刚（令其子荣耀与杨小娥结婚，不准返告婆婆返告）			涉县第四区区长吴一给台村村长，执行并通知该凉家婆家为要，大概纪云（根据婆婆说的该女是真……李是婆婆想要的事，这样贵未是真）张连元，有无书证词过查（侯家证词杨贵未从证明……影响他工作）；张连元……（侯富信证人不经推敲，杨小娥改嫁候家又经过得到钱）	原告：侯有信，富贵有信，但烧掉了
6	1942年杨玲娥诉程怀顺因吸毒请求离婚案	吸食毒品	杨玲娥（女，程怀顺妻子）	程怀顺（男，杨玲娥丈夫，清凉村）	程怀顺母亲（上正诉，真诉，改嫁除嗜好，吸食毒品，离婚条件不足）	程田则（被告夫妻关系大好）	清凉村村干部民众（虽前染嗜好，今已改过自新，……准保释放，以便民心而维风俗）；招岗村干部民众，准保释放，以便安业）；赵乃方，赵土子，冯怀林（确系行端……原曲民众继曾，耽误春耕实属可怜（尚在青年，耽误春耕实属可怜）	妇救会程田则（半年能解决，未年中产在妇女很大影响，应迅速解决）	区长李庆（男人不好事实，有村干部担保，叫他画押保证）；清凉村干部民众得到保证）	被告吸食毒品，卖女人未遂

187

续表

编号	案件名称	案由	原告	被告	利害关系人	证人	保人	公共组织	政权机关	备注
7	1942年黄春诉秦双成因夫离婚请求离婚案	请求离婚	黄春景（女，秦扎根之妻）	秦双成（男，秦扎根伯父）	秦扎根					原告：对自己不能生男养女；对国家影响一部分生产
8	1943年屈乌嘴诉杨怀玉请求复婚案	不服区署判处离婚请求复婚上诉	屈乌嘴（男，杨怀玉前夫）	屈杨氏（女，杨怀玉，屈乌嘴前妻，西峪村）				农民救国会李成中、杨洪治（不准他夫妻起纠纷）	王维真（这个离婚案子日期已过……许多妇女为家贫借故离婚）；第三峪区公所；西赤村公民（如事实相符就叫他们离婚；蒋孚离婚……宣传女人因男人不抗战要求政府允许离婚）；第三区公署；三区区长王明（女方交奸王明故要求离婚，照第三方结交奸情形不清楚；照顾妇女）；政府意见（双方语言吞吐，含糊）	杨怀玉具结书（令后不准再有这种举动，如再发生这种事，按法办。"区下调解，准子离婚，村上先行和解，如无效时，来府质讯"）
9	1943年陈苏英诉王年离婚纠纷案	离婚	陈苏英（妻，山东明府代明府）	王年（夫，偏城县西庙湾村）					张华文（久经干部教育，不能维持夫妻关系，不能子岂在寺子岂村政权和村长常起胜；夫妇感情不好，生活苦，准子离婚登记为盼）；偏城县第一科（可以离婚，孩子携带及生活照顾问题按婚姻法处理）	

续表

编号	案件名称	案由	原告	被告	利害关系人	证人	保人	公共组织	政权机关	备注
10	1944年王德纯诉贺慧确认请求离婚案	离婚	涉县县长（经第四十一团政治处委托代办离婚）	贺慧（妻）					第四十一团政治处县委托涉县县长（同意并代办）	女方不愿意离婚，生病也不理，没办法只好离开
11	1945年潘闰女诉刘其生解除婚约案	解除婚约	潘闰女（妻，未婚，胡峪村）	刘其生（夫，未婚，庄上村）		刘珍汉（刘生父）			区长（男方不愿解除介绍到县解决）；李芜明（男人老实忠诚，不好说话，女人一心离婚……决不允许给她离婚）；胡峪村抗日村公所（按成分解决，但未解决）；庄上村公所（男方家情况不好，家中困难）	
12	1946年赵顺心诉刘振廷离婚案	婚姻	赵顺心（妻，中农，老漳村）	刘振廷（夫，农民，石岗村）			李中桂（保得赵顺心包偿刘振廷婚姻损失费）		石岗村村长（认为女方对男有意见……男方对女方有意见，打圆，（如何处理）尊重当事人意见）	
13	1946年刘怀亭诉申狗非法结婚案	婚姻	刘怀亭（夫，段曲村）	申狗（妻，段曲村）；刘小孩（固新村）；申建勋（段曲村）			雀凤才、刘绪伦（固新村）	妇救会常来弟（刘怀亭）不做活，打女人、偷东西……男人提出离婚，卖妻换八斗米）		

续表

编号	案件名称	案由	原告	被告	利害关系人	证人	保人	公共组织	政权机关	备注
14	1947年郝佩兰诉李梅溪因参军不归请求离婚案	请求离婚	郝佩兰（妻，河南城内人）	李梅溪（夫，河北临寿县军队指导团长）		李余香（李梅溪母，李梅溪媳妇，来不理离婚，来信亦不同候）				李梅溪与刘玉春已婚
15	1947年郝金兰诉张中堂要求离婚案	请求离婚	郝金兰（妻，河南店村人）	张中堂（夫，河南店村人）						三区区长温良（男家是忠诚老实简朴之家……婚姻离了影响不好希望村村长郭景亮好（本来感情好，竟然不好了，调解不成，涉县政府调查意见（不解决妨害其热心生产）
16	1947年刘文兰诉王花亭因夫审判富榜请求离婚案	请求离婚	刘文兰（妻，左权西崖底）	王花亭（夫，缺席审判富榜更乐村）		祥玲（女方姐夫的领导：原系夫妻买卖婚姻，男人已经离开部队）			更乐村村长（将刘文兰介绍回来，以安前方战士而利抗战）；县长黄明调查（承全人类解放，及时解决给其离婚；左权县政府（不给解决恐出命案）；左权县牛子祥（以免发生意外，离了较为妥适）	
17	1948年刘金换诉张兰芳因年龄相差太大请求离婚案	离婚	刘金换（妻，涉县井店）	张兰芳（夫，横岭村）					第八区公所（区公所处理还是感情恶劣。女方说男人年龄太大……男方不愿离婚）	

续表

编号	案件名称	案由	原告	被告	利害关系人	证人	保人	公共组织	政权机关	备注
18	1948年张东娥诉任八的因夫妻生活不和谐请求离婚案	离婚	张东娥（妻、小曲，中农，村妇会副主任）	任八（夫，上温村）					第二区区公所（妇女正当主张离婚，实在过不在一起）；村干部（二人感情不好……）	
19	1948年王伶俐诉郭兴顺请求离婚案	离婚	王伶俐（童养媳，四区窑则村人）	郭兴顺（夫，中农，退伍，四区窑则村）					区长刘凤华（双方不和）；区公所（男方对妇女虐待前日不照管，妇女宿、衣、食等困难不能解决）	
20	1948年房林江诉赵保廷返归证妻子案	婚姻纠纷	房林江（杨梅则先前丈夫，涉县李家庄村）	赵保廷（杨梅则现在丈夫，涉县苅村人）	杨梅则（前夫打孩子，卖老婆）	前夫子赵喜生（母亲灾荒年改嫁，父亲不能照顾母子，将他们赶出来，坚决不回母子）		农会主任董升堂（同村长）	村民李茂春，其妻与赵保廷还未有正式手续，婚姻自由不符乎原则，判回为妙；太行军区第五电话分局（赵喜生不愿回原籍，因父亲等待他们母子）	
21	1948年聂兴顺诉张富廷的因参军不归请求离婚案	军属离婚	聂兴顺（妻，童养媳，娘家在东豆庄）	张富廷（夫；养家在三区豆庄史家庄）		豆庄村村民（娘家生活困难，原告也在增加娘家费用，再夫妇不和，结婚条件具备）			三区区公所（男方参军五年无音信……男方家是富农成分）；男方村干部保证家一切，不要离婚（女方办离婚，怕她男回来要老婆，独居）；王生德（李魁廷系贫农，不然准子结婚，不然群众就会说政策只给男人订……对政府政策影响很大）	

续表

编号	案件名称	案由	原告	被告	利害关系人	证人	保人	公共组织	政权机关	备注
22	1948年李翠兰诉冯子敬因年龄差距大离婚请求案	离婚	李翠兰（妻，神头村）	冯子敬（夫，贫农，现中农，神头村）					涉县第一区（这次没打是女人提离婚理由；该女人遭到群众反对）；神头村村长赵桂（主要是男方老了，女方性欲不能满足）；区公所任不下孩子要求复婚（女方放不下孩子要求复婚）	
23	1948年赵性善诉刘云地请求复婚案	复婚	赵性善（前夫，更乐村）	刘云地妻（前妻；中农，更乐村）	郝喜元（刘云地现任）	刘玉顺（刘云地兄弟，刘云地本事大，离婚后就在郝喜云处住，村干部不能威胁，她自己捣鬼）			更乐村长江贵林，民教主任李福明（女人不愿回郝喜元处，群众反映女人有良心……）；三区公所（有离婚证，有村介绍信，双方自愿）	
24	1948年樊水鱼诉程羊顺请求离婚案	离婚	樊水鱼（妻，四区台村）	程羊顺（夫，贫农，四区台村）				民教李振祥（被告打老婆多次，原告女是无赖人，夫妇不好，情不好，经打架常过几次）	刘风华（二人常生气，被告多次改……妇女不坏，男的怀疑男方江风样大夫……）区公所气打架问题，经区解决，被告提出保证，今后再生气来去，干脆离婚）	

续表

编号	案件名称	案由	原告	被告	利害关系人	证人	保人	公共组织	政权机关	备注
25	1948年杨松江诉王贵花请求复婚案	离婚	杨松江（前夫、中农，离婚时为地主，黎城秋树垣）	王贵花（前妻）		杨占蛟（原告之父，区公所非让离婚不行，替被告盖过手印，理由是在家吃不开）		北方大学艺术学院（男方工作地）（男方逃外四年确系无事，请政府重新审查，该女有不法行为，擅自与寨镇郑晚生结婚，请重新予以判断，给女人适当的教育批评，保障人民婚姻问题）	黎城三区公所老田（未通过镇孙离了婚，不愿复婚，未经过本人离婚是不对的）；秋树垣村长李新年感情不好与家庭离婚，离婚九年实属困难等原因属实	原告上诉，太行第三专署行政督察专员公署批示（唯思想不通，驳回上诉）
26	1942年姚建业诉何考才归还继女案	婚姻纠葛	姚建业（原曲村）	何考才（固县西山）刘挖定（黎城人关闾）	桃珍（原告继女，一被告任女，二被告妹）					

续表

编号	案件名称	案由	原告	被告	利害关系人	证人	保人	公共组织	政权机关	备注
27	1943年杨林贵诉杨金喜讨要养子案	争子	杨林贵（更乐村）	杨金喜（更乐村）		杨金喜之妻（原告和闺女头一个女人在世时待孩子好，再要的女人对待孩子不好）			更乐村村长，副村长（被告领小孩全家悲哭，影响全村都不同意）	
28	1948年赵景华诉李振华卖子反悔案	养子争执	赵景华（武安庙村）	李振华（更乐村）				农代会主任李水元（同村政权）	更乐村村长（影响全家悲哭，全村都不同意落户，群众都不同意）	
29	1948年张长亭诉高端贵争子女案	争子纠纷	张长亭（前夫，弹村）	高端贵（前妻，案）		二区公所无意见；弹莆村长：孩子到七岁给原告			区公所（男孩两岁政府批准先由母亲抚养，四岁后归男家，并为男方分土地，但男方为暂住女方家也不同意，非要引小孩，女方和男孩都要哭；司法科（被告不同意）；因残废而受压迫离婚，所顾该之子应判归女方，以照顾女方，男方反诉赖女身子成分本质不好，反诉赖女成分女身时离婚之归；男方成分本质不好，坚持要离婚，应申斥）	
30	1948年韩洪诉孟修德争子女案	小孩争子抚养	韩洪（邢台县东井家庄）	孟修德（邢台县南大树村）	郭佳妮				东井庄村长韩林荣，政治主任，农会会长，武会会长，政府把小孩说不合理（原告家庭困难，政府把孩给对方，群众都说不合理）	

续表

编号	案件名称	案由	原告	被告	利害关系人	证人	保人	公共组织	政权机关	备注
31	1941年王同方诉任多滋赎地纠葛案	赎地纠葛	王同方（南关，务农，王玉山系王同方叔）	任多滋（东达村，务农，系王玉山朋友）	王玉山（已死），王冯氏冯灵枝（王玉山之妻）	王庆元（城内南关，地价420元，交给奉威210元，典给奉威120元）				
32	1941年张李氏诉李业成赎回房地纠葛案	西戌村赎地房地纠葛	张李氏、李同喜（西戌村，）	李业成（西戌村，）					县长胡广恩（命令村长李来德调解；西戌村有顺业李死来德，（李业成有顺业李死来德），张李氏赎李业成的地是非法举动）	
33	1941年王江氏诉杨小寿买卖土地案	土地纠纷	王江氏（更乐村）	杨小寿、杨兰亭（更乐村，）					区长吴一（王江氏典王直潘地六亩，当价银洋50元，王直潘在腊月将王江氏不在家中将地以930元卖给杨兰亭，王江氏知道地卖出欲夺李地，办事人会同买卖地主将930元的文约换成1260元文约，使王江氏无力买地，后事情暴露，王江氏要求依930元买地）	
34	1941年张纯的诉李有昌回赎土地案	赎地纠纷	张纯的	李有昌						

续表

编号	案件名称	案由	原告	被告	利害关系人	证人	保人	公共组织	政权机关	备注
35	1941年王德顺诉王国成赎回土地案	土地纠葛	王德顺（第一区平原乡）	王国成（老财，村干部，比较有势力）		李中央（七原村，王德顺前因生活困难将王国地典给王国成三亩六分，因启敌人扫荡，希王国成死业或收价放赎，王国成不同意回复……王国成目无法纪，胆敢法外生枝）			胡广恩县长批示：该案收关政府威信，传讯法办，解民以困	
36	1941年李书元杨氏诉李书元霸占土地案	土地纠葛	杨谷女（后池耳村）；赵月明（更乐村）	李书元；李旦（后池耳村）	李德元（杨谷女夫、李书元本祖兄弟，参军无音信）	村长李根田，程忠善（后池耳村任村长，过去租种李德元五元地，典李书元赎回现李书元在种女人生活维艰李德元在外当兵）	李元旦、李耕田（不知道杨谷女借李炳钧钱，知道保书上有自己的名字，但不是本人写，号刘书法、贺国章（与两造俱属相亲不忍坐视，从中说合，李书元赔李杨氏里种的花椒费40元，路费140元，地归李杨氏）			李书元伪造杨谷女借款文书，该文书作废存卷

续表

编号	案件名称	案由	原告	被告	利害关系人	证人	保人	公共组织	政权机关	备注
37	1944年张玉旺诉赵兰桂卖地反悔案	土地纠纷	张玉旺（更乐村）	赵兰桂（更乐村）	赵芳成（被告之子，原告找中人推迟不交，退回定米20元，按价折卖才然另卖）			王廷章（赵兰桂因家中困难，10月21日由赵新贵、江怀德说合，卖五亩地给张玉旺，约定价格4000元……通常按当时米价折卖，由买主要地或将钱款，由卖主另卖）	原五亩地已交价税契，取得合法手续，子照契买卖管业，所一亩尚未办理买卖手续，延缓交付，有权应归于被诉人，延缓受损失，双费保存地价，影响被诉人遭受损失，按一分五厘出息补偿被诉人	
38	1944年程喜林诉程小赖继承土地案		程喜林（台村）	程小赖（台村）	程小孩（已死），程喜林大爷，程有宽（已死，程小赖祖父）	文玉兰（程小赖同的证程喜山交地是典契，价为三十五千钱）			王廷章（程小孩死后丢地一苗半，因在埋人时花费三十五千钱，典与程有宽。程小孩闺女由程林照管，程小赖将典地出卖，村公所考查为典卖，双方家庭均贫苦，决定由程小赖还米八升）	

续表

编号	案件名称	案由	原告	被告	利害关系人	证人	保人	公共组织	政权机关	备注
39	1944年岳守方申诉申金生土地赎回案		岳守方	申金生		肖克像（证明申金生和岳守方的土地没有年限）			区署（岳守方出典与申金生地之年限已够，欲叫典主作价五百元，申金生只出麦一斗（合三百元），双方未同意……）；村长（根据原来的法令决定……土地由典人在两年内赎回；区政府（根据双方意见认定，准予出典方是富农，申金生是贫农，法令要照顾各阶级的利益，特别要照顾顾各级群众……）	
40	1944年崔六成诉崔仁红霸占土地案	土地纠纷	崔六成（原曲村）	崔仁红（回底村）	崔廷秀				铁成（崔六成随口认存，无赖）；田众不能白花钱）；岩村村长（樊头崔之地据查系回底户下地……崔门三户下地在同治年间由崔六成祖上将老安岭坡地，被延坡地卖与姚善武，崔土魁）	
41	1944年赵翠明诉赵中明母亲土地继承案	土地继承	赵翠明、赵彦明（更乐村）	赵中明母亲（更乐村）					王廷潭（赵翠明祖父死后留地十二亩，在埋老汉时以145元典当，后由赵中明母亲赎回自种，现赵翠明、赵俊明家中困难要求分地，按六股均分，赵中明母系富农，赵不服，赵中明系富农，赵俊明系贫农）	

续表

编号	案件名称	案由	原告	被告	利害关系人	证人	保人	公共组织	政权机关	备注
42	1944年杨春果诉杨朴元出卖土地案	土地纠纷	杨春果（台村人）	杨朴元（台村人）		杨东远（杨凤鸣的叔伯兄弟，并无听说地卖给杨风彦等）；马中方、杨贵远（补元亲表兄见）；台村民兵郝某某谈话（杨朴元他娘弄死一个驴，后留下一个驴，十来亩地都弄完啦，内中被人欺了不少，好偷）		村农会李其祥（有人说是死卖，有人说是活契）	王廷章（父母已亡，杨朴元年幼，前兼马中方与杨风鸣之婿杨林私写字据企图霸占未恕林元在家生活方，未恕林不让出卖，怎奈马中方无法，杨朴元求生活，沿街要饭）；程林庆（杨朴元与杨春果为继承权执一事，所争土地现定均在春荒芜，因未决定均不进行春耕）	
43	1944年冯殿英诉王如山抢夺土地案	土地纠纷	冯殿英（南岗村）	王如山（毛领村）					段秀杰（原被告因地权发生纠纷，原告有买地契约，被告有补契，告关威不可靠，分单和补契都不足以为证）；村长李俊英（系伙地，冯殿英卖过能说没卖，证明他是赖人家土地）	
44	1944年李中央诉李天顺盗卖土地案	土地纠纷	李中央（七岗原）	李天顺（西岗村）	李元祯（西岗村，去年11月跟李天顺换地，没有老红契）	西岗村村长杨红祯（受处分，现处分，乞释放李天顺素日要紧，罚款回家，课以天顺款，干部催促照期完成）			张孙元（李中央坟地被西岗李天顺卖了）；李天顺素日行为不好，常做骗人散人的事	

续表

编号	案件名称	案由	原告	被告	利害关系人	证人	保人	公共组织	政权机关	备注
45	1944年李栋诉李清卖土地案	土地纠纷	李栋（南郭口村，被诉人）	李清旺（南郭村，原诉人）		李兰亭（李栋儿媳，吴金卓给李清合卖地，李清卓写文书，七亩半地，2400元，老公公知道了叫卖，现在吴金卓不愿卖）；（南郭口，地价涨了，不愿卖）			区长王明（李栋习顾得历害，几次调解，帮了1200余元，请李清旺照顾李栋，特别照顾李栋，应惩办李栋）	
46	1944年李清诉李如意农村道路纠纷案	地道纠葛	李清（五合乡）	李如意（五合乡）					李庆（区长调解，允许李清如意路一条，现大地内有李如意路一条，现在李清大不让李如意走，处理为走上边地，下边地妨害人家坟墓，群众也认为不对）	
47	1945年王巨生诉王志秀继承土地纠纷案	继承土地纠纷	王巨生（古凸村）	王志秀（古凸村）					四区区长（王志远近产业中，有活典地王志秀得地在王志秀手中，王志远是王志秀活活源是借福洪活话时借福洪活话的钱，王志秀父亲还了债收回了地，第二年福洪元还找王志秀还了租子，第二年王巨生哥已死，儿子给他哥顶门，王巨生要用他产地，王志秀接回土地；此产后向区署问土地，区署经调解双方同意将三亩均批一半）	

续表

编号	案件名称	案由	原告	被告	利害关系人	证人	保人	公共组织	政权机关	备注
48	1945年张戊辰诉庞和生租种土地案	租佃	张戊辰（西达城）	庞和生、王书元（西达城）					涉县二区区公所区长武安民（庞和生同丁和生，开地种三年，张戊辰第二年和生卖地给王书元，涉县二区西达城村公所（地主庞和生，开地户张戊辰，买主王书元，张戊辰开地约定种三年到期，土地法变更……张戊辰家人有三亩地，张戊辰应该去有三亩地）	
49	1945年王立柱诉王三大土地租佃纠纷案	租佃	王立柱（原曲村）	王三大（原曲村）				原曲农委会主任杨铁亭（群众大会同意恢复，农会立租契，笔下错误没写清楚，王立柱抓住缺点不同意契约去租，但有的群众会要求全部恢复，王立柱不同意）	成允、冀英（王立柱是地主，农会讨论一致意见他佃户恢复租佃完全反动的，无赖不说理，到处搬门子，佃户王三大同意反动对人；关于原曲今在进行斗争不减租，大地主尚在斗争；第五专员公署，开过麦柱过去息诉少人……有的群众见不够正确，凭过息地坡上没有，众意处理不够妥当，必须调查见处理文书之后再调解）	

续表

编号	案件名称	案由	原告	被告	利害关系人	证人	保人	公共组织	政权机关	备注
50	1946年赵运成诉赵广运以米赎地案	典当	赵运成（更乐村）	赵广运（更乐村）		江德明（中间人，出典是真人给的是钱不足米）			四区区长赵耀康（赵广运与民国三十一年典赵运成桥上地四亩，典价812元，今回赎，折交米四石八斗，一家要米一家要用纱，调解纱米各半，赵运成是中农，赵广运是贫农工人，赵广运运与赵运有典约）	
51	1941年申贵礼诉申学亮卖私树公树案	争卖公树	申贵礼、申兴富、申福家亭（张家头村人）	申学亮、申兴隆、申路保、申广成（西峧村）		席三元（卖树两棵价洋70元作为日后修理坟墓之资，西峧、张家头两村民在场双方同意）		一旅鞋厂（买到西峧村申广成等树二十三棵，价洋300）	一旅旅部（本部号申老坟树申贵家未，张家头村柴未，村长卖与工厂）	
52	1942年1月郝守田诉程书贵买羊不付钱案	买羊不付钱	郝守田、郝全生（五合乡）	程书贵（寨上村）		刘满囤	贺国彦、刘书法（程书贵给郝守田400羊价并出厘利息，一分五再赔出盘费三日交福顺，程书贵文政府罚款200元，十五日内交清）	孙守法郝守田羊给出限出五厘	张漠卿（郝守田将羊卖给程书贵系全生引路，以前郝全生卖给程书贵书贵不给钱）	
53	1943年王树榛起诉杨起元不喂牛纠纷案	羊喂牛纠纷	王树榛（匡山村）	杨起元（南岗头）			申中堂、王庆年（中人）		吴区长	

续表

编号	案件名称	案由	原告	被告	利害关系人	证人	保人	公共组织	政权机关	备注
54	1943年段元年诉白菊追还钱款案	通奸坑财请求追还	段元年（城内人）	白菊（杨家山）						
55	1943年张玉诉张玉书借款讨要纠葛案	借款纠葛	张玉（文联会）	张玉书				文联主任徐懋庸（1942年秋天被告与陈合伙告生名又借500元使用……九日张玉前任，陈言有事外出，回后事归还，本月二十三日，陈言不负责任，与己无关）	李如章（原告借给张生书大洋200，盖章写上新生陈人陈连生饭馆保证，饭馆写负责人陈连生不知道，饭馆公章内伙夫也能盖）	
56	1943年张成群诉江昌廷讨要工钱案	追索乳养婴儿工资	张成群（更乐镇）	江昌廷（更乐镇）				农会主任，妇会主任，村长、工会，青委（张成群妻乳养江昌廷婴儿，工钱确实没给，建议所欠工资以当时米价折成米）	吴一（按当时米价，作六斗五升七，江昌廷米油一斤，衣，一夹，更乐村村长（拍卖江昌廷家产抵偿工资已部分完成）	

续表

编号	案件名称	案由	原告	被告	利害关系人	证人	保人	公共组织	政权机关	备注
57	1943年王全禄诉刘老玉追讨存粮案	存粮损失	王全禄、王尽善、王德善（索井村）	刘老玉、郝凤阁					磁县县长江东平（原告在椿树岭粮坊大顺成存小米……此粮本来运回或移居贵县食用，二来运粮坊居贵县食用，二区赵玉堂意意测赖粮坊心怀不明，粮食在粮店存，损失短少，应该包赔；王学周（刘老玉、郝凤阁都是好户，磁县此事结束让他们回去；早日结束此事如何要给粮食，当地灾无论如何要给粮食，有钱也买不到粮食）	
58	1943年冯贵华诉樊平顺碾子纠纷案	碾子纠纷	冯贵华（更乐村、原籍南岗村）	樊平顺（南岗村）						
59	1944年郝银和偷盗公粮抗战案	偷盗		郝银和（口上村，偷盗为生，大赌棍，日赌夜偷）						

续表

编号	案件名称	案由	原告	被告	利害关系人	证人	保人	公共组织	政权机关	备注
60	1945年王庆德诉郝荫溪买缝衣机机案	购买缝衣机案	王庆德（南庄村）、刘立勋（庄上村）	郝荫溪、武其德、王老万（南庄村）	王金元，武二台，郝福如（……干部以巧口归反案已，控民等呈将机器卖，郝王先……机器驮回，归原主，交钱与村县，价无关）	李庆（机器由武其德从西井县买到南县，由武万驮回，王老万、郝荫溪共同出卖，双方质证只有零件……王金元赔偿，机器驮回只有碎零件……王金元等要求赔偿，村干部及群众不赞成）	张起业（城内王记烟店，恩求县府宽限十日，回家和平了结完案）	南庄村农救会主任刘恩（郝经账已经正在算账）；南庄村算账委员会算账人员同本村算账委员会将二十八年以后账目完全清算……当时此事并没有提过。现叫老百姓负担双方这笔款）；边区参议员（缝衣机两架由县府郝长出卖有据，师部交还，村干部私卖）		
61	1945年李元贞诉李天元变卖家产案	家务纠葛	李元贞（西岗村）	李天元（西岗村）					西岗村村公所（李元贞买后回坡平地、房子、水井二人共卖，李元贞卖完了，李天元没办法，领上老婆儿子到索堡掌鞋做活，李元贞不是好人）	

续表

编号	案件名称	案由	原告	被告	利害关系人	证人	保人	公共组织	政权机关	备注
62	1945年张守义认驴不还案	认驴财产纠纷	张守义（卸甲村）	姚廷印（民兵和村武委会主任）、秦元盛（原曲村）		冯绍亭（1941年5月扫荡，7月姚廷印用了村上780元买了村子，现调解卖家780元，由张守义等拿出并退900元草料费，但姚廷印不愿让出驴子）			原曲村村长杨秩亨（敌人扫荡时由姚廷印从敌人处夺回毛驴八头……经上级批准全区群众下陶买驴……抓敌人由姚廷印、秦元盛等二人买下）	村级干部对上级处理有意见
63	1946年武知俭诉王金元死驴纠纷案	死驴纠纷	武知俭（北水村）	王金元（北水村民教主任）			王青元（保王金元因欠粮损失本村武知俭驴一头，价洋3000元）		北水村村长给县司法科赵科长写信（王金元给武知俭捎牲口一头，牲口回来时欠煤178斤，牲口原买花5000元，武知俭原买金元回来不吃即死，让王金元赔3000元，根据是牲口死后流血和刨血是瘀伤，照顾到社会影响，群众都同意）	

参考文献

一 基础资料

［1］白潮编著《乡村法案——1940 年代太行地区政府断案 63 例》，大象出版社，2011。

［2］北京政法学院审判法教研室编《中华人民共和国审判法参考资料汇编》，北京政法学院，1956。

［3］艾绍润、高海深编《陕甘宁边区判例案例选》，陕西人民出版社，2007。

［4］韩延龙、常兆儒编《中国新民主主义革命时期根据地法制文献选编》，中国社会科学出版社，1981。

［5］榆林地区中级人民法院编《榆林地区审判志》，内部刊印，1997。

［6］最高人民法院办公厅编《最高人民法院历任院长文选》，人民法院出版社，2010。

［7］《邓小平文选》，人民出版社，1994。

［8］太行革命根据地史总编委会：《太行革命根据地史稿 1937—1949》，山西人民出版社，1987。

［9］刘素萍：《婚姻法学参考资料》，中国人民大学出版社，1989。

二 历史资料

［1］（清）戴震：《孟子字义疏证》，中华书局，1982。

［2］（明）海瑞：《海瑞集》，陈义钟编校，中华书局，1962。

［3］（清）胡文炳：《折狱龟鉴补》，陈重业译注，北京大学出版社，

2006。

[4]（明）佘自强：《治谱》，《官箴书集成》第二册，黄山书社，1997。

[5]（清）汪辉祖：《学治臆说》，辽宁教育出版社，1998。

[6]（清）徐珂：《清稗类钞》，中华书局，1984。

三　著作

[1] 董必武：《董必武法学文集》，法律出版社，2001。

[2] 董必武：《董必武政治法律文集》，法律出版社，1986。

[3] 王定国等编《谢觉哉论民主与法制》，法律出版社，1996。

[4] 谢觉哉：《谢觉哉日记》，人民出版社，1984。

[5] 郑天翔：《郑天翔司法文存》，人民法院出版社，2012。

[6] 居正：《为什么要重建中国法系？——居正法政文选》，中国政法大学出版社，2009。

[7] 李达主编《唯物辩证法大纲》，人民出版社，2014。

[8] 齐武：《晋冀鲁豫边区史》，当代中国出版社，1995。

[9] 齐武：《一个革命根据地的成长》，人民出版社，1957。

[10] 薛暮桥：《旧中国的农村经济》，农业出版社，1979。

[11] 杜润生：《中国的土地改革》，当代中国出版社，1996。

[12] 王伯琦：《近代法律思潮与中国固有文化》，清华大学出版社，2004。

[13] 费孝通：《乡土中国》，北京出版社，2011。

[14] 费孝通：《江村经济》，江苏人民出版社，1986。

[15] 黄仁宇：《万历十五年》，三联书店，2006。

[16] 丁长清、慈鸿飞：《中国农业现代化之路——近代中国农业结构、商品经济与农村市场》，商务印书馆，2000。

[17] 侯欣一：《从司法为民到人民司法——陕甘宁边区大众化司法制度研究》，中国政法大学出版社，2007。

[18] 范愉：《非诉讼纠纷解决机制研究》，中国人民大学出版社，2000。

[19] 郝维华：《清代财产权利的观念与实践》，法律出版社，2011。

［20］郝铁川：《中华法系研究》，复旦大学出版社，1997。

［21］梁治平：《在边缘处思考》，法律出版社，2002。

［22］梁治平：《寻求自然秩序中的和谐：中国传统法律文化研究》，中国政法大学出版社，2002。

［23］李喜莲：《陕甘宁边区司法便民理念与民事诉讼制度研究》，湘潭大学出版社，2012年。

［24］强世功：《法律与治理——国家转型中的法律》，中国政法大学出版社，2003。

［25］沈玮玮、叶开强：《人民司法：司法文明建设的历史实践（1931—1959）》，中山大学出版社，2016。

［26］汪世荣等：《新中国司法制度的基石》，商务印书馆，2013。

［27］王亚新、梁治平编《明清时期的民事审判与民间契约》，法律出版社，1998。

［28］吴向红：《典之风俗与典之法律》，法律出版社，2009。

［29］张希坡：《革命根据地的经济立法》，吉林大学出版社，1994。

［30］张希坡：《革命根据地法制史研究与"史源学"举隅》，中国人民大学出版社，2011。

［31］张霞：《民国时期"三农思想"研究》，武汉大学出版社，2010。

［32］赵冈、陈钟毅：《中国土地制度史》，新星出版社，2006。

［33］张玮、李俊宝：《阅读革命——中共在晋西北乡村社会的经历》，北岳文艺出版社，2011。

［34］史尚宽：《民法物权》，中国政法大学出版社，2000。

［35］谢怀栻著，程啸增订：《外国民商法精要》，法律出版社，2014。

［36］朱敏主编《刑事证据理论研究综述》，中国人民公安大学出版社，1990。

［37］林增杰、沈守愚：《土地法学》，中国人民大学出版社，1989。

［38］马俊驹、罗丽、张翔：《民法学》，清华大学出版社，2007。

［39］王以真主编《外国刑事诉讼法学》，北京大学出版社，2004。

［40］卞建林主编《证据法学》，中国政法大学出版社，2000。

［41］陈一云主编《证据学》，中国人民大学出版社，1991。

[42] 江伟：《证据学》，法律出版社，1999。

[43] 董志诉：《解放战争时期的土地改革》，北京大学出版社，1997。

[44] 浦安修：《五年来华北抗日民主根据地妇女运动的初步总结》，中国社会科学出版社，1980。

[45] 张知本：《社会法律学》，上海会文堂新记书局，1937。

[46] 〔美〕萨利·安格尔·梅丽：《诉讼的话语——生活在美国社会底层人的法律意识》，郭星华等译，北京大学出版社，2007。

[47] 〔美〕理查德·波斯纳：《超越法律》，苏力译，中国政法大学出版社，2001。

[48] 〔英〕理查德·麦尔文·黑尔：《道德语言》，万俊人译，商务印书馆，2005。

[49] 〔美〕T. 帕森斯：《社会行动的结构》，张明德、夏遇南、彭刚译，译林出版社，2003。

[50] 〔美〕孔飞力：《叫魂：1768 年中国妖术大恐慌》，陈兼、刘昶译，上海三联书店，1999。

[51] 〔美〕唐·布莱克：《社会学视野中的司法》，郭星华译，法律出版社，2002。

[52] 〔德〕马克斯·韦伯：《经济与社会》，林荣远译，商务印书馆，1997。

[53] 〔德〕黑格尔：《法哲学原理》，范扬、张企泰译，商务印书馆，1961。

[54] 〔苏〕蒂里切夫：《苏维埃刑事诉讼》，张仲麟等译，法律出版社，1984。

[55] 〔美〕达玛什卡：《司法和国家权力的多种面孔》，中国政法大学出版社，2004。

[56] 〔日〕高见泽磨：《现代中国的纠纷与法》，何勤华、李秀清、曲阳译，法律出版社，2004。

四 期刊论文

[1] 雷经天：《陕甘宁边区的司法制度》，《解放》1938 年第 50 期。

［2］马锡五：《新民主主义革命阶段中陕甘宁边区的人民司法工作》，《政法研究》1955 年第 1 期。

［3］马锡五：《关于当前审判工作中的几个问题》，《政法研究》1956 年第 1 期。

［4］李光灿、王水：《批判人民法律工作中的旧法观点》，《学习》1952 年第 7 期。

［5］何家弘：《论司法证明的目的和标准》，《法学研究》2001 年第 6 期。

［6］曹燕、吴亚琳：《试论社会本位的司法理念》，《政法论丛》2004 年第 5 期。

［7］蔡虹、刘加良：《论民事审限制度》，《法商研究》2004 年第 4 期。

［8］丁卫平：《国统区妇女救国会和妇女抗日救亡运动》，《吉林大学社会科学学报》1993 年第 6 期。

［9］姜涛：《道德话语系统与压力型司法的路径选择》，《法律科学（西北政法大学学报）》2014 年第 6 期。

［10］汪诸豪：《美国法中基于品格证据的证人弹劾》，《比较法研究》2015 年第 2 期。

［11］徐进、杨雄威：《河北新区土地改革中农村阶级的划分》，《中共党史研究》2009 年第 2 期。

［12］徐忠明：《明清时期的依法裁判：一个伪问题?》，《法律科学》2010 年第 1 期。

［13］杨献珍：《关于划阶级的诸问题》，《战线》1948 年第 7 期。

［14］俞亮：《品格证据初探》，《中国人民公安大学学报》2004 年第 5 期。

［15］徐昀：《品格证据规则的反思与重构》，《河北法学》2009 年第 2 期。

［16］于增尊：《论我国古代刑事审限制度及其启示》，《中国政法大学学报》2015 年第 3 期。

［17］蒋铁初：《伦理与真实之间：清代证据规则的选择》，《中外法学》2008 年第 5 期。

［18］刘德兴：《民事诉讼的效率价值与我国审限制度的完善》，《西南政

法大学学报》2004 年第 5 期。

[19] 李金铮：《土地改革中的农民心态：以 1937—1949 年的华北乡村为中心》，《近代史研究》2006 年第 4 期。

[20] 林铁军：《古代审案官员司法调查权溯源——以秦汉爰书为背景》，《政法论丛》2016 年第 1 期。

[21] 李岩：《网络话语的暴力效果——以福柯话语理论解读网络暴力的生成》，《当代传播》2014 年第 5 期。

[22] 李岩、李东晓：《道德话语的生产性力量及中国式"人肉搜索"的勃兴》，《浙江大学学报》（人文社会科学版）2009 年第 6 期。

[23] 李文军：《传统中国的整体主义及其近代赓续》，《中华文化论坛》2013 年第 5 期。

[24] 吕万英：《法官话语的权力支配》，《外语研究》2006 年第 2 期。

[25] 马新彦：《典权制度弊端的法理思考》，《法制与社会发展》1998 年第 1 期。

[26] 裴苍龄：《论证据的种类》，《法学研究》2013 年第 5 期。

[27] 宋淡沙：《英美法系与大陆法系品格证据之比较研究》，《政治与法律》2012 年第 5 期。

[28] 宋振武：《非此非彼的"客观真实说"与"法律真实说"》，《烟台大学学报》（哲社版）2007 年第 1 期。

[29] 孙笑侠：《中国传统法官的实质性思维》，《浙江大学学报》（人文社会科学版）2005 年第 4 期。

[30] 田苏苏：《抗战时期晋察冀边区女性婚姻问题的考察》，《抗日战争研究》2012 年第 3 期。

[31] 田海龙、张迈曾：《话语权力的不平等关系：语用学与社会学研究》，《外语学刊》2006 年第 2 期。

[32] 王瑞芳：《土改后的中国富农：从保存、限制到消灭》，《河南社会科学》2004 年第 5 期。

[33] 苏少之、史蕾：《"保存富农经济"政策新论》，《中国经济史研究》2014 年第 1 期。

[34] 王福华、融天明：《民事诉讼审限制度的存与废》，《法律科学（西

北政法学院学报）》2007年第4期。

[35] 把增强：《产权变异——民国时期华北乡村土地纠纷之动因探究》，《河北师范大学学报》（哲学社会科学版）2008年第3期。

[36] 陈始发、陈亚先：《晋冀鲁豫根据地的法律文献整理现状与法制建设研究评述》，《理论学刊》2013年第8期。

[37] 黄士元，吴丹红：《品格证据规则研究》，《国家检察官学院学报》2002年第4期。

[38] 王亚新：《程序·制度·组织——基层法院日常的程序运作与治理结构转型》，《中国社会科学》2004年第3期。

[39] 〔日〕寺田浩明：《拥挤列车模式——明清时期的社会认识和秩序建构》，《清华法学》2011年第2期。

[40] 游兆和：《辩证法本质辨识——论唯物辩证法与唯心辩证法对立的意义》，《清华大学学报》（哲学社会科学版）2014年第5期。

[41] 张晓玲：《从中农心态变化看土地改革时期中共中农政策的演变》，《广西社会科学》2012年第10期。

[42] 商贻萱、王荣花：《婚俗变迁视域下抗战时期太行山区女性婚姻生活状态研究》，《山西档案》2016年第5期。

五　学位论文

[1] 雷宏谦：《涉县土地改革研究（1938—1949）》，博士学位论文，河北师范大学，2016。

[2] 琚明超：《太行解放区土改中错误偏向及其纠正》，硕士学位论文，河北大学，2012。

[3] 梁云鹏：《革命根据地民事诉讼制度研究》，硕士学位论文，兰州大学，2000。

[4] 王玲香：《调判结合司法模式研究》，硕士学位论文，河南大学，2010。

[5] 王璐鹏：《抗日战争时期晋冀鲁豫根据地的粮食斗争》，硕士学位论文，山东大学，2013。

[6] 苏丹：《陕甘宁边区的婚姻判例研究》，硕士学位论文，郑州大

学，2013。

[7] 马铭：《抗日战争时期太行区法制建设研究》，硕士学位论文，山西师范大学，2016。

[8] 牛瑞丽：《冀南抗日根据地婚姻改革研究》，硕士学位论文，河北师范大学，2015。

后　记

　　本书的形成，实际上颇有偶然的成分。它的基础文稿主要由两部分组成：一部分是笔者博士后出站报告中的一些章节，另一部分则是在给研究生讲授中国法制史课程时，指导几位基础较好的同学所完成的案例分析报告。2015年，笔者以《近世中国的社会本位司法理念及其历史文化基础》为题完成了博士后出站报告。其后一直想对涉及人民司法的部分进行持续研究，但又未有系统的新材料提供灵感，加上诸事缠身，许久都没有动笔，只是对相关问题保持敏感和零星思索。到2016年下半年，笔者以新中国成立至今六十余年司法运行模式为主题的教育部科研项目立项，在研究中深深感到了解其"前世"对理解其"今生"的重要性，此后一年，在给法学院硕士生讲授中国法制史之时，找到了太行根据地的63个案例，并看到学生们对一些素材的解读不乏新意，于是又勾起心事，遂在指导学生分类型进行案例研读的同时，拟定书写提纲，根据学生们的兴趣和基础确定分工，十个月中几易其稿，才有了本书的完成。具体分工如下（除李文军外，均为西南民族大学法学院硕士研究生）：

　　绪　论：李文军

　　第一章：第一节　李文军

　　　　　　第二节　张超宇

　　第二章：第一节　拉姆措

　　　　　　第二节　于孟嘉

　　　　　　第三节　杨栋

　　第三章：第一节　郑伶俐

　　　　　　第二节　李文军

第四章：第一节　刘晓玉

第二节　李文军、牛甜

第五章：李文军

第六章：李文军

这本书属于我们每个人。它所进行的讨论，当然还很初步；不过，对于人民司法研究中减少重复性工作，或许还是有意义的；如果能引起学界同仁对陕甘宁边区之外根据地司法的更多重视，则我们的工作所得已让人喜出望外了。我们也真诚地欢迎学界同仁的批评指正。

感谢笔者供职的西南民族大学法学院各位领导对学术的热忱，感谢社会科学文献出版社芮素平老师和其他参与本书出版的老师们，辛苦而细致的工作，是他们让笔者的初步思考得以付诸枣梨、化身千百。本研究受到教育部2016 年度青年项目（16YJC820017）和西南民族大学 2017 年度中央高校基本科研业务费项目（2017SZYQN24）资助，西南民族大学法学院硕士研究生周魏、席祥在本书部分章节的撰写中帮助整理了案件信息，在此一并致谢。

李文军

图书在版编目（CIP）数据

早期人民司法中的乡村社会纠纷裁断：以太行地区
为中心 / 李文军等著. -- 北京：社会科学文献出版社，
2018.9

（西南民族大学法学院学术文库）

ISBN 978-7-5201-2240-5

Ⅰ.①早… Ⅱ.①李… Ⅲ.①审判-法制史-研究-
中国-1949-2014 Ⅳ.①D925.02

中国版本图书馆 CIP 数据核字（2018）第 050993 号

·西南民族大学法学院学术文库·

早期人民司法中的乡村社会纠纷裁断
———以太行地区为中心

著　　者 / 李文军 等

出 版 人 / 谢寿光
项目统筹 / 芮素平
责任编辑 / 芮素平　李　晨　尹雪燕

出　　版 / 社会科学文献出版社·社会政法分社（010）59367156
　　　　　　地址：北京市北三环中路甲 29 号院华龙大厦　邮编：100029
　　　　　　网址：www.ssap.com.cn
发　　行 / 市场营销中心（010）59367081　59367018
印　　装 / 三河市尚艺印装有限公司

规　　格 / 开　本：787mm×1092mm　1/16
　　　　　　印　张：13.75　字　数：225 千字
版　　次 / 2018 年 9 月第 1 版　2018 年 9 月第 1 次印刷
书　　号 / ISBN 978-7-5201-2240-5
定　　价 / 59.00 元